Cheryl Benard
Edit Schlaffer

Viel erlebt und nichts begriffen

Die Männer und die Frauenbewegung

Rowohlt

Umschlaggestaltung Manfred Waller
Foto Etienne Benard und Achim Barrow
Redaktion Beate Laura Menzel

1.–10. Tausend August 1985
11.–16. Tausend November 1985

Satz Bembo (Linotron 202)
Gesamtherstellung Clausen & Bosse, Leck
ISBN 3 498 00495 6

Inhalt

Vorwort

Die Männerfrage existiert nicht, hat nie existiert und wird in voraussehbarer Zeit auch nicht existieren, zumindest nicht für Männer. Die Männer haben keine Veranlassung, über sich selber nachzudenken, es sei denn spielerisch, zum Zeitvertreib. Andere nehmen ihnen diese Aufgabe ab: die Frauen. Frauen denken pausenlos und unaufhaltsam über Männer nach. Feministinnen denken darüber nach, warum die Männer so aggressiv sind und wie man sie verändern könnte. Mädchen denken darüber nach, wie sie ihren Freund von seiner Freundesgruppe loseisen können. Ehefrauen denken darüber nach, warum Ehemänner so lieblos sind. Und darüber, warum ihre Männer nicht mehr Zeit mit ihnen verbringen, so selten mit ihnen sprechen, eine andere Frau attraktiver finden könnten, sich an den ersten Falten stoßen. 80 Prozent der gesamten Denkkapazität von Frauen ist auf Männer konzentriert bzw. an Männer verschwendet, je nachdem, wie man es sehen möchte.

In diesem Bad fraulicher Aufmerksamkeit suhlen sie sich trotzig: die Jungen und die Alten, die Karrieregeier und die Latzhosenträger, die Linken und die Rechten, die mit Aktentasche oder mit Ring im Ohr. Über die Beziehung nachzudenken ist, ebenso wie Stricken, Plätzchen backen und Kinder kriegen, Frauensache.

Aber die neuen Männer? Stricken können sie, die Diskussion über die Frauenfrage ist ihnen vertraut, geschickte Hebammengriffe beherrschen sie, aber sonst? Genug der Einleitung – wenn auch die Männer nicht über sich selbst sprechen, ihre Lebensgestaltungen sprechen für sie.

Neue Männer braucht das Land

Nur wenn Männer sich änderten, würde sich auch in der Gesellschaft etwas tun. Männer beschäftigten sich interessiert mit dem Feminismus. Frauen hofften. Was kam dabei heraus?

Wenn die Männer sich in ihrem Selbstverständnis nicht änderten, würden die Bemühungen der Frauenbewegung ohne Auswirkung auf die Gesellschaft bleiben; das war klar von Anfang an. So wurde den Männern der Feminismus unterschiedlich serviert: insistierend von rebellisch gewordenen Partnerinnen, als amüsante Zeiterscheinung durch Massenmedien und spöttische Kommentare, anregend als neues Thema von Romanen und Geschichten.

Manche Männer wurden durch diese Frauenbewegung auch ganz schön verunsichert. Sie wurden von Frauen verlassen, die im Zuge ihrer «Selbstfindung» die Lust am Partner verloren. Sie sahen sich verdattert einer Schar von organisierten Militanten gegenüber, die sich im Büro, im Stammlokal oder sogar im Wohnzimmer trafen, und zu denen die eigene, früher so treue, Sekretärin, Freundin oder Ehefrau gehörte.

Aber die Verunsicherung dauerte nicht lange an. Bald formierten sich die Männer wieder, einzeln und in Gruppen, um mit dieser Herausforderung fertig zu werden. Dabei zeigte sich, daß sogar die progressiveren Männer es verstanden, sich geschickt aus der Affäre zu ziehen. Nach anfänglichen Widerständen nämlich entdeckten sie rasch, daß sie dieser unerfreulichen Kulturerscheinung eine höchst positive Seite abgewinnen konnten. Man mußte das Ganze bloß in die Hand nehmen. Früher hatte man die kleine Frau mit männlichen Ideologien im Griff gehalten. Warum sollte das nicht auch mit weiblichen Ideologien gehen?

Die Frauen konservativer Männer hatten Angst vor der Mißbilligung ihrer Männer, wenn sie zu sehr in den Dunstkreis des Feminismus gerieten. Die Frauen progressiver Männer hingegen konnten verunsichert werden durch die Unterstellung, sie seien ja gar nicht wirklich feministisch, sondern noch tief in ihrer rückständigen und ängstlichen Erziehung verhaftet.

«Feministinnen sind bequemer ...»

Wir wollen es gleich vorwegnehmen: wir sind nicht zufrieden mit dem Neuen Mann. Die Schwarzen in Amerika behaupten oft, ein eingefleischter Rassist aus dem Süden sei ihnen noch lieber als ein verlogener Liberaler aus dem Norden, der dieselben Vorurteile bloß besser zu tarnen versteht. Wir sehen hier eine gewisse Parallele zu manchen Männern, die uns im Zuge der Recherche über den Weg liefen. Auf den eigentlichen Inhalt reduziert, belief sich ihre Philosophie nämlich ungeachtet der emanzipatorischen Formulierungen auf genau die Art von Frauenbild, die der schlimmste Reaktionär sich heute kaum mehr zugestehen würde. «Frei»-gemacht hat sich der neue Mann lediglich von den Hemmungen und Höflichkeiten, die beim traditionellen Mann noch eine gewisse Schonung der als schwach wahrgenommenen Frau bewirkten, und die sich aus den überlieferten moralischen Vorstellungen ableiteten. Dem Neuen Mann dagegen ist alles erlaubt.

Die Türen werden einem ins Gesicht geknallt, am Arbeitsplatz muß man sich explizite sexuelle Angebote gefallen lassen, und nach der Scheidung können Frauen sehen, wie sie zurechtkommen, da Unterhaltszahlungen ebenfalls als nicht mehr zeitgemäß auf ein Minimum reduziert wurden. Insgesamt hat die Gleichberechtigung bei den Schutzvorrichtungen und Privilegien weit mehr «erreicht» als bei den Chancen und Zugangsmöglichkeiten zu Berufen und Entscheidungspositionen.

Der Neue Mann wünscht sich eine Frau, die nichts kostet und für die er nicht verantwortlich ist, die ihm gar keine Einschränkungen seiner – vor allem sexuellen – Freiheit auferlegt, die ungehemmt ist und ihn nicht mit irgendwelchen Bedenken über Abtreibung, Mehrfachbeziehungen u. ä. belästigt. Sie packt freundlich ihre Koffer, kehrt in die eigene Wohnung zurück und läßt nie wieder von sich hören, vor allem nicht in Form von Klagen, Unterhaltsforderungen und Tränen, wenn die Beziehung ihn zu langweilen und in seiner persönlichen Entwicklung einzuschränken beginnt.

So meint ein sogenannter progressiver Mann, 40 Jahre alt, geschieden, Vater von drei Kindern:

«Die Bedürfnisse der Frauen sind ja auch oft ganz andere als die, die sie vorgeben zu haben. Ich habe auch Beziehungen mit Feministinnen gehabt. Die waren zwar ideologisch sehr konsequent, im Bett aber bemerkte man schnell, daß sie ganz ausgeprägte emotionale Bedürfnisse hatten, die sich nicht mit ihren radikalen Grundsätzen deckten. ‹Die Wahrheit zeigt sich immer im Bett›, heißt es so schön, und meiner Ansicht nach ist das zutreffend. Diese Unfähigkeit, die Ideologie im eigenen Leben durchzusetzen, sollten diese Frauen sich eingestehen.»

«Ich habe auch immer diese Feministinnen abgelehnt, bei denen ich bemerkt habe: bei denen geht alles nur durch den Kopf und nicht durch den Körper. Dagegen habe ich mich bei Feministinnen wohlgefühlt, bei denen ich gespürt habe: hier spielt es sich auf der gefühlsmäßigen Ebene ab.»

«Ich habe mich nie zu einem Opfer machen lassen. Mit aggressiven, verbitterten Feministinnen habe ich mich deshalb auch überhaupt nicht beschäftigt.»

«Ab und zu lese ich auch ein feministisches Buch. Vor allem die authentischen Bücher sprechen mich an – diese sind sehr ehrlich. Dagegen kann ich mit diesen schlechten, pubertären Büchern, in denen nur beschrieben wird, wie eine Frau mit ihrer Geilheit lebt, überhaupt nichts anfangen.»

«Ich bin der Meinung: Wenn man einmal mit irgend jemandem ein gutes Verhältnis hat, einen tollen Abend verbringt, warum soll man dann nicht mit dieser Person schlafen? Vom andauernden Beziehungswechsel halte ich persönlich überhaupt nichts. Das heißt aber nicht, daß ich keine sexuellen Kontakte zu anderen Frauen habe. In gewisser Weise möchte ich gerne mit jeder Frau, die eine Freundin für mich ist, wo eine ‹Wärme› gegeben ist, schlafen. Für mich ist das jedoch eine Form von Alltagskultur und stellt keine Beziehung dar.»

«Ich will mich auch nicht mehr mit so ganz Jungen abgeben und mich mit ihnen abplagen – diese stecken noch zu sehr in Entwicklungsphasen.»

«Mit meiner geschiedenen Frau hat es einfach sexuell nicht geklappt. Außerdem hatte ich das Gefühl, daß ich mich nicht mehr weiterentwickeln kann.»

Diese apodiktischen Sätze, aneinandergereiht, zeigen bereits eine bemerkenswert pragmatische Sichtweise, unbeirrt trotz ihrer vielen Widersprüchlichkeiten. Fassen wir zusammen:

- Positiv an der Frauenbewegung ist, daß die Frau selbständiger wird und nicht mehr betreut werden muß. Gut ist auch der veränderte Stellenwert der Sexualität. Eine sexuelle Beziehung gilt nicht mehr als hohe Verbindlichkeit, sondern als Teil der Persönlichkeitsäußerung und des Umgangs mit anderen Menschen überhaupt.
- Lästig ist, daß die Frauen sich trotz der vermeintlichen Befreiung nicht an diesen Anspruch halten, sondern Erwartungen hegen, die der Unverbindlichkeit widersprechen. Selbst die Feministin verspricht hier mehr, als sie letztlich hält; geht man eine sexuelle Beziehung mit ihr ein, entpuppt sie sich oft genug als anlehnungsbedürftige und Verbindlichkeit erwartende Frau klassischer Manier.
- Andererseits aber ist gerade diese Emotionalität an Frauen so erholsam und angenehm. Die übermäßig intellektuelle Frau, die ihre Empfindungen zu sehr unter Kontrolle hält, bietet nicht das, was man sich von der Weiblichkeit an Regenerationserlebnis verspricht. Ist sie so kontrolliert und Kopf-orientiert wie ein Mann, dann kann man sich bei ihr nicht mehr «Gefühl holen».
- Die Auseinandersetzung mit der Emanzipation der Frauen ist nur dort wünschenswert, wo sie angenehm ist. Dort z. B., wo sie größere Freiräume verspricht, oder wo sie, vermittelt über Romane, dem Leser Unterhaltung und Einblicke in weibliche Erlebniswelten verspricht. Dort, wo sich Konfrontationen und Infragestellungen des eigenen Verhaltens oder Unbequemlichkeiten irgendeiner Art abzeichnen, ist sie zu meiden.
- Entwicklungsmöglichkeiten sind dann etwas Positives, wenn sie den eigenen Wünschen entgegenkommen, z. B. bei der Verteidigung des Anspruchs auf sexuelle Freiheiten. Sie sind etwas Negatives, wenn sie Mühe machen, weil sie von der anderen beansprucht werden. Kurz, man könnte sagen, die eigene Ent-

wicklungsfreiheit ist positiv, die Entwicklungsbedürfnisse anderer sind lästig und negativ.

- Welche Bedürfnisse progressiv und damit berechtigt sind und welche nicht, entscheidet dabei der Neue Mann. Das Bedürfnis nach emotionaler Sicherheit ist nicht berechtigt. Das Bedürfnis nach sexueller Entfaltungsfreiheit ist berechtigt. Das Abschütteln einer zu bürgerlichen Ehefrau ist berechtigt. Frauen hingegen, die sich allzu geschmacklos der «Geilheit» schuldig machen, sind abstoßend.
- Das Gleichgewicht zwischen den anziehenden alten, weiblichen Tugenden und den neu geforderten Freigebigkeiten zu halten, fällt Frauen nicht leicht. Deshalb empfiehlt es sich, mehrere bereitzuhalten und öfter zu wechseln.

Männer und Frauen scheinen also etwas anderes in der Beziehung zu suchen, scheinen unterschiedlich stark betroffen zu sein – und das gilt auch für die feministischen Frauen. Das kann zu unangenehmen Situationen führen, kann aber auch geschickt zum eigenen Nutzen des Neuen Mannes benutzt werden.

Nehmen wir den Fall *Lydia und Anton*.

Anton ist zum Zeitpunkt des Gesprächs 25 Jahre alt und Student der Soziologie:

«Ich bin in München aufgewachsen. Mein Vater war Angestellter, meine Mutter war Hausfrau. Die Beziehung meiner Eltern kam mir eigentlich sehr gut vor. Mein Vater war z. B. immer bereit, im Haushalt mitzuhelfen, und es war eher meine Mutter, die das nicht wollte. Zu Hause war meine Mutter die stärkere Figur, und beide Eltern gingen sehr freundschaftlich miteinander und mit uns Kindern um.

Meine erste Mädchenbeziehung hatte ich mit 17, das Mädchen war gleich alt. Mit Unterbrechungen hat diese Beziehung sechs Jahre gedauert. Mit ihr habe ich auch die ersten sexuellen Erfahrungen gemacht. Wir haben selten gestritten. Wenn wir einen Streit hatten, dann wirkte sich unser unterschiedlicher Konfliktstil sehr stark aus. Ich habe immer eher verstandesgemäß agiert, sie eher gefühlsmäßig. Das hat zur Folge gehabt, daß ich den längeren Atem hatte, weil mir die Argumente nicht so schnell ausgegangen sind. Sie hat sich von mir überrumpelt, überredet, übergangen gefühlt. Ich war aber nicht gewillt, ihren gefühlsbetonten Stil zu akzeptieren, geschweige denn, mich auf ihn umzustellen.

Ein großer Streitpunkt war zunächst, daß ich mit ihr schlafen wollte, obwohl sie keine Lust dazu hatte und mich deshalb immer wieder abwies. Dadurch habe ich mich ungeliebt gefühlt und war beleidigt. Ich versuchte, sie zu überreden, und setzte sie wohl auch unter Druck.

Diese Beziehung war die ersten drei Jahre lang auch ‹ausschließlich›. Danach haben wir beide auch andere sexuelle Kontakte gehabt, wobei der Feminismus keine unwesentliche Rolle gespielt hat. Das sollte ich wohl näher erklären.

Ich habe mich immer schon für Dinge interessiert, die außerhalb des Schulalltags lagen. Eine Zeitlang z. B. interessierte ich mich sehr für Religion, später für die Gastarbeiterfrage usw. Ich war eigentlich immer auf der Suche nach etwas Neuem. So hat sich auch mein Interesse für die Frauenbewegung ergeben. Irgendwie ist mir Alice Schwarzers Buch *‹Der kleine Unterschied und seine großen Folgen›* in die Hände gefallen. Ich weiß noch, daß ich damals 18 war und ziemlich begeistert von dem Buch. Ich hab es auch der Lydia zum Lesen gegeben, ich wollte, daß sie sich auch damit auseinandersetzt. Sie hat damals ziemlich trotzig reagiert auf mein Insistieren, daß sie es lesen soll, obwohl sie später viele feministische Bücher gelesen hat.

Für unsere Beziehung war dann auch noch ein zweites Buch wichtig. *‹Die offene Ehe›* von den O'Neills. Ich hatte schon seit längerem das Bedürfnis, auch mit anderen Frauen zusammenzusein. In diesem Buch fand ich die Argumentation dafür, um zu rechtfertigen, daß ich mit anderen Frauen zusammensein konnte, ohne daß es das Ende unserer Beziehung bedeutet hätte.

Auch dieses Buch gab ich Lydia zu lesen. Wir haben theoretisch viel über offene Beziehungen diskutiert. Ich muß gestehen, daß ich sie damals ziemlich unter Druck gesetzt habe, meinen neuen Ideen zu folgen – in diesem Fall der ‹offenen Beziehung›.

Auf diese erste Beziehung folgte unmittelbar eine zweite, ebenfalls wieder längerfristige Beziehung, die – was die Frage der ‹Offenheit› betrifft – ähnlich verlaufen ist. Auch diese Freundin ist Feministin, aber sie war es schon von Anfang an. Während aber Lydia eher zur Richtung ‹Uni-Feminismus› gehörte, gehört meine jetzige Freundin der Richtung des ‹spirituellen Feminismus› an.

Ich möchte noch kurz zum Thema ‹offene Beziehung› und dem damit verbundenen Treuebegriff etwas sagen:

Den Begriff der *sexuellen* Treue gibt es für mich nicht. (Was nicht heißt, daß es für mich überhaupt keine Treue gibt.) Deshalb habe ich in meinen zwei relativ ‹festen› Beziehungen so eine Art ‹offene› Beziehung geführt. Doch ich muß zugeben, daß dies meist mit gewissen Problemen verbunden war, da man sich gerade auf dem Gebiet der Sexualität so leicht verletzen kann. Wenn ich z. B. erfahren habe, daß meine Freundin mit einem anderen Mann geschlafen hat und ich dabei gespürt habe, daß da mehr dahinter war als eben nur das Miteinander-Schlafen, hat mich das eifersüchtig gemacht. Das heißt, wenn meine Freundin mit jemandem geschlafen hat, hat sie das eher mit der Vorstellung von eventueller Beziehung und Zukunft verbunden, was mich wiederum getroffen hat.

Bei mir selbst ist es meist aus einem guten, kurzfristigen Gefühl heraus entstanden. Dabei habe ich, wenn ich mit Frauen in Kontakt getreten bin, meistens den aktiven Part übernommen. Nicht zuletzt deshalb, weil ich mir mein – durch die Sozialisation bedingtes – ‹Mann-Sein› beweisen wollte.

Wenn ich also einen traditionellen Treuebegriff hernehme, kann ich sagen: Ich habe die Treue eher durch ein (sexuelles) ‹Abenteuer› gebrochen, das eine Nacht oder mehrere gedauert hat, meine Freundin eher durch länger anhaltende Beziehungen, die bis zu einem Jahr dauern konnten.

Diese Diskrepanzen sehe ich ebenfalls im typischen Mann-Frau-Konflikt verankert.

Auf der Uni habe ich verschiedene Seminararbeiten zu ‹Frauenthemen› geschrieben – meist mit anderen zusammen, auch vielen Feministinnen. Auch zur ‹Männer-Emanzipation› habe ich ein Seminar besucht, weshalb ich auch viele ‹Männerbücher› gelesen habe. Ziemlich wichtig war mir auch, endlich über das ‹Mann-Sein› bzw. über die ‹Männer-Sexualität› Gespräche führen zu können.

Was mich betrifft, habe ich von der Frauenbewegung in bezug auf Sexualität viel gelernt. Vor allem, was die Fähigkeit betrifft, über Sexualität sprechen zu können. Auch die Liberalisierung der Homosexualität bzw. die Etablierung der Mehrfachbeziehungen ist von der Frauenbewegung beeinflußt worden, auch wenn diese Tendenzen nicht unbedingt als Folge von ihr angesehen werden müssen.

Seit ungefähr zwei Jahren setze ich mich nicht mehr so sehr mit dem Feminismus auseinander. Zunächst habe ich begonnen, mich mit Psychoanalyse zu beschäftigen. Mir ist dabei immer wichtiger geworden, mich in diese Richtung zu entwickeln, mit der ich mich identifizieren wollte. Das heißt, ich wollte so etwas wie ein verständnisvoller, ehrlicher, möglichst wenig chauvinistischer Mann sein, der die typischen Männerverhaltensweisen abgelegt hat.

Jetzt habe ich jedoch nicht mehr diese Idealvorstellungen. Mir geht es vielmehr darum, mich selber so kennenzulernen, wie ich eigentlich bin. Dabei spüre ich in mir schon so etwas wie männliche Verhaltensweisen. Indem sie mir aber klarwerden, kann ich leichter mit ihnen umgehen.

Heute habe ich nicht mehr die Illusion, daß ich von diesen männlichen Verhaltensweisen – z. B. meine Art, abstrakt und sehr rational zu argumentieren – wegkommen kann, und will es eigentlich auch gar nicht mehr.

Mir ist bewußt, daß ‹meine Zeit des Feminismus› sehr wichtig für mich war. Ich habe aber all die Jahre dabei übersehen, daß in mir gewisse Eigenschaften sehr tief sitzen. Diese beginne ich nun als einen Teil von mir zu akzeptieren, da sie eben kaum zu verändern sind bzw. meine Persönlichkeitsstruktur ausmachen.

Kurz gesagt: Ich versuche, mir gegenüber ehrlich zu sein, ohne dabei irgendwelche Theorien im Kopf zu haben, wie ein Mann sein sollte. Das ist auch der Grund dafür, warum ich mich nicht mehr mit Männeremanzipation und Frauenbefreiung auseinandersetze. Das heißt jedoch nicht, daß ich sie ablehne.

Dies spiegelt auch mein Verhältnis zum Feminismus wider. So ist mir vor drei Jahren die Frauenbewegung keineswegs zu radikal gewesen. Ich war damals überzeugt, daß es keinen Unterschied zwischen Mann und Frau gibt bzw. daß dies alles nur eine Frage der Sozialisation ist. Allmählich habe ich jedoch bemerkt, daß das lediglich ein *intellektuelles* Akzeptieren gewesen ist. Heute glaube ich, daß die Frauenbewegung in ihrer Radikalität gewisse Sachen falsch eingeschätzt hat.

Dazu vielleicht ein Beispiel:

Die Forderung der Frauen, keine Kinder zu bekommen bzw. keine Kindererziehung übernehmen zu wollen, habe ich eine Zeitlang akzeptieren können, weil es mir damals unvorstellbar war, selbst einmal Kinder zu haben. Jetzt, wo ich es mir irgendwie vorstellen kann und ich mich auch geistig damit beschäftige, kann ich diese Forderung nicht mehr vertreten. Ja selbst die Forderung, ‹auch wenn Frauen Kinder bekommen, sollen sie sofort wieder ins Berufsleben einsteigen›, empfinde ich jetzt nicht mehr als richtig. Ich bin der Ansicht, daß zumindest das erste Jahr die Frau beim Kind zu Hause sein sollte, da es neun Monate lang ein Teil der Frau ist, und wenn es geboren wird, ist es noch immer für längere Zeit ein großer Teil von ihr. Das heißt, die Beziehung zwischen Frau bzw. Mutter und Kind hat im ersten Jahr nach der Geburt eine andere Qualität als jene zwischen Vater und Kind. Für eine Mutter wird es immer ein größeres Ereignis sein, ein Kind zu bekommen, als für einen Vater. Erst später entwickelt sich das Kind von der Mutter weg. Das ist dann der Punkt, wo eine Arbeitsteilung effektiv ist.

Insofern sehe ich die Tendenz zur ‹Neuen Weiblichkeit› als etwas durchaus Positives an. Ebenso als gut empfinde ich den Spiritualismus in der Frauenbewegung. Die Frauen, mit denen ich in meiner Umwelt konfrontiert bin, haben diese Wende hin zum Spirituellen auch vollzogen. Für mich ist dieser Teil der Frauenbewegung nicht weniger politisch. Er ist zwar nicht so sehr realpolitisch, dafür betrifft er einen größeren Bereich des Lebens, und wenn ich z. B. in der Frauenbewegung etwas zu sagen hätte, würde ich versuchen, den spirituellen Weg zu forcieren.

Was das zukünftige Zusammenleben mit Frauen betrifft, bin ich mir total unsicher, was ich will. Zur Zeit ist die Mehrfachbeziehung meine Lebenssituation, und ein ‹geordnetes› Familienleben wäre im Moment nichts für mich. Ich habe das Gefühl, daß ich in den nächsten vier Jahren ebenfalls noch so ein Leben führen werde wie jetzt, das heißt, ohne feste Arbeit und ohne sehr feste Beziehung. Doch für die weitere Zukunft kann ich mir schon vorstellen, mit einer Frau zusammenzuleben, Kinder zu haben und ein gewisses ‹regelmäßiges› Leben zu führen. Trotzdem lasse ich es mir offen, ob es so sein wird oder nicht.

Nur eines weiß ich jetzt schon, ich könnte nur sehr schwer mit einer Frau zusammenleben, die nicht selbst verdient oder die von mir finanziell abhängig ist. Mit so einer Situation könnte ich überhaupt nicht umgehen.»

Auch *Lydia* ist 25. Auch Lydia blickt zurück auf ein harmonisches Familienleben mit Eltern, die sich gut verstanden. Ihre Mutter war berufstätig. Auch Lydia sah in ihrer Mutter die stärkere Hälfte der Eltern. Lydia studiert Jus.

«Anton und ich haben uns in der Schule kennengelernt. Am Anfang der Beziehung war die Freundschaft zu meiner besten Freundin noch wichtiger. Mit der Zeit aber hat Anton die Position bekommen, die früher die Freundin für mich hatte. Der Kontakt zu ihr hat deshalb auch immer mehr abgenommen. Anfangs war es eine echte ‹Jugendliebe›. Dann aber hat Anton gemeint, daß er gerne eine ‹offene Beziehung› hätte, in der es möglich sein sollte, auch mit anderen sexuellen Kontakt zu haben. Er hat diese Forderung in unsere Beziehung hereingebracht, und ich habe krampfhaft versucht, mich seinem Anspruch anzupassen. Theoretisch habe ich nicht gewußt, was ich der ‹offenen Beziehung› hätte entgegenhalten können, aber mit meiner Gefühlswelt ließ es sich überhaupt nicht vereinbaren. Am Anfang ging es ja noch, weil die Vorstellung nur in der Theorie vorhanden war. Weder er noch ich haben sie wirklich praktiziert. Erst mit dem Schritt von der Theorie zur Praxis kamen die Probleme. Ich habe gleich gespürt, daß mich das irgendwie kaputtmacht, und ich habe sehr darunter gelitten. Das hatte zur Folge, daß wir die Beziehung öfters gelöst und dann wieder begonnen haben. Jetzt sehe ich, daß das ein Ablösungsprozeß war – es dauerte eine ganze Weile, bis wir es endlich geschafft hatten, einen totalen Schlußstrich zu ziehen.

Das Ende ist auch deshalb leichter gefallen, weil er sich in eine andere Frau verliebt hat. Unsere Beziehung hat deshalb nicht mehr die ‹Hauptbeziehung› darstellen können. Danach habe ich eigentlich erst verstanden, daß er schon seit längerer Zeit auf der Suche war. Er wollte *unsere* ‹Hauptbeziehung› durch die Beziehung zu einer anderen Frau ablösen. Das hat mir natürlich sehr weh getan. Andererseits war ich froh, daß endlich klare Verhältnisse eingetreten sind. Außerdem habe ich ihm schon längere Zeit nicht mehr ‹ins Bild gepaßt›. Ich war ihm zu wenig emanzipiert, zu wenig alternativ. Das hat mein Selbstvertrauen ziemlich angeknackst. Vor allem, weil die andere Frau seinem Bild mehr entsprochen hat. Insofern hat mich die Loslösung schon mehr getroffen.

Anton hat mir immer vorgeworfen, daß ich in der Beziehung zu ihm ‹abgebaut› habe, daß ich nicht mehr an mir selber gearbeitet habe, sondern mich zurückgezogen habe auf die Bindung zu ihm. Es stimmt, daß meine Gedanken ungefähr dahingehend waren: Ich hab einen lieben Freund, habe keine Probleme, und was will ich mehr als das. Diese Zufriedenheit war vielleicht in gewissem Sinn ein Abstumpfen, ein Entwicklungsstopp. Ans Heiraten bzw. an Kinder habe ich allerdings nicht gedacht, obwohl ich zugebe, daß dabei emanzipatorische Gedanken keine Rolle für mich spielten.

Richtig gestritten haben wir eigentlich nie. Ich bin eher der Typ gewesen, der, wenn an mich Forderungen gestellt wurden, nachgegeben hat. Konflikte hatten wir allerdings über die Frage, wie ‹offen› denn die Beziehung sein sollte.

Ich habe immer irgendwie vernünftig und rational argumentiert und nicht emotional. (Er hat ebenfalls rational und vernünftig argumentiert.) Erst später, als die Beziehung ausgewesen ist, habe ich gespürt, daß mich meine Argumentationsweise in den Reaktionen eingeschränkt hat.

Alles wurde ‹durchargumentiert›. Was bei ihm noch hinzugekommen ist und was mich sehr gestört hat, ist, daß er immer so verständnisvoll eine Diskussion begonnen hat. Dadurch sind Emotionen von vornherein schon abgetötet worden, und ich bin dabei auf *sein* Verständnis eingegangen. Eigentlich ist das einer der schwerwiegendsten Vorwürfe, den ich Anton machen kann. Ich glaube, daß ich mehr profitiert hätte, wenn ich damals emotionaler reagiert hätte. Es hätte mir erleichtert, besser zu meinen eigenen Gefühlen stehen zu können. Die Beziehung wäre dann höchstwahrscheinlich schon früher in die Brüche gegangen.

Von der sexuellen Seite her waren meine Erfahrungen in dieser Beziehung gemischt. Sehr schön war, daß wir die Sexualität gemeinsam entdeckt haben. Ich hatte das Gefühl, meine Sexualität voll ausleben zu können. Die Verhütung aber war ein Problem. Anton war in diesem Punkt wahnsinnig nervös. Er hatte immer große Angst, daß etwas passiert. Die Pille war das sicherste Mittel, aber als ich angefangen habe, sie zu nehmen, habe ich sehr zugenommen. Dadurch habe ich mich körperlich unwohl gefühlt und auch weniger Lust zur und an der Sexualität gehabt. Damals hab ich das Gefühl gehabt, daß er mehr wollte, als ich zu geben bereit war, daß er mich irgendwie bedrängte.

Die Idee eines sexuellen Fremdgehens wäre mir nie gekommen. Ich hätte es als einen Einbruch in unsere Intimität empfunden. Vielleicht hatte das den Grund, daß ich zu sehr auf diese Beziehung angewiesen war, daß sie so etwas wie einen Familienersatz darstellte. Deshalb hat mich die Diskussion um die ‹offene Beziehung› auch sehr aus dem Gleichgewicht gebracht. Als wir dann die ‹offene Beziehung› hatten, bin ich auch mit anderen Männern ins Bett gegangen.

Dabei ist es vorgekommen, daß ich neben unserer Beziehung auch andere längere Beziehungen gehabt habe. Das heißt zwei Beziehungen nebeneinander; wobei für mich klar ist, daß die Beziehung mit Anton mir am wichtigsten gewesen ist. Meine Nebenbeziehungen sind ihm meistens egal gewesen. Es hat nur einige wenige Situationen gegeben, wo es ihm etwas ausgemacht hat. Aber an und für sich konnte ich ihn dadurch kaum verletzen.

Ich habe aber immer gespürt, daß ich die anderen Beziehungen nicht brauche, sondern sie deshalb gehabt habe, weil er auch immer ‹so kurze Sachen› neben unserer Beziehung gehabt hat. Dies hat mir ziemlich weh getan. Das heißt, ich habe immer längere Beziehungen gehabt, er eher kürzere.

Anton stellt es manchmal so dar, daß diese offene Beziehung eine Konsequenz des Feminismus ist und daß er den Feminismus in unser Leben gebracht hätte. Für mich läuft die offene Beziehung nicht unter dem Begriff der Emanzipation. Es kann schon sein, daß sich der Bezug zu Emanzipation und Feminismus für mich durch das Wunschbild ergeben hat, das Anton von mir hatte. Ich sollte nicht so bürgerlich, dafür aber selbstbewußter sein, mich auch anders anziehen usw. Ich hab das eher abgewehrt, und so hat sich meine Auseinandersetzung mit dem Feminismus eigentlich verzögert.

Eines stimmt jedoch schon: Das erste Buch über Emanzipation – es war ein eher theoretisches – habe ich von Anton geschenkt bekommen. Ich habe aber nur einen Artikel darin gelesen, weil ich mich innerlich dagegen gewehrt habe. Und in gewisser Weise habe ich mich bevormundet gefühlt. Später, das heißt nach der Beendigung der Beziehung zu Anton, habe ich mich von mir aus für den Feminismus interessiert und sehr viele Bücher dazu gelesen.

Ich habe mich auch in verschiedenen Frauengruppen engagiert. Zur Zeit möchte ich bestimmt keine Mehrfachbeziehungen, da ich nach der Beziehung zu Anton ihnen gegenüber ein gewisses Trauma hatte. Ich habe danach nur ‹enge› Beziehungen gehabt. Heute weiß ich, daß ich nur eine einzige Beziehung brauche und daß ich in einer solchen auch glücklich sein kann.»

Wir, die wir das lesen, gehören wahrscheinlich alle einer Generation und einer Denkrichtung an, für die die Brüchigkeit von Beziehungen, das Vergängliche an ideologischen Überzeugungen und ein experimenteller Zugang zur eigenen Lebensgestaltung nichts Erstaunliches sind. Betrachten wir aber diese beiden Erzählungen durch die Augen einer etwas *konservativeren* Frau. Wie stellt ihr sich diese Situation dar? Ein junges Mädchen und ein junger Mann lernen sich kennen und verlieben sich. Der junge Mann will mit dem jungen Mädchen schlafen, das junge Mädchen möchte nicht. Hier würde unsere hypothetische Leserin bereits das erste Mal intervenieren. Sie wäre über den Wunsch des jungen Mannes nicht erstaunt, würde aber einschreiten, um seine Realisierung zu verhindern. Ihr Argument dabei wäre, daß das Mädchen beschützt werden muß vor den Forderungen des Mannes, da diese frühe Beziehung für ihn nur ein Abenteuer und eine Exploration seiner sexuellen Erlebnisfähigkeit bedeutet, während das emotionale und körperliche Risiko für das Mädchen weit größer und ihre Bedürfnisse anders gelagert sind als seine. Beim Wort «beschützen» würden die *progressiven* Menschen, die den Erklärungen der konservativen Dame zuhören, bereits mitleidig lächeln. Sie würden erwidern, daß auch Mädchen das Bedürfnis nach sexuellem Experimentieren haben und daß sie durch die Pille und der Verfügbarkeit einer Abtreibung im Fall eines Mißgeschicks gegen die auftretenden Risiken geschützt werden kann.

Daß nach einigen Jahren der junge Mann die Idee entwickelt, neben seiner Jugendliebe auch andere Freundinnen zu haben, würde unsere *konservative* Dame nicht erstaunen. Nichts anderes erwartet sie von einem jungen Mann. Dem Mädchen, das auf ihren Rat gehört hätte, müßte dieser Drang des Freundes nicht allzuviel ausmachen. Als tugendhafte Freundin, mit der er nicht schlafen darf, hätte sie einen Sonderstatus. Verlogen, können darauf die *Progressiven* nur erwidern. Das arme frustrierte Mädchen soll die Heilige spielen, während ihr Freund diejenigen Mädchen, mit denen er auch sexuelle Beziehungen hat, seiner Hochschätzung und Achtung nicht für würdig hält. Von all diesen alten Zöpfen muß sie sich frei machen; die offene Beziehung ist sicherlich gut geeignet, ihre antiquierten Ideen und persönlichen Unsicherheiten abzubauen. Daß sie sich dabei schrecklich fühlt, ist nur natürlich – Entwicklungsprozesse laufen nie schmerzfrei ab. Um den alten Ballast abzuschütteln und frei zu werden, muß Lydia eben noch härter an sich arbeiten.

Der Gedanke, daß Anton Lydia in die Frauenbewegung drängen will, weil er diesen Frauentypus schick findet, würde unsere *konservative* Leserin schlichtweg absurd finden. Wie kommt er dazu? Dieser junge Mann ist nicht ganz in Ordnung, oder: er steckt in einer persönlichen Identitätskrise und soll in ein paar Jahren wiederkommen, wenn er sich gefestigt hat, würde sie dem Mädchen raten.

Frauen sind durch ihre Sozialisation schon dermaßen deformiert, erwidern darauf unsere *Progressiven,* daß sie nicht einmal mehr in der Lage sind, ihre eigenen Interessen zu erkennen. Es ist ein trauriger Ausdruck der Lage der Frauen in unserer Zeit, daß ein Mann oft eher in der Situation sein kann, seiner Freundin den Weg zu weisen.

Darauf, daß Anton laut Selbstaussage nach Abschluß seiner persönlichen Ideologiegänge – Studentenbewegung, Gastarbeiter, Frauenfrage – wieder bei seinem konservativen Ausgangspunkt gelangt ist und eine das Heim hütende Ehefrau samt Kleinfamilie wählen wird, hätten die *Progressiven* vermutlich nicht so schnell eine Antwort. «Dermaßen fundamentale gesellschaftliche Veränderungen erfordern eben ihre Zeit», würden sie folgern, und sie würden darauf hinweisen, daß ökonomische Fluktuationen leider auch wieder zu Rückschritten in der geschichtlichen Entwicklung führen.

Die *konservative* Dame würde der Ausgang der Geschichte gar nicht überraschen. Sie hat von Anfang an gewußt, daß Anton letztendlich ein braver und biederer Familienvater wird. Die Frau, die er am Schluß seiner jugendlichen Ausschweifungen heiratet, hätte durchaus Lydia sein können, wenn Lydia sich für die Dauer seiner Abenteuerphase zurückgezogen hätte.

Dic ausgebrochene – meist von den Männern geforderte sexuelle – Anarchie hat nicht nur die Sicherheit der jungen Frauen hinweggefegt, indem sie die Schutzregeln entfernte. Auch später sind der Willkür und den Launen des anderen Geschlechts keine Grenzen mehr gesetzt. Er will mit 30, 40, 50 oder 60 seinen «Entwicklungsprozeß» wieder aufnehmen? Auch dann hat Lydia, wenn sie auf einen sogenannten Progressiven angewiesen ist, keine Trumpfkarte mehr in der Hand. Daß «Entwicklung» letztlich immer auf sexuelle Abenteuer hinausläuft, hindert die konservative Leserin schon daran, diesen pompösen Begriff zu akzeptieren. Früher bewertete man es anders, wenn der Mann plötzlich durchdrehte und meinte, ein Liebesverhältnis könnte ihm seine schwindende Jugend wiedergeben oder andere Fehler der Lebensgestaltung aufwiegen. Man fand sich zwar damit ab, setzte seinen Ausflügen aber strenge moralische, soziale und finanzielle Grenzen. Heute aber wird dieses Verhalten nicht mehr bestraft. Er muß immer weniger Unterhalt zahlen für die verlassene Frau; er kann ihr unabhängig von seinem Fehlverhalten die Kinder streitig machen; und er steht in den Augen seiner Umgebung sogar noch als der Bessere, weil «Entwicklungsfähigere» da, während sie durch die Domestizierung «sehr abgebaut» hat, so daß ihm nicht zu verdenken ist, daß er sich nach etwas anderem umsieht.

Doch unterlassen wir es, Interpretationen dieses Falles zu überdehnen. Suchen wir eine andere Erklärung dafür, daß Anton und fast jeder andere Mann, der in unseren Gesprächen zu Wort kam (ob uns oder den von uns Interviewten gegenüber), eine immer wieder beeindruckende Fähigkeit hatte, Beziehungsfragen distanziert und pragmatisch abzuhandeln, Frauen zu betrachten als Bildungselemente, sozusagen als «Gänge» in einer emotional-sexuellen Speisenfolge, an deren Ende er sich gesättigt, genährt und bereit zu neuen Taten vom Tisch erheben kann. Während die gleichaltrige, ähnlich erzogene Lydia sich eine krisenfeste Beziehung wünscht als feste Basis, von der aus sie die Sicherheit bezieht, in anderen Lebensbereichen abenteuerlich und aktiv zu sein.

Es ist sehr schwer auszumachen, welchen Standpunkt das feministische Denken hier nahelegt. Der Feminismus wird es typisch finden, daß Frauen ihre eigenen Reaktionen als zu emotional abwerten lassen und sich intellektuell vorgetragenen Forderungen unterwerfen, obwohl sie ihren Wünschen, Bedürfnissen und Werten zutiefst widersprechen. Auch die Perfidie, mit der Männer es schaffen, Frauen mit ihrer eigenen Bewegung, der Frauenbewegung, zu verunsichern, zu erpressen und zu Dingen zu zwingen, die sie gar nicht tun wollen, wäre für die Frauenbewegung nicht überraschend. Andererseits fällt es schwer, über die jeweilige Relevanz von Sexualität und Bindungen für Männer und Frauen zu urteilen. Den Mädchen und Frauen zu raten, ihre sexuellen Bedürfnisse an verbindliche Beziehungen zu knüpfen, weil sie sonst emotional von Männern ausgenutzt werden, verträgt sich schlecht mit feministischem Gedankengut, ebenso wie die Anerkennung grundlegender emotionaler Unterschiede zwischen den Geschlechtern, die dazu angetan sind, Frauen offenbar immer in die verletzlichere Position zu verweisen.

Daß aus der Freiheit für Frauen häufig bloß größere Freiheiten für die Männer wurden, erscheint jedoch unbestreitbar.

Michael ist 27, arbeitet als Programmierer und besucht abends die Hochschule. Sein ältestes Kind, ein Sohn, ist vier Jahre alt. Seine Freundin hat vor wenigen Wochen das zweite gemeinsame Kind bekommen. Als Michael die Mutter seiner Kinder kennenlernte, war sie 14, und er war 18. Heute bewegt ihn in der Beziehung vor allem eine Frage: die Frage nach der Erfüllbarkeit sexueller Triebe. Soll er seinen Impulsen nachgeben und andere Beziehungen eingehen? Oder ist das ein Irrweg, der zwar Abwechslung bringt, aber keine Erfüllung?

«Ich sehe die Sexualität überhaupt als ein philosophisches Problem an. Sie ist ein Hauptlebensantrieb und deshalb ein ganz wichtiger Faktor im Leben eines Menschen. Lange Zeit habe ich den Wunsch gehabt, in WGs zu leben, freie Beziehungen, sexuelle Freiheit zu haben, habe aber immer in einer ‹Zweierbeziehung› geklebt. Inzwischen sehe ich, daß diese Leute, die das alles praktizieren, ihre Sexualität auch nicht ausleben können. Streitereien kommen in unserer Beziehung schon öfters vor. Meine Freundin möchte von mir mehr Wärme und Zuneigung, dabei fühle ich mich jedoch manchmal überfordert. Andererseits überfordere ich sie mit meinem Wunsch nach sexuellem Kontakt mit anderen Frauen, sie ist nämlich sehr eifersüchtig und fühlt sich dann gleich gefährdet.

Eine ideale Beziehung ist für mich dann gegeben, wenn die Möglichkeit vorhanden ist, sich persönlich entwickeln zu können. Sie muß Abhängigkeit ausschließen und dafür Selbstverwirklichung einschließen. Alle möglichen zwischenmenschlichen Kontakte müssen trotz der Beziehung weiterhin erlebbar bleiben.

Was Haushalt und Kinder betrifft, so teilen wir uns die ganze Arbeit. Auch auf die Geburten haben wir uns gemeinsam vorbereitet, und das war für mich sehr wichtig. Ich habe zwar nicht selbst schwanger sein können, jedoch habe ich die Schwangerschaft mit meiner Freundin mehr oder weniger aktiv miterleben und auch psychisch mithelfen können. Leider habe ich dann die Geburt um wenige Minuten versäumt. Das hat mich sehr traurig gemacht, und ich habe dies zunächst gar nicht verkraften können.»

Dieser Bericht strotzt wie die meisten anderen vor Klischees, die noch belastender sind, weil sie offenbar die Erlebnisrealität authentisch ausdrücken. Frauen wollen Wärme und Verbindlichkeit. Männer wollen Unverbindlichkeit («Freiheit») und die Möglichkeit zu anderen sexuellen Beziehungen. Frauen bevorzugen die Ausschließlichkeit. Die Sichtweise der Frauen zu teilen ist ein freiwilliger Akt für den Mann, wobei er sich durchaus berechtigt sieht, seine eigenen Ansprüche gegenüber der Frau als durch die Frauenbewegung legitimierte Anliegen darzustellen. Es mag ungerecht sein, in dem Erlebnis der Geburt einen symbolhaften Ausdruck für den Unterschied zu sehen, aber: der Mann kann sie versäumen, die Frau nicht.

Erstaunlich ist jedoch, daß sich die Bedürfnisse der Frauen je nach Wunsch der Männer ständig ändern. Früher war es nicht statthaft, daß Frauen sexuelle Bedürfnisse hatten. Den Männern war es damals ein Bedürfnis, sich der Treue ihrer eigenen Frauen und der Reinheit der Frauen allgemein gewiß zu sein. Eine Frau, die andere Vorstellungen hatte, wurde als amoralisch bezeichnet, und es wurde mit allen Mitteln verhindert, daß sie nach ihren Vorstellungen leben konnte. Heute befindet die aktuelle Männermeinung, daß sexuelle Freizügigkeit ein wichtiger Beitrag zur persönlichen Entwicklung ist. Frauen, die andere Bedürfnisse haben, z. B. das Bedürfnis nach einer stabilen und ausschließlichen Beziehung, gelten als genauso abweichlerisch, kritikwürdig und ideologisch rückständig wie früher die sexuell interessierten Frauen.

Den Verlust traditioneller Schonbereiche ohne entsprechenden Zugewinn neuer Chancen demonstriert mit besonders bedrükkender Klarheit das Beispiel von *Klaus und Monika*.

Klaus ist 29, Diplompsychologe, und arbeitet in einer Beratungsstelle.

«Verliebt habe ich mich zum erstenmal mit 16; das Mädchen war 14. Das war sehr schön. Manchmal glaube ich, daß es die einzige Zeit in meinem Leben war, in der ich noch fähig gewesen bin, mich richtig zu verlieben. Alles war ernst. Wir haben nur ein bißchen geschmust, aber alles hatte eine tiefere Bedeutung. Als es dann aus war, habe ich sogar geweint.

Mit 19 habe ich zum erstenmal mit einer Frau geschlafen. Mein Gefühl damals war: Endlich habe ich es geschafft, endlich kann ich mitreden. Diese Frau war dann auch die Mutter des Benjamin, der jetzt bei mir lebt.

Am Anfang hat mir diese Beziehung sehr gut gefallen. Monika hat sich sehr auf mich bezogen, und das gefiel mir. Allmählich aber hatte ich den Eindruck, daß sie sich zu stark auf mich zu konzentrieren begann. Sie hat sich eingekapselt, ihre eigenen Freunde immer weniger gesehen usw. Diese Entwicklung verstärkte sich, als sie schwanger wurde. Gegen Ende der Schwangerschaft war sie schon total passiv. Sie hat kaum mehr die Wohnung verlassen. Ich dagegen hab immer stärker das Bedürfnis gespürt, hinauszukommen.

Wir haben uns gemeinsam auf die Geburt vorbereitet (Geburtsvorbereitungskurs, gemeinsame Übungen). Ich habe mich damals geärgert, daß sie kaum etwas dafür getan hat. Irgendwie bin ich der Aktivere gewesen: Ich habe mich bei allen möglichen Müttern erkundigt, wie das bei einer Geburt so ist; ich habe mich um das ‹Babyzeug› gekümmert usw. Ich habe dadurch schon während der Schwangerschaft eine Beziehung zum Kind aufbauen können. Ich habe mir gedacht: ‹Da ist doch irgend etwas, was von mir ist, das wächst und das lebt.› Ein ganz starkes Erlebnis für mich ist dann schließlich die Geburt gewesen. Komischerweise ist damals ‹ein Film vor mir abgelaufen›: Familie haben, Geborgenheit ‹Happy-Sein›, ‹wir bauen uns jetzt die Kleinfamilie auf› usw.

Ich hatte damals schon Kontakt zu Männergruppen und hätte solche Ideen eigentlich gar nicht mehr haben sollen.

Unmittelbar nach der Geburt durfte ich das Kind nehmen, es zum Waschen und zum Messen bringen. Damals habe ich mich schon entschlossen, es bei mir zu behalten und großzuziehen. Ich habe mir vorgestellt, daß Monika und ich zusammenleben würden, um das Kind gemeinsam aufzuziehen, daß wir aber nicht heiraten würden. Heute denke ich mir, daß Monika gerne geheiratet hätte. Sie hat es aber nie eindeutig zum Ausdruck gebracht. Ein paar Tage nach der Geburt hat sie dann angefangen zu phantasieren. So hat sie z. B. geglaubt, daß sie das Kind vergiftet, wenn sie es stillt, oder daß ihre Milch nicht ausreicht und das Kind verhungern muß. Dann hat sie sich auch von den Krankenschwestern bedroht gefühlt und gemeint, daß man ihr das Kind wegnehmen wolle und daß es ein Komplott gegen sie gäbe. Rückblickend erkannte ich dann, daß sich das schon während der Schwangerschaft angebahnt hatte und daß ihr komisches Rückzugsverhalten ein Warnsignal war. Damals habe ich aber ihre schlechte psychische Verfassung nicht wahrgenommen bzw. nicht wahrhaben wollen. Ich denke, daß die Schwangerschaft einfach in ihrem labilen Zustand eine zu große Belastung war. Es war ein Anlaß für sie, wieder an ihre eigene Kindheit zu denken. Außerdem waren ihr die körperlichen Umstellungen und der veränderte Körper einfach zu viel.

Die Ärzte diagnostizierten eine Stillpsychose und wollten sie in eine geschlossene Klinik stecken. Ich habe erreicht, daß sie in eine bessere Klinik kommt. Damals dachte ich noch, daß sie wohl wieder herauskommen wird und daß wir dann zusammenleben. Schließlich blieb sie für zwei Monate im Krankenhaus und kam für weitere zwei Monate in ein Rehabilitationszentrum. Als sie endlich wieder entlassen wurde, war sie vollgestopft mit Tabletten. Sie war deshalb immer müde und hing einfach herum. Sie hatte keine Energien und hat von der Umwelt nur wenig wahrgenommen. Während dieser Zeit, es waren zirka sechs Monate, lebten wir wieder zusammen. Kürzlich hat sie mir vorgeworfen, daß ich während dieser Zeit das Kind vollkommen für mich behielt und sie an den Rand drängte, daß ich sie einfach nicht ranließ und ihr niemals die Chance gab, sich mit dem Kind zu befassen. Doch zu meiner Rechtfertigung muß ich sagen, daß sie alles so umständlich machte, wie das Wickeln und Füttern und Niederlegen, und daß ich darin schon Routine hatte und es besser konnte. Eigentlich glaube ich, daß sie das Kind gar nicht versorgen wollte, sondern nur irgendwem beweisen wollte, daß sie es kann. Ich bin überzeugt, daß dies der Grund für ihre Paranoia war.

Als dann das Kind schon zehn Monate alt war, hat sie einen Selbstmordversuch gemacht. Für mich war das dann der Anlaß, die Beziehung abzubrechen. Ich fühlte mich einfach überfordert. Man muß bedenken: als das Kind auf die Welt kam, hat sich mein Leben von einem Tag auf den nächsten vollkommen geändert. Ich übernahm die volle Verantwortung für das Kind und sollte nun auch noch die Verantwortung für meine Freundin übernehmen. Ich habe auch versucht, sie aus der Depression herauszubekommen und alles mögliche arrangiert, wie z. B. ‹Essengehen› oder ‹Fortfahren›, aber es war alles zwecklos.

Noch während sie im Krankenhaus war, sagte ich ihr, daß ich mich von ihr trennen wolle. Sie hat natürlich sehr geweint, aber ich konnte nicht mehr.

Danach habe ich alle Amtswege eingeleitet, um das Kind zugesprochen zu bekommen, das Kindergeld zu kriegen usw. Meine

Freundin fühlte sich dabei sehr übergangen und ausgeschlossen, aber darauf habe ich einfach keine Rücksicht mehr nehmen wollen.

Während dieser Zeit bin ich von ihrer Mutter sehr angefeindet worden. Bis heute haßt sie mich. Bestimmt hat sie auch meine Freundin gegen mich aufgewiegelt. Es gab dann einige Szenen, z. B. kam meine Freundin einmal und wollte das Kind für das Wochenende mitnehmen. Ich habe es nicht erlaubt, weil ich ihr nicht zutraute, das Kind richtig versorgen zu können. Außerdem wollte sie das Kind zu ihrer Mutter mitnehmen, also in eine Atmosphäre, die mir gegenüber feindlich gesinnt war.

Jetzt haben wir eine Vereinbarung getroffen, die es ihr erlaubt, einmal in der Woche das Kind zu sehen. Entweder sie nimmt es mit, oder sie spielt mit ihm in der Wohnung. Persönlich habe ich zu ihr überhaupt kein Verhältnis mehr. Wir sprechen nur das Nötigste. Seit Herbst zahlt sie auch Alimente, weil sie einen Beruf aufgenommen hat. Dagegen hat sie sich sehr gewehrt, sie fand es nicht gerecht, daß sie zahlen soll.

Wenn ich arbeite, passen die anderen Leute in meiner Wohngemeinschaft auf das Kind auf. Manchmal lasse ich ihn auch für ein paar Wochen bei meiner Mutter, wenn ich mal Ruhe brauche. Kürzlich hab ich Monika vorgeschlagen, ihn jetzt öfter mal zu nehmen, aber sie will jetzt nicht. Wahrscheinlich denkt sie sich, der bestand darauf, alles alleine zu machen, jetzt soll er sehen, daß er es auch hinkriegt. Als alleinerziehender Vater ging es mir in mancher Hinsicht schlechter, z. B. war es schwierig, das Kind zugewiesen zu bekommen und die Formalitäten zu erledigen. Andererseits sind die Leute verständnisvoller, als sie es bei einer alleinerziehenden Mutter wären. Z. B. findet niemand etwas dabei, wenn ich das Kind zu meiner Mutter gebe, während das bei einer Frau wahrscheinlich auf Mißbilligung stoßen würde. Bei mir heißt es dann eher, schließlich ist er ja ein Mann und noch so jung und will auch einmal fortgehen und seine Freiheit haben.

Mit der Frauenbewegung bin ich mit 17 in Kontakt gekommen. Im Jugendzentrum, in dem ich viel Zeit verbrachte, gab es auch eine Frauengruppe, und die Frauen, die man dort sah, haben mich fasziniert. Sie waren so ausgeflippt, mit gefärbten Haaren und ungewöhnlicher Kleidung. Andererseits habe ich auch Angst vor ihnen gehabt. Damals hätte ich mir nie vorstellen können, eine Beziehung mit einer Feministin zu haben. Auf der Uni hab ich dann einige einschlägige Bücher gelesen. Zuerst vor allem Männeremanzipationsbücher wie Pilgrim, Jokisch usw. Ich ging auch in eine Männerselbsterfahrungsgruppe. Irgendwie fühlte ich mich immer schon als Softie-Typ und kam mit diesen Machtmännern nicht zurecht.

Nach der Geburt meines Kindes habe ich dann auch feministische Literatur im engeren Sinne gelesen. Beim Lesen kam ich oft an Stellen, von denen ich mich betroffen fühlte. Jedoch glaube ich nicht, daß mich diese Literatur sehr beeinflußt hat. Meine letzte Frauenbeziehung war unbefriedigend, sexuell. Sie dauerte ein Jahr und ist jetzt vorüber. Vor ungefähr einem Jahr hatte ich zum erstenmal eine Beziehung zu einem Mann. Dieses Erlebnis hat mir besser gefallen als irgendeine sexuelle Beziehung zu einer Frau vorher oder nachher. Zu allem, was Monika betrifft, möchte ich noch sagen, daß ich mich gewissermaßen darauf vorprogrammiert habe, Gefühle nicht aufkommen zu lassen.»

Ein klassischeres Opfer als Monika kann man sich kaum vorstellen. Unter der Einwirkung starker Drogen heimzukehren in eine Situation, in der ein psychologisch geschulter Partner die ersten Anzeichen einer sich anbahnenden Psychose bloß als irritierendes Hemmnis für seine Ausgehwünsche durch eine schwangere Freundin bewertet, in der einem die eigene Überflüssigkeit und Unzulänglichkeit ständig vorgeführt wird, in der die schlimmsten Angstträume, daß einem das Kind genommen werde, sich nach dem Klinikaufenthalt vollständig bewahrheiten, einen besseren Grund, um wahnsinnig zu werden, kann man sich kaum vorstellen.

Männer denken nach

Der traditionelle Mann der patriarchalischen Ordnung definierte sich als Gegensatz zur Frau. Er war ein Mann, weil er keine Frau war, weil er besser, größer, stärker, klüger, wichtiger war als Frauen, weil er Dinge tun, Räume betreten, Ämter innehaben, Sachen wissen und Entscheidungen treffen konnte, die einer Frau nicht zustanden. «Mann», das war vor allem ein Superlativ.

Auch der kritisch und liberal denkende Mann, der frauenbewegungsbeeinflußte Mann, hat sich von diesem Selbstverständnis nicht entfernt. Die Frauenfrage, das ist bloß ein neuer Tummelplatz für männliche Überlegenheit.

Wenn der Mann in allem besser ist, dann gilt das auch für die Behandlung der Frauenfrage. Und für sein Leiden an der Gesellschaft; so erfahren wir durch die Lektüre der Werke der Theoretiker, daß der Mann noch mehr entmenschlicht, noch mehr unterdrückt, noch vielfältiger ausgebeutet wird durch die Unterdrückung der Frauen als die Frauen selbst! Das Patriarchat knechtet ihn noch mehr als die Frauen.

Den Weg wies bereits Ludwig Marcuse:

«Innerhalb der bestehenden Strukturen sind weder Männer noch Frauen frei – die Entmenschlichung der Männer ist möglicherweise sogar größer als die der Frauen, da sie nicht nur unter Fließband und Montagearbeit leiden, sondern auch unter den Maßstäben und der ‹Ethik› der ‹Geschäftswelt›.»

Ganz klar: in der Chefetage wird noch heftiger gelitten als in der Fabrikhalle.

Die Frauen «profilierten» sich mit ihrer entfremdeten Sexualität? Mann, das war noch gar nichts gegen die Entfremdung der Sexualität der Männer:

«Alle Revolutionen fordern ihre Opfer. Die sexuelle Revolution ist da keine Ausnahme. Überraschenderweise stellt sich heraus, daß die meisten und die tragischsten Opfer dieser Revolution nicht Frauen waren, sondern Männer.»* Wieso denn das? Ja, weil die Frauenbewegung Verheerendes angerichtet hat in der männlichen Psyche. Der Mann fühlt sich durch sie angegriffen, eingeschüchtert, verunsichert und in die Defensive gedrängt. Vielen blieb nur die «Flucht in die sexuelle Funktionsfähigkeit oder in die Homosexualität».

Was blieb bei den Männern haften von all unseren Bemühungen, ihnen unsere Sichtweise verständlich zu machen? Männer haben sich der Themen angenommen, das wohl. Vor allem zwei Sorten von Männern. Zum einen die Männer, die sich in der Homosexuellenbewegung engagieren. Wir glauben nicht, daß diese Männer «auf der Flucht» vor den aggressiven Feministinnen sind, und sehen diese Männer und ihre Literatur unabhängig von unserer jetzigen Fragestellung. Zum anderen tun sich unter diesen Männern die Wissenschaftler besonders hervor, die in teils populären, teils akademischen Publikationen die Geschlechterfrage aufgriffen. So Eric Skej, Psychologe, und sein Kollege Richard Rabkin, Arzt:

«Das Auftreten emanzipierter, selbstbewußter Frauen hat in vielen Männern Geschlechtsrollenstress hervorgerufen. Eine solche Frau weigert sich z. B., ihrem Chef Kaffee zu kochen, oder sie wehrt bewußt die Versuche eines Mannes ab, ihren Diskussionsbeitrag zu unterbrechen ... Vielleicht verlangt sie von ihrem Mann auch, daß er Donnerstagabends immer das Abendessen zubereiten soll, weil sie dann immer eine Vorlesung in der Abendschule hat ... Leider werden solche inhaltlich vielleicht gerechtfertigten Forderungen oft in einer Art und Weise von Frauen vorgetragen, die auf Mißtrauen, Konflikt und Kampfbereitschaft zurückgehen. Sie (diese Frauen) behandeln den Mann wie einen Gegner und nicht wie einen Freund, auf dessen Hilfe man hofft. Damit vernichten sie das Gefühl der Partnerschaft zwischen den Geschlechtern, ein Gefühl, das die Männer sich leidenschaftlich in ihren Beziehungen zu Frauen wünschen.» Damit erst werden die Männer «herausgedrängt» aus einem «Kampf, den sie zunächst als gemeinsame Befreiung verstanden hatten».

* Burt Avedon, ‹*Ah, Men*›, New York 1980, Einleitung

Wie häßlich ist das doch von diesen Frauen. Wo die Männer einen so tiefgehend egalitären Standpunkt hatten, immer schon, und zu einer Modernisierung ihrer möglicherweise etwas veralteten Haltungen gerne bereit gewesen wären.

«Wenn man Dinge verändern will, dann muß man das ganz sanft angehen, sonst kann man sehr viel Schaden verursachen ...» warnen die Autoren. Was tat aber die Frauenbewegung statt dessen? Sie ging ganz rüde gegen das empfindsame und sensible Geschlecht der Männer vor.

Wenn man sich dieses und ähnliche Bücher anschaut, hofft man streckenweise, diese Schriften seien satirisch oder wenigstens humorvoll zu verstehen. Können wir wirklich noch im Jahr 1981 ernsthaft mit der These konfrontiert werden, daß es Frauen nichts ausmacht, mit einem Mann ins Bett zu gehen, obwohl sie gerade überhaupt keine Lust dazu haben, nur weil sie es ja einfach «geschehen lassen» können, während hingegen ein Mann, der nicht will, sein Versagen nicht geheimhalten kann, sondern für alle Zeiten schrecklich blamiert ist? Sollen wir Skej und Rabkin tatsächlich ernst nehmen, wenn sie uns Fallgeschichten von jahrelang untreuen Ehemännern anbieten, die bei einer einmaligen Untreue der Ehefrau mit Panik und sogar mit Wahnsinn reagierten, und sollen wir aus diesen Fallgeschichten folgern, daß Frauen eben behutsamer vorgehen müssen bei ihrer Befreiung?

Nicht zuversichtlicher stimmen uns die Ergebnisse, die Jacqueline Simenauer und David Carroll herausfanden, als sie die männliche Reaktion auf die Frauenbewegung untersuchten. Dabei waren wir gerade auf ihre Untersuchung besonders gespannt. Schließlich waren die Ergebnisse ihrer Umfrage so angekündigt worden:

«Zwei Drittel der von uns befragten Männer bewerteten die Frauenbewegung und ihre Folgen positiv.»

Sehr gut. Gespannt lasen wir weiter, um zu sehen, welche Errungenschaften der Frauenbewegung diese Männer besonders erfreut hatten. Hier einige ihrer Aussagen:

«Frauen sind unabhängiger und direkter geworden. Mir ist das nur recht. Für mich ist das eine tolle Entlastung. Sie verführen mich. Sie zahlen die halbe Rechnung, also sparen sie mir Geld. Sie laden mich übers Wochenende in ihr Ferienhaus ein. Außerdem wollen sie unabhängig bleiben, daher muß ich nicht mehr Angst haben, daß sie plötzlich geheiratet werden wollen. Heutzutage kann ein Mann sich einen ganzen Harem von Frauen halten, und diese Frauen kosten ihn keinen Pfennig. Bravo! Ich bin für die Frauenbewegung.»

«Ich geh am liebsten mit einer Feministin weg. Die sind so scharf drauf zu zeigen, daß sie genauso frei sind wie ein Mann, daß sie sofort mit dir ins Bett gehen.»*

Den Autoren schien es nicht der Kommentierung würdig zu sein, daß die Bejahung der «Emanzipation» seitens der Männer darauf hinauslief, daß man Frauen mit den Schlagworten der Frauenbewegung zu noch bequemeren Freizeitgefährtinnen machen konnte. Und sie verloren kein Wort über den zynischen Grundtenor dieser Aussagen.

Die Literatur zur Männerfrage läßt sich in einige Grundkategorien gliedern. Die frühesten Bücher waren eher philosophisch, dann ethnologisch und dann psychologisch motiviert. Was ist das Wesen der Geschlechter? Welche sozialen Organisationsformen und Riten und Rituale untermauern die Unterscheidung, und welche Aufgaben erfüllen sie für das Fortleben der Menschheit? Wie hängen Seele und Biologie zusammen, und welche Rolle spielt dabei die Erziehung und die sexuelle Erfahrung? Aber selbst die frühesten Arbeiten entstanden erst, als Sexualität zu einem «Problem» geworden war. Und das ist vielleicht eine interessante Beobachtung: daß Sexualität, trotz ihrer zentralen Bedeutung, erst dann ein Thema für Literatur und Forschung wurde, als die *bestehende* Geschlechterordnung *in Frage* gestellt wurde.

Die englischen Suffragetten leisteten in dieser Weise den vielleicht bedeutendsten Beitrag für die angelsächsische Ethnologie: Ihre Unzufriedenheit mit der Stellung der Frau in der Gesellschaft bewegte die Forscher, sich der Frage der «Natürlichkeit» dieser Ordnung zuzuwenden. Das hatte dann auch Werke über die «Männlichkeit» zur Folge, allerdings noch in einer sehr bescheidenen Anzahl. Sie befaßten sich mit den Kulturen primitiver Völker und beschrieben die Männer-Jagdgruppen, die Beschneidungs- und Kriegerrituale.

* Jacqueline Simenauer, David Carroll, *‹Singles›*, New York 1982, S. 106ff.

Heute gibt es eine recht umfangreiche echte Männer-Literatur. Dabei ist festzustellen:

1. Die ethnologischen, sozialpsychologischen und soziologischen Arbeiten bestehen fort. Die Geschlechtsrollenforschung konzentrierte sich zwar zunächst auf die *weibliche Geschlechtsrolle*, ganz als ob Frauen wirklich nur eine abweichende Minderheit waren, die der Erklärung bedurfte. Aber das hat sich inzwischen gründlich geändert. Allgemeine und spezielle Studien über männliche Erziehung, männliches Verhalten, männliche Gruppenbildung füllen die Regale und die Fachzeitschriften. Alle nehmen ihren Ursprung im *Dialog* (bzw. in der Auseinandersetzung) *mit der Frauenbewegung*. Warum sind Männer gewalttätig, und wann und wie werden sie so? Sind kleine Buben wirklich anders als Mädchen, oder werden sie nur von den Eltern und der Umwelt dazu gemacht? Diese Studien haben einen unterschiedlichen Grad an offener Parteilichkeit. Es können Rechtfertigungsbücher, obskure Teiluntersuchungen (gibt ein Mann in Experimenten eher Elektroschocks aus als eine Frau?) und großangelegte Erklärungswerke sein.

2. Als direktere Antwort auf die Frauenbewegung entstand eine Literatur, die sich die *Befreiung des Mannes* zur Aufgabe machte. Sie versteht sich explizit als Gegenstück zu den Büchern des Feminismus. Dem männlichen Leser wurde nähergebracht, daß auch er ein Opfer der Sexualpolitik ist, durch eine harte Erziehung darauf gedrillt, die mit vielen Nachteilen belastete Männerrolle einzunehmen und darauf auch noch stolz zu sein. Konkurrenz, Gefühllosigkeit, Entfremdung, Unfähigkeit zu wirklichen Beziehungen, Leistungsdrang, Herzinfarkt, Krieg, das war der Preis für die fragwürdigen Vorteile, das «starke Geschlecht» zu sein. Durch ein besseres Verständnis der historischen Entstehung, der politischen und ökonomischen Hintergründe, des eigenen Erziehungshintergrunds und der alltäglichen Dynamik ihrer Männlichkeit sollten Männer sich dem Befreiungskampf der Frauen anschließen und an der Entstehung einer freieren Gesellschaft mitwirken. Mittelfristig sollten sie sich, wie die Frauen, in gleichgeschlechtlichen Gruppen zusammenfinden, um ihr Bewußtsein zu klären, einen neuen Umgang miteinander zu lernen und ein neues Selbstverständnis zu gewinnen.

Diese Bücher sind erkennbar an ihren erbaulichen Titeln, wie *‹Die Befreiung des Mannes›, ‹Der befreite Mann›* usf.

3. Auf diese erste Welle der Männerbücher folgte alsbald eine nächste. Zuerst schien es, als handelte es sich bloß um eine differenzierte Fassung der Befreiungs-Texte. Waren die Autoren der ersten Stunde noch hart im Umgang mit sich selbst, bereit zu tiefgreifender Selbstkritik bis hin zur Selbstgeißelung, so wandelte sich jetzt der Ton behutsam, aber merklich. «Auch wir sind Opfer», war der Tenor, eine Erkenntnis, die zwar auch bei den ersten Büchern mitschwang, aber in weitaus weniger prägendem Maße. Allmählich verschwand nun ein kleiner, aber wesentlicher Teil der früheren Grundprämisse: daß es nämlich um den Aufbau einer gerechteren Ordnung ging, in der die Benachteiligung und Mißhandlung der Frauen ein Ende haben sollten. Die *Benachteiligungen und Bürden der Männer,* die dabei ebenfalls aufgehoben werden sollten, blieben als eigentliches Problem bestehen. Sehr richtig, diese Erkenntnis der Frauenbewegung, daß es im Patriarchat auch den Männern schlechtging. Sie waren für Frauen verantwortlich, sie trugen die Hauptbürde der Familienversorgung, sie standen unter Karrieredruck und Erfolgszwang, sie sollten sexuell immer funktionieren. Sehr richtig; das war alles höchst ungerecht und sollte dringend geändert werden. Ja, und die Befreiung der Frauen? Also, ganz offen und nach intensiver Bewußtseinsarbeit mit anderen Männern: die auf die Frauen bezogenen feministischen Forderungen waren eigentlich im entfremdeten und unterdrückten Leben des Mannes eine *zusätzliche* Last und eine Zumutung mehr. Sollte man sich nicht zur eigenen Sexualität bekennen? Ging es nicht darum, die durch Erziehung und Gesellschaft aufgezwungenen Verzerrungen des eigenen Wesens abzuschütteln? Schluß damit, sich selber immer zu rechtfertigen, als großer Vergewaltiger der Geschichte dazustehen, sich zu entschuldigen und zu krümmen. Diese Bücher hatten Titel wie *‹Die Krise des Mannes›, ‹Das Dilemma der Männlichkeit›* etc. Der Umschwung zur neuen aggressiven Selbstbehauptung der Männlichkeit fand jedoch, von einigen Büchern der Schwulenbewegung abgesehen – bisher noch – nicht schriftlich statt.

4. Die Frauenbewegung hatte von Anfang an ihre männlichen Gegner. Dazu gehörten nicht nur die Konservativen, die eine

grundlegende Veränderung für widernatürlich und die Frauenbewegung für eine subversive Perversion weniger frustrierter Weiber hielten, sondern auch die *Machos der Mitte* und der linken Hemisphäre. Mit ihnen kollidierte die Frauenbewegung vor allem dann, wenn es um spezifische Themen wie Pornographie, Prostitution und Zensur ging. Da sie gegen «Repression aller Art kämpften», konnten sich diese Genossen selbstverständlich keiner Kampagne anschließen, die den Grundfreiheiten widersprach. Um so aktiver waren sie, wenn es darum ging, sich im Vokabular der Frauenbewegung für *sexuelle Freiräume* einzusetzen.

5. Der Kreis schließt sich mit der letzten Kategorie von Männerwerken, denjenigen Büchern, die sich als liberal, progressiv und der Emanzipationsfrage gegenüber aufgeschlossen geben, nur um in aller Freundlichkeit und mit einem hinreißend progressiven Vokabular der Frauenbewegung und den Frauen allgemein ein Messer in den Rücken zu stoßen.

Beispielhaft läßt sich hier ein Werk von Edward Shorter zitieren, der nach einem vorübergehenden Kokettieren mit der feministischen Forschung – er gehörte zu den männlichen Soziologen, die sich gewichtig dem Gegenstand der Familienanalysen zuwandten – ein Werk mit dem Titel *‹Die Geschichte des Frauenkörpers›** verfaßte. In diesem Werk werden die wesentlichen Grundthesen der Frauenforschung endgültig abqualifiziert, und das Schicksal der Frauen in Geschichte und Gegenwart wird wieder in die Hände gelegt, in die es gehört: in Männerhände.

Professor Shorter verriet uns schon vor Jahren bei einem Gespräch, das wir in seinem heimatlichen Kanada mit ihm führten, eine Ursache seiner Irritierung über den Frauenkörper: Er (der Körper), beziehungsweise einige seiner Eigentümerinnen weigerten sich unter fadenscheinigen pseudo-medizinischen Erklärungen, die Pille zu schlucken, und brachten somit ihn in die lästige Situation, sich über Verhütung Gedanken machen zu müssen. Auch dann, wenn ihm an der jeweiligen Frau und ihrer eventuellen Schwangerschaft überhaupt nichts liege. Dem widerspensti-

* Zit. nach der amerikanischen Ausgabe: *‹A History of women's Bodies›;* deutsch: *‹Der weibliche Körper als Schicksal›*. Piper, München 1984

gen Frauenkörper widmet er also nun ein Buch mit dem Ziel, wie er schon damals erklärte, die fortwährende Ignoranz der Frauen über die eigene Physiologie endlich zu zerstreuen.

Kurz zusammengefaßt hier seine Argumentation: Im Mittelalter ging es den Frauen sehr schlecht. Ihre Lebensumstände und ihr sozialer Status hatten zur Folge, daß sie auch körperlich sehr schlecht beisammen waren. Unendlich verschlechtert noch wurde ihr Zustand durch das Herumstümpern inkompetenter Hebammen, deren Dummheit und Aberglaube und Hast zu einem Massensterben gebärender Frauen führten. Es gab keine Frauenbewegung, weil die Frauen einerseits so geschwächt und erschöpft von Arbeit und Gebären waren, andererseits unter der Führung von dümmlichen Personen standen. In diese traurige Szenerie treten nun die Helden unserer Geschichte ein, die Ärzte der modernen Medizin. Indem sie durch ihr selbstloses und brillantes Schaffen im Felde der Gynäkologie den Zustand der Frauen unermeßlich verbesserten, führten sie eine Kräftigung des gesamten Geschlechts herbei, die überhaupt erst das Aufkommen so streitbarer Weibspersonen wie der Feministinnen gestattete. Diese Frauen und ihre Bewegung hatten nun den Eindruck erweckt, daß sie verantwortlich seien für gewisse Erleichterungen in der Situation der Frauen und daß man, will man weitere Verbesserungen dieser Art erreichen, auch fortfahren müsse auf diesem Weg. Falsch, weiß Shorter. Die Besserungen im Leben der Frauen sind zustande gekommen durch «ein Bündnis mit den Männern», das heißt, eigentlich durch die Entgegennahme von gütigen Hilfen der Männer. Angesichts dessen findet Shorter es «ironisch», daß sich die Fortschritte der Frauen darstellen als Ergebnis eines «Bündnisses *gegen* die Männer». Die Männermedizin half den Frauen, gesünder zu sein und länger zu leben. Das wiederum führte dazu, daß Männer sich nicht mehr mit Grauen von der abstoßenden, todgeweihten weiblichen Körperlichkeit abwandten, sondern familienorientierter wurden. Das hatte zur Folge, daß die Frauen sich abwandten von der weiblichen Schicksals- und Leidensgemeinschaft und sich ebenfalls mehr an der Partnerschaft und Familie orientierten. Resultat: den Frauen ging es besser. Daß dann einige dieser von Männern hingebungsvoll gesundgepflegten Frauen undankbar rebellierten und sich zu Feministinnen gegen die Männer stilisierten, darin kann Shorter nicht mehr sehen als eine Absurdität, wie die Geschichte sie eben manchmal aufweist.

Es ist unwahrscheinlich, daß Shorter diese Darstellung der Ereignisse auch wirklich glaubt. Kein Sozialwissenschaftler wird allen Ernstes meinen, daß man ausschließlich auf der Grundlage präjudizierter Quellen arbeiten kann, und demgemäß weiß Shorter auch, daß die Aussagen der Ärzte über ihre Erzrivalinnen, die Hebammen, nicht hinreichen, um irgendeine historische Wirklichkeit zu eruieren. Wir stimmen mit ihm überein, daß das Mittelalter für Frauen wirklich ein Zeitalter der Dunkelheit war. In der Glorifizierung der Hebamme in der heutigen feministischen Literatur sehen wir nicht einen wissenschaftlichen, sondern einen geschichtspolitischen Akt. Gerade von der politischen Seite her ist zugleich sonnenklar, daß Shorters Darstellung unmöglich den Tatsachen entsprechen kann. Er legt eindrucksvoll dar, welche Verachtung und Gleichgültigkeit die dominante männliche Gesellschaft gerade in dieser historischen Epoche den Frauen entgegenbrachte. Es gab keine Veranlassung für den Ärztestand, in diesem kulturellen Klima den Wunsch zu entwickeln, die Frauen zu befreien. Genauso, wie es dem Gesetz der Schwerkraft widerspricht, daß ein fallengelassener Gegenstand nach oben fliegt, statt nach unten zu fallen, so widerspricht es einem politischen Gesetz, daß eine unterwürfige und ihre Unterdrückung hinnehmende Gruppe plötzlich durch ihre Unterdrücker befreit wird. Bisweilen wird eine Gruppe, die sich gegen ihre Unterdrückung auflehnt, von Personen und Gruppen unterstützt, die an sich zu Privilegierten gehören, sich aber aus schlechtem Gewissen und moralischem Antrieb entschließen, der Revolution beizutreten. Der ursprüngliche Anstoß muß aber von denjenigen kommen, die sich befreien wollen. Ohne Aufstand keine Veränderung: das ist ein politisches Naturgesetz. Für diesen Aufstand müssen die materiellen Gegebenheiten vorhanden sein, darin hat Shorter recht. Ohne Fabriken gibt es keine Arbeiter. Menschen, die vollkommen erschöpft sind, können wenig Widerstand leisten. Die Möglichkeiten der Familienplanung haben die Struktur des Familienlebens verändert. Das alles ist wahr. Wahr ist aber ebenfalls, was von Shorter vollständig unterschlagen wird: daß nämlich die

Verbesserung in der Lebenssituation von Frauen, zu der unter anderem auch medizinische Entwicklungen beigetragen haben mögen (die aber genausogut von Hebammen hätten getragen werden können wie von Ärzten, hätte man nicht den Hebammen und den am Medizinstudium interessierten Frauen vehement den Zugang zu den neuen Möglichkeiten des Wissens verboten), vom Stand der Mediziner auch heftig bekämpft wurde; die Verbrechen der Gynäkologen an den Frauen sind zahllos.

Eine verzerrte Geschichtsdarstellung aus der Feder eines progressiven Soziologen, der mit dem Vokabular der Emanzipation vertraut ist, ist weit schädlicher als ein traditionelles Werk und weit aufsehenerregender. Aufsehen zu erregen ist ein Arbeitsziel progressiver Soziologen. Anfangs gelang ihnen das, indem sie sich dem Anliegen der Frauenbewegung anschlossen. Heute, nachdem die Frauenbewegung keine Provokation, kein Medienereignis mehr ist, erregen sie Aufsehen, indem sie die Anliegen der Frauenbewegung auf die elegante Art bekämpfen. Später werden sie vermutlich die Frauenbewegung überhaupt ganz fallenlassen zugunsten aktuellerer, modischerer Themen. Das alles wird ihren beruflichen Chancen keinen Abbruch tun. Während z. B. eine Phyllis Chesler für den Rest ihres Lebens die Feministin ist, die über Frauen und Krankheit, Frauen und Bewußtsein geschrieben hat, ist Professor Shorter einfach der dynamische Sozialwissenschaftler, der sich mit den gerade gängigen Zeiterscheinungen befaßt. Wie in der traditionellen Einstellung zur Sexualität, so auch in der traditionellen Haltung zur Intellektualität: eine Frau wird abgelehnt, wenn sie Dinge tut, die ihrer Umgebung mißfallen. Bei einem Mann gelten die gleichen Handlungen als Teil seines Reifeprozesses, die ihn zu einem um so wertvolleren Mitglied der Gesellschaft machen.

Aus dem Museum der Männlichkeit: der Softie

Der Evolutionsprozeß bringt immer auch Lebensformen hervor, die nicht überlebensfähig sind. Eine solche Zeiterscheinung war der Softie. Wir könnten ihn getrost dem historischen Vergessen überlassen, aber er ist aus einem Grund interessant: Er wirft die Frage auf, warum die Männer auf die Herausforderungen der modernen Welt keine adäquateren Reaktionsformen fanden als die Comic-Figur des Softie. Wer sich nicht an veränderte Umweltbedingungen anpassen kann, der stirbt aus. Deshalb ist der Softie eine Warnung an alle Männer.

Die Figur des Softie ist profund irritierend, rein subjektiv. Und zwar aus verschiedenen Gründen.

Der Begriff allein ist ärgerlich. Er impliziert, daß eine Aufgeschlossenheit gegenüber den Werten der Frauenbewegung, die in unseren Augen allgemeine humanitäre und politische Werte sind, bei Personen männlichen Geschlechts zu einer Wandlung der Gesamtperson führt, das heißt, mit dem Wesen des Mannes nicht zu vereinbaren ist. Ein 15jähriger weißer Südafrikaner kann plötzlich, auf Grund von Büchern, Freunden und durch eigenes kritisches Nachdenken, erkennen, daß er die Apartheid ablehnt. Er kann feststellen, daß ihm rassistische Ideen eingeimpft wurden. Er kann sich bewußt sein, daß sein Denken durch seine Erziehung und seine Umgebung schon soweit deformiert ist, daß er wahrscheinlich niemals ein völlig unbefangenes Verhältnis zu Menschen schwarzer Hautfarbe wird haben können. Er kann das aufrichtig bedauern und beschließen, daran zu arbeiten. Er kann sich vornehmen, dieses Land zu verlassen, oder er kann sich mit Gleichgesinnten engagieren für eine Veränderung der Gesellschaft. Er hat viele Möglichkeiten. Eines wird er garantiert nicht tun: Wenn er effektiv sein will, wird er sich nicht zu einer Witzfigur deklarieren.

Jemand, der sich gegen den Rassismus engagiert, ist ein Anti-Apartheids-Kämpfer. Jemand, der für wirtschaftliche und soziale Gerechtigkeit ist, versteht sich als Liberaler oder als Sozialist oder als Demokrat.

Ein Mann, der mit der Frauenbewegung sympathisierte, bezeichnete sich als Softie.

Ein Mann, der sich für die Rechte der Frauen einsetzt, erkennt sich – vielleicht scherzhalber, aber warum sind die Frauenrechte ein Scherz? – die Männlichkeit ab. Er kämpft nicht als Mann, sondern als Gummibär.

Soft, das heißt weich. Soft – das sind Computerdisketten, fließendes Eis aus dem Zapf im Gegensatz zu Kugeleis und sozialwissenschaftliche Daten, die nicht auf Statistiken beruhen. Fakten sind hart. Verhandlungen sind hart. Unnachgiebige Menschen bleiben hart. Kaltes Wetter härtet ab.

Eine verliebte Frau kann man weichkriegen. Ein mitleidiger Mensch läßt sich erweichen. Ein Schnitzel wird weichgeklopft. Fernsehwäsche wird kuschelweich bei 30 Grad. Der neue Mann ist weich, kuschelweich. Ein Softie.

Der Prozeß der freien Assoziation wirft Fragen optischer Natur auf. Warum trugen Softies Pullover, die bis zu den Knien reichen? Handelte es sich um einen Kollektivfehler, der den Strickanfängern unter den Softies unterlief? Kam es daher, daß sie nie zu Hause in ruhiger Beschaulichkeit strickten, sondern nur in der Öffentlichkeit, bei Diskussionen und Veranstaltungen? Verstrickte sich der Softie so tief in die Diskussion, daß er sich dabei verstrickte?

Warum ist der Pullover des imaginär vor uns stehenden Softie geschmückt mit einer Anstecknadel, die in Nabelhöhe befestigt ist? Liegt hierin eine Aussage, oder ist es Zufall? Wollen Softies die stolze Heldenbrust, Symbol des Militarismus, in dieser Weise umgehen? Oder ist die Nadel bloß irrtümlich abgerutscht, wie auch der untere Saum des Pullovers?

Warum verwendeten Softies nie einen Teelöffel, sondern immer einen Teestrumpf? Warum war dieser Teestrumpf so verklebt, daß man im Anschluß an die Bewirtung sich gegen Hepatitis impfen lassen möchte? Warum bekommt man bei einer Feministin Wein, Kaffee, Apfelsaft oder Sherry angeboten und beim Softie immer nur Siebenkräutertee?

Jedesmal, wenn wir uns hinsetzten, um über Softies zu schreiben, übermannten uns (bewußte Wortwahl) Frivolität und Undankbarkeit. Warum waren die Softies, die wir trafen, alle so belehrend? Warum maßten sie sich an, mit rechtschaffener Stimme jedes Verhalten, jede Äußerung, insbesondere jede humorvolle Anmerkung zu rügen, die ihrer Ansicht nach einer Feministin nicht zusteht?

Warum betrachteten Softies sich als Maßstab für die Orthodoxie der Frauenbewegung? «Mir fällt auf, daß sogenannte Feministinnen oft sehr wenig konsequent sind.» «Gerade hier würde ich von einer Feministin einen anderen Standpunkt erwarten.» Usf. Maßregelungen jeder Art ergossen sich über uns, wenn wir mit Softies sprachen. Trotz gesellte sich in unseren Herzen rasch zu Frivolität und Undankbarkeit.

Softies willigten ein, uns zu treffen, und mußten dann noch lange überredet werden, weil ihnen inzwischen wieder Zweifel gekommen waren. Softies hielten uns lange Vorträge darüber, daß wir nicht mit Männern sprechen sollten, sondern mit Frauen. Softies gaben an, sich mit feministischer Literatur befaßt zu haben, und konnten dann kein einziges Buch nennen.

Von Mann zu Mann

Viele Männer, mit denen wir sprachen, hatten an Männergruppen teilgenommen. Die Gründe, die sie für die Gründung der Männergruppe angaben, waren in der Regel wenig eindrucksvoll. Ihre Freundinnen hatten sie unter Druck gesetzt, es zu tun. Die Frauen sollten nicht glauben, daß nur *sie* sich gegenseitig etwas zu sagen hatten. Und: Die Frauen stellten zu viele Forderungen. So wollten sie z. B. in jeder Woche einen fixen Tag vereinbaren, an dem sie mit dem Freund zusammen wären. Dadurch fühlten die Männer sich eingeengt. Um sich über ihre Gefühle klarzuwerden, gründeten sie eine Männergruppe.

Wir sprachen mit Teilnehmern von zwölf deutschen und fünf österreichischen Männergruppen. Das ist vielleicht nicht repräsentativ, aber uns genügte es vollkommen. Zusammenfassend kann man sagen, daß es generell zwei Zukunftsperspektiven für Männergruppen gab. Entweder die Gruppe löste sich auf, weil der Diskussionsstoff und/oder die Lust ausgingen, und zwar meist schon innerhalb des ersten Jahres. Oder es wurde ein Punkt erreicht, an dem die Softie-Gruppe in eine echte Männer-Gruppe umschlug, in eine Gruppe nämlich, die sich in progressiver Verkleidung wieder zu den alten Männerwerten bekannte.

Die kritische Kurve, an der die Infragestellung der alten Männerrolle zu einem *neuen* männlichen *Selbstverständnis* geführt hätte, meisterte keine der von uns aufgesuchten Gruppen. Nach ihren eigenen Beschreibungen lief der Denk- und Diskussionsprozeß ungefähr so ab: Zuerst befaßten sich die Teilnehmer mit der feministischen Kritik an der männlichen Rolle. Dann setzten sie sich Diskussionsschwerpunkte wie z. B.: Mein Umgang mit anderen Männern. Meine Kindheit. Wie reagiere ich auf Pornographie und sexistische Werbung? Wie gehe ich mit meinen Gefühlen um? Danach nahm das Interesse merkbar ab. An diesem

Punkt löste sich die Gruppe entweder auf, oder sie bekam frischen Schwung durch das Hinzukommen eines neuen Mannes, der schon anderswo Erfahrungen mit einer Männergruppe gemacht hatte. Im zweiten Fall nahm die Entwicklung eine Wende. Die Männer stellten fest, daß sie mit ihrer Aufarbeitung der feministischen Kritik an einem toten Punkt angelangt waren. Sie gestanden sich gegenseitig, daß diese Kritik sie nicht nur langweilte, sondern in manchen Aspekten auch ärgerte. Sie fanden, daß sie sich als Männer auch von der feministischen Kritik befreien müßten, daß sie sich gemeinsam befreien wollten, daß sie sich zu sich selber bekennen müßten, daß sie sich selber bejahen müßten, daß sie ihre Männlichkeit bejahen müßten, daß sie ihre männliche Sexualität bejahen müßten, daß ihre Sexualität etwas Spontanes und Kraftvolles an sich hatte, daß sie anders sei als die Sexualität der Frauen, daß attraktive Frauen sie «aufgeilen», daß das ein gutes und legitimes Gefühl sei ... usf. Animiert durch diese neuen Einsichten, schritten die Männergruppen dann häufig zur Tat, das hieß, zur Konfrontation mit dem Feminismus. Sie wählten einen Anlaß, z. B. eine Veranstaltung über Vergewaltigung, um «entschlossen aufzutreten», die Gleichsetzung Mann = Vergewaltiger entschieden abzulehnen und zugleich das «neue» männliche Sexualitätsbild dort vorzustellen. Meist erzählten sie uns dann, daß vor allem der Holger, Volker oder Robert – der Mann mit der Männergruppenerfahrung, der die Gruppe neu in Schwung gebracht hatte – hier besonders stark aufgetreten war. Daß es zu einem regelrechten Kampf gekommen sei, aus dem man mit dem Gefühl hervorgegangen war, endlich gegen diese primitiven feministischen Verallgemeinerungen aufgestanden zu sein.

Wir waren verblüfft und leicht erschrocken. Das also war das Ergebnis der Männergruppenarbeit? Und was folgte aus dem «neuen» Bekenntnis zur männlichen Sexualität?

«Na ja», erklärte uns eifrig Jon aus Düsseldorf, sie seien z. B. bei ihren Diskussionen in der Gruppe draufgekommen, daß Werbebilder von aufreizend gekleideten Frauen eine starke Wirkung auf sie hätten. «Manchmal wird mir ganz schwindlig davon», vertraute Jon uns an. «Ich geh heim und bin total gestresst davon. Dann hab ich Lust, 'ne Frau aufzureißen, nur so fürs

Körperliche, das hat mit Beziehung und Liebe nix zu tun. Und Jürgen hat uns klargemacht, daß das o. k. ist.»

Was folgte für die Männergruppenmänner aus diesen Einsichten? Offenbar nichts. Die meisten lebten mit Freundinnen zusammen, auf die sie wie früher eifersüchtig waren, hatten vor, irgendwann auch zu heiraten, waren im großen und ganzen gutwillig, hatten «ihren eigenen Kram schon immer selber erledigt» (Kochen, Waschen, Aufräumen etc.) und konnten, von ein bißchen einschlägigem Jargon und dem sie in ihrem männlichen Selbstbewußtsein bestärkenden Gruppenerlebnis abgesehen, keine persönlichen Veränderungen des Denkens oder Lebens verbuchen.

Wenn man die ideologische Richtung der Gruppen betrachtet, kann man nur sagen: Gott sie Dank. Im folgenden, damit die Leserin sich ein eigenes Urteil bildet, einige Originaldokumente.

Protokoll der 3. Internationalen Männerkonferenz, 12.–15. August 1984, Gent, Belgien

Martin (Bielefeld) erzählt von der Männerzeitung, bei der er mitmacht, von der Entstehung, dem Anschluß an die Frankfurter Gruppe und von den Erfahrungen, die er mit Männergruppen und Zeitungmachen allgemein gemacht hat. Sein Verhältnis zu Männern und Leuten überhaupt sei viel intensiver geworden. Zu Feministinnen hat er nicht so richtig Kontakt, daher kennt er keine Reaktionen der organisierten Frauen auf die entstehende Männerbewegung. *Robert* (Wien) berichtet von der teilweise ablehnenden und mißtrauischen Haltung einiger Feministinnen auf alles, was mit Männerbewegung zu tun hat. Er selbst war in zwei Männergruppen, die sich mittlerweile beide wieder aufgelöst haben, und meint, daß sein Hauptinteresse die Erreichung eines androgynen, also eines doppelgeschlechtlichen Zustandes sei, wobei es dann gleich wäre, ob man eine Frau oder einen Mann liebt ... Besonders schlimm finde er, daß selbst unter besten

Freunden die übliche Umgangsform sehr intellektuell und körperlos bleibe. Bei Frauen sei das nicht so, und daher meint er, daß sie nicht so ein Zärtlichkeitsmanko wie Männer aufweisen. Als Illustration führt er die zwei Sprüche «Ein Indianer kennt keinen Schmerz» und «Ein kleiner Bub weint nicht» an ...

Jürgen (Dortmund) fährt dann fort ... Er hat mal versucht, eine Männergruppe zu gründen, aber sie löste sich auf, noch bevor sie begonnen hatte ...

Der nächste ist *Jan* (Amsterdam) ... An zwei Tagen in der Woche arbeitet er in der Sozialbank von Amsterdam. Seit fünf Jahren ist er in der Männerbewegung aktiv. Jan möchte die Männerbewegung nicht so sehr als Kraft verstehen, sondern eher als das Ergebnis von unzähligen «Männern in Bewegung».

Dann taucht der Wunsch auf, etwas über die Zeitung *Von Mann zu Mann* zu erfahren. Die fünf anwesenden Mitarbeiter kommen aus Frankfurt, Berlin und Bielefeld ... (es) wird den Repräsentanten der Zeitung die Frage gestellt, welche Ziele sie denn hätten. *Gueq* (Frankfurt) sagt: «Wir wollen freier werden. Wir wollen nicht Arbeiter sein, Hausarbeiter oder Väter oder sonstwas ...»

Als nächste Gruppe stellte sich die in Holland ansässige *Superman Foundation* vor. Die wesentlichen Ziele der Stiftung sind einerseits die Verbreitung des Gedankens «Männerbewegung» ... und andererseits Briefaktionen an die Medien Hollands, in denen sie auf sexistische Darstellungen von Männern hinweisen und dagegen ankämpfen. Die Werbung wird besonders angegriffen. *Andreas* (Wien) wirft eine Frage auf, die leider nicht ausdiskutiert wird: Ist nicht der «fight», den *Superman* führt, in seiner Art genauso typisch männlich und schafft er nicht wieder ähnliche Strukturen wie die, gegen die die Stiftung letztlich ankämpfe?

Jetzt meldet sich die Gruppe der *Geschiedenen Väter* zu Wort, die andere Auffassungen hat von Begriffen wie Stärke, Schwäche, Kampf, Verletzbarkeit als die restlichen Teilnehmer. *Uli* (Berlin) z. B.: «Es ist auch eine Form von Kampf, wenn du zeigst, daß du nicht immer der große Mann bist. In dem Moment, in dem du deine Gefühle zeigst und deine Schwächen nicht mehr verbirgst, indem du deine Verletzbarkeit demonstrierst, veränderst du dich selbst und veränderst du auch deine Umwelt.» Darauf entgegnete ein Vertreter der *Geschiedenen Väter:* «Ich glaube, daß Männer in dieser Gesellschaft schon viel zu verletzbar sind. Wir müssen die Männer stärker machen.»

Zum besseren Verständnis: Die Gruppe der *Geschiedenen Väter* ist eine Vereinigung von geschiedenen Männern, deren Kinder der Mutter zugesprochen wurden. Die *Geschiedenen Väter* fühlen sich durch die in Belgien herrschende Gesetzeslage bei Fragen des Sorgerechts und der Alimentenzahlungen stark diskriminiert. Ihr Kampf gegen männliche Verletzbarkeit und für mehr Rechte für Männer orientiert sich ausschließlich an ihrer eigenen unliebsamen Situation ...

Danach erklärt *Hugh* (Belgien) die *Men's Radical Therapy,* abgekürzt MRT: ca. fünf bis zehn Männer ... treffen sich wöchentlich und halten dabei einen strikten Zeitplan ein. Der Abend dauert etwa drei Stunden und ist eingeteilt in drei große Blöcke, nämlich in «Eröffnungszeremonie», «Arbeitszeit» und «Schlußzeremonie». Die «Schlußzeremonie» gliedert sich wiederum in vier Abschnitte:

1. *Intuitionen.* Jeder hat eine Minute Zeit, um auf die Gefühle einzugehen, von denen er meint, ein anderer hätte sie soeben. Z. B.: «Ich glaube, Johann, du bist heute etwas bedrückt.» Dadurch soll die Fähigkeit, auf den anderen einzugehen, trainiert werden.
2. *Schuldgefühle.* Jeder hat eine Minute Zeit, um etwas zu tun, was normalerweise gesellschaftlich verboten ist, und/oder was speziell Männern verboten wird, z. B. weinen o. ä.
3. *Beschwerden.* Jetzt soll alles gesagt werden, was an Spannungen ... im Raum steht.
4. *Komplimente.* Wiederum soll eine Minute lang jeder die Komplimente machen, die ihm am Herzen liegen.

Hugh erläutert: «Weil das Ganze so rigide strukturiert ist, weil alles genau nach der Uhr geht, können die Teilnehmer sagen: ‹Ich tu das jetzt, weil MRT so ist und weil es dazugehört und weil ich es also in gewisser Hinsicht tun *muß*, obwohl es mir komisch vorkommt.› Mit der Zeit wird es dann normal und automatisch. Es wird dein neues Selbst, deine neue Persönlichkeit ...» Er hatte zu Beginn der Konferenz die Einleitung zu seinem demnächst erscheinenden Buch verteilt. Der Inhalt dieser Einleitung stieß bei einigen Männern auf derartige Ablehnung, daß beschlossen wurde, über Hughs Vorstellungen von Männerbewegung zu diskutieren.

Robert ... eröffnet das Thema und sagt, daß ihn einige Dinge richtiggehend schockiert hätten. Er zitiert aus dem Buch: «In vielen Ländern werden nur Männer ins Militär einberufen. In den modernen Arten der Kriegführung ist Körperkraft aber unbedeutend, ein Knopfdruck genügt. Daher sollten Frauen ihren gerechten Anteil am Sterben erbringen (und ebenfalls eingezogen werden).»

Hugh meint, daß er sich eine militärfreie Welt nicht vorstellen könne und es daher nur fair sei, daß auch Frauen eingezogen würden ...

Zum Thema geschlagene Männer, geschlagene Frauen meint Hugh, daß auch Frauen, trotz eventuell geringerer Körperkraft, ihre Mittel und Wege hätten, Männer zu schlagen. «Auch körperlich kleine Frauen können große Männer schlagen. Sie müssen bloß warten, bis der Mann eingeschlafen ist.»

Hugh sagt weiter, daß es ihn auch störe, daß noch immer die Männer bei der Kontaktaufnahme den aktiven Part übernehmen müssen. Er möchte lieber angesprochen werden, als ständig aktiv werden zu müssen. Auf Christians Vorwurf, daß er die Verhältnisse nur umdrehen wolle, antwortet Hugh, daß ihm eine Verteilung 50:50 vorschwebe ...

Zum Thema Karrieredenken: Hugh meint, daß Frauen mehr arbeiten sollten. In der kürzeren Lebenserwartung der Männer sieht Hugh bereits einen Beweis für die Ausbeutung der Männer durch die Frauen. Die übrigen Diskussionsmitglieder widersprechen Hugh heftigst.

Der Vertreter der *Superman Foundation* weist nun darauf

hin, daß man sich einigen solle, was denn «Männerbewegung» und was «Maskulinistische Bewegung» sei. Er sagt, daß die europäische Männerbewegung seit jeher feministinnenfreundlich gewesen sei, was von den Maskulinisten nicht behauptet werden kann. Man einigt sich darauf, daß Hugh in Zukunft nur von Maskulinismus sprechen wird, nicht aber von Männerbewegung.

Am letzten Tag wird beschlossen, in den wenigen verbleibenden Stunden über die Reaktionen auf diese Tagung zu sprechen.

Uli fängt an. Er sagt, daß er hier in Gent so etwas wie eine neue Identität gefunden habe. «Zum erstenmal bin ich stolz drauf, ein Mann zu sein.»

Ton: Die Auseinandersetzung mit Hugh habe ihn ziemlich betroffen gemacht. Er wisse, daß ein Kompromiß gefunden werden muß, derzeit wisse er aber noch nicht, wie.

Hugh: Er sei froh, daß die europäische Männerkonferenz nun eine Institution geworden ist. Negativ für ihn sei, daß er sich nicht verstanden und ziemlich isoliert fühle.

Gustav: Niemand habe absolut recht; selbst im Unrecht stecke noch ein Körnchen Recht. Er nehme als Eindruck mit nach Hause, was er hier an Menschlichkeit gesehen habe, nicht aber, was an verschiedenen Meinungen aufgetaucht sei, denn das zähle nicht wirklich.

Robert: Bedankt sich zum Abschluß bei Hugh für sein Engagement in der Männerbewegung und hofft, daß sich einmal die beiden Wege, die sich in Gent abgezeichnet haben, treffen können. «Ich hasse deine Ideen, aber ich mag dich als Mensch.»

Ursprünglich hatten wir uns vorgenommen, dieses Protokoll unkommentiert hier abzudrucken in der Überzeugung, daß es für sich spräche. Nach weiteren Recherchen für dieses Buch kommen wir jedoch nicht umhin, einige Sätze hinzuzufügen.

Im Sommer 1984 kontaktierten wir in Amerika zahlreiche Männergruppen und Männerorganisationen. Leider bestätigten die Gespräche, die wir mit ihren Vertretern führten, und die Texte, die sie uns überreichten, Hugh total in seiner Meinung. Eine antifeministische Männerbewegung hat dort zahlreiche Anhänger. Sie fordern z. B. ein prinzipielles Sorgerecht für den Vater der Kinder im Fall einer Trennung. Warum zahlen Männer Alimente und Kindergeld? Weil Männer arbeiten und ein festes Einkommen haben. Das beweist, daß Männer die produktiven Mitglieder der Gesellschaft sind, somit auch die fähigeren Menschen und die besseren Vorbilder für eine neue Generation. Den Frauen, diesen Parasiten, die Kinder zu überantworten, ist grotesk. Diese Männer fordern – übrigens ebenfalls eine von Hugh in Gent vertretene Forderung – ein männliches Vetorecht bei jeder Abtreibung. Wer sagt denn, daß die Frau das Recht hat, dem Mann sein Kind zu verwehren, wenn er es will und sie nicht? Wenn er es haben will, soll sie es austragen und gebären und später ihm übergeben.

An dem Protokoll von Gent störte uns einiges, worauf wir noch besonders hinweisen wollen.

Wer je bei einer Tagung von Frauengruppen war, wird wissen, daß es bei solchen Veranstaltungen viel Leerlauf geben kann. Auch schleicht sich öfter mal ein «Hugh» ein, ein weiblicher eben, auch das kann vorkommen. Aber Hugh gelang es in Gent, die gesamte Tagung zu monopolisieren. Zwar widersprach man ihm, zugleich aber widmete man ihm den Großteil der Tagung und der Auseinandersetzung mit ihm den Großteil des abschließenden Berichts. Die Art und Weise, in der mit ihm umgegangen wurde, erinnert an ungeschriebene Männergesetze der traditionellen Ordnung. Wie bei Rüstungsgesprächen und Kriegsverhandlungen wahrt man die diplomatische Form. Anschließend verbeugt man sich voreinander. Der Gegner ist besiegt, aber er hat gekämpft wie ein Mann, und es gebührt ihm Anerkennung, gleichgültig, wie sehr man seine Thesen auch ablehnt. Bedenkliche Assoziationen an herrschendes Männerdenken weckte auch die vielgepriesene *Men's Radical Therapy* (MRT). Hier wird der Mann in seinen traditionellen Tugenden angesprochen: Ordnung, Struktur, ein fester Rahmen, Autoritätsdenken. Er öffnet sich, weil er «muß», weil das Programm es jetzt für die Dauer von drei Minuten vorsieht.

Das sind Prinzipien, die denen der Frauenbewegung diametral entgegengesetzt sind. Überhaupt weist die Männerbewegung eine eigenartige Mischung auf aus Elementen, die von der Frauenbewegung übernommen wurden (z. B. Selbsterfahrungsgruppen, Körperarbeit) und Elementen, die zu ihr im Gegensatz stehen.

Nun wäre es möglich, daß gerade diese Mischung den andersgearteten Ausgangspositionen und psychosozialen Bedingungen von Männern in unserer Gesellschaft entspricht. Bleiben wir beim Beispiel der MRT. Sie hat einen sehr strukturierten Zugang. Sie erreicht ihre Ziele – Sensibilisierung, Eingehen auf die Empfindungen anderer, bewußteres Erleben und Zeigen der eigenen Emotionen – durch eine sehr regulierte und quasi-autoritäre Vorgehensweise. «Jetzt wird eine Minute lang über Gefühle gesprochen». «Jetzt wird drei Minuten lang etwas Verbotenes getan», usf. Die Frauenbewegung hatte im Gegensatz dazu etwas Anarchistisches, sie richtete sich gegen Hierarchien, Autoritäten und Befehle. Aber wir wollen nicht voreingenommen sein: vielleicht hat auch der umgekehrte Zugang seinen Wert. Vielleicht kann man autoritäre Haltungen auch abmildern, indem man sie in den Griff bekommt; vielleicht kann man sie «enteignen». Vielleicht war die Macht-Abstinenz der Frauenbewegung keine Stärke, sondern ein Fehler.

Vielleicht auch muß man mit Männern anders arbeiten als mit Frauen. Männer sind in ihrem Verhältnis zu Macht und Autorität ganz anders sozialisiert als Frauen. Sie haben eine andere Beziehung und eine andere Einstellung dazu. Sie haben ein anderes Gruppengefühl. Vielleicht muß man diese ansozialisierte Einstellung benutzen, um eine Veränderung zu erreichen. Vielleicht müssen Männer bei ihrer Autoritätshörigkeit gepackt werden.

Dagegen spricht nach unseren Beobachtungen das Resultat solcher Gruppenarbeit. Bezeichnend war, daß ausgerechnet Hugh der heftigste Verfechter des MRT war. In seiner Schilderung gewann MRT eine quasi-militärische Komponente. Der Abbau von Barrieren unter Männern führte nicht zu einer weniger autoritären, einer progressiveren Haltung, sondern diente nur dazu, die Männer enger aneinanderzuschweißen, wie in einer Kaderorganisation, einem Männerbund, einer Kompanie. Solche Art der «Zusammenschweißung» einer Männergruppe zur Steigerung ihrer Schlagkraft ist altbekannt und bewährt in allen hierarchischen Verbänden, von der Jägergruppe der primitiven Stammesgesellschaft bis zur systematischen Gruppenbildung neuer Rekruten im Militär. Bekanntlich spielten homosexuelle Elemente hier, nicht im Sinne einer befreienden erotischen Komponente, sondern im Sinn der phallokratischen Identität, eine Rolle. Für Frauen war das Zusammenfinden in Gruppen etwas völlig Neues; sie hatten es als Kinder eben *nicht* gelernt, als Gruppe zu agieren. Für Mädchen ist das Spielen allein oder mit einer einzigen «besten Freundin» typisch; für Buben ist die Gruppe, auch mit gemeinsamen sexuellen Erfahrungen, Experimenten und Prahlereien, jahrtausendealte Tradition. Frauen mußten lernen, überhaupt gemeinsam Dinge zu planen, sich die Arbeit zu teilen, Aktionen durchzuführen. Männer können das schon; das war einer ihrer Vorsprünge in der Berufswelt und in Organisationen.

Die Männergruppe erweist sich bei näherer Betrachtung als Fortsetzung und nicht als Distanzierung von dem patriarchalischen Männerbund. Das war sicher nicht die Intention der meisten Begründer und Teilnehmer von Männergruppen, aber der Ausgang bestätigt die Vermutung, daß ihr Vorhaben ihnen entglitten ist. Keine Männergruppe, die wir kennenlernten, nahm eine befriedigende emanzipatorische Entwicklung. Entweder sie löste sich auf, ohne daß die Teilnehmer für sich persönlich einen Gewinn verbuchen konnten, oder sie rutschte ab auf die alte Männerbahn: Einer übernahm als Führer das Kommando und lenkte das Vorhaben ins «maskulinistische» Abseits, in die Bejahung der traditionellen Männlichkeit mitsamt ihrer aggressiven und Frauen abwertenden Inhalte. Daß ein Mann, geschweige denn etliche Männer gemeinsam, die Sichtweise der Frauen verstehen konnte, ohne sich gleich angegriffen zu fühlen, war äußerst selten. Häufiger ist, daß Männer nach Analogien suchen, die keine sind, daß sie die Diskussion sofort auf Dinge umpolen, die sie selber betreffen, und daß sie sich auch dann angesprochen, kritisiert und gekränkt fühlen, wenn es gar nicht um sie geht.

Wird z. B. über eine Vergewaltigung gesprochen, dann bringen nur die allerwenigsten Männer es fertig, es bei ihrem ursprünglichen Gefühl der Betroffenheit bewenden zu lassen. Vorstellbar wäre, daß der männliche Anwesende bei dieser Diskussion zunächst einmal mitempfindet, wie erschreckend und anhaltend verletzend dieses Erlebnis für die betroffene Frau gewesen sein muß. Vielleicht käme ihm dann der Gedanke, daß dies auch einer ihm nahestehenden weiblichen Person passieren könnte. Dann könnte ihn noch interessieren, wie der Vorfall von den anderen anwesenden Frauen aufgenommen wird, und er könnte das Bedürfnis verspüren, mit ihnen darüber zu sprechen. Statt dessen erlebten wir meist, daß der Mann sich rasch in den Mittelpunkt der Überlegungen drängte. Etwaige Anmerkungen der Frauen über Gewalt und Männer, die möglicherweise generalisierend, aber unter den Umständen verständlich waren, wurden von ihm beleidigt aufgegriffen. Von daher erklärt sich, warum Männer häufig Gewalt- oder Vergewaltigungsseminare als (un-)geeigneten Ort für eine Auseinandersetzung mit der Frage auswählten, ob Verallgemeinerungen der Feministinnen über «die Männer» zulässig sind oder nicht. Der Sinn für Prioritäten, die Sensibilität für die Empfindungen anderer Menschen und die Solidarisierung mit den sozial Schwächeren würde mehr Takt, mehr Zurückhaltung und mehr Kollektivgeist erfordern, als die meisten Männer gegenüber der Frauenfrage aufzubringen imstande sind.

Aus *Männerzeitschriften* (d. h. aus Zeitschriften der winzigen Männerbewegung) geht hervor, daß sich diese Männer von der Frauenbewegung nicht ernstgenommen fühlen. Der Grund dafür ist leider, daß diese Bewegung auch nicht ernst zu nehmen ist. Wieder nehmen wir hierbei die Homosexuellenbewegung aus, die von einer echten persönlichen Betroffenheit ausgeht und daher, wenn sie auch oft frauenfeindlich ist, wenigstens einen authentischen Kern hat. Für die Hetero-Männer dagegen ergibt sich aus der Teilnahme an Männergruppen überhaupt keine persönliche Konsequenz, kein Risiko und keine bleibende Veränderung.

Als Illustration ein wahllos herausgegriffener Artikel aus der Zeitschrift *Von Mann zu Mann* zum Thema «Verhütung für Männer». Der Verfasser, ein gewisser Otti, bekommt von seiner Freundin eine Sondernummer der *Courage* zum Thema Verhütung in die Hand gedrückt. Darin wird erwähnt, daß mit natürlicher Verhütung für Männer experimentell gearbeitet wird. Eine entsprechende Methode wird beschrieben. Otti ist davon hingerissen und will es sofort ausprobieren. Drei Wochen lang müssen die Hoden täglich eine Dreiviertelstunde lang auf 45 Grad aufgeheizt werden mittels eines Wasserbades. Danach ist der Mann voraussichtlich für sechs Wochen zeugungsunfähig. Otti rast «nach Hause, setze den Wassertopf auf den Herd (ich muß das Wasser vom Gang holen), suche ein Thermometer und eine emaillierte Wasserschüssel, und los geht's. Ich mische das Wasser in der Schüssel auf 45 Grad und setze mich vorsichtig hinein. Messe die Temperatur noch einmal, jetzt hat's nur noch 43 Grad, Scheiße. Wieder raus, etwas warmes Wasser dazu, wieder auf 45 Grad, wieder rein, wieder 43 Grad, wieder raus, mehr heißes Wasser, 48 Grad, versuche wieder, mich reinzusetzen, aber jetzt ist's eindeutig zu heiß, es brennt. Also tu ich wieder etwas kaltes Wasser dazu und mische vorsichtig, während ich drinsitze, heißes Wasser hinzu, bis es 45 Grad hat, und setze mich bequem hinein. Da springt vom verbogenen Blechboden das Email ab, womit ich diesen Versuch abbreche».

Während er sich um eine sprungfeste Emailschüssel kümmert, befaßt sich Otti nun noch mit der einschlägigen Fachliteratur. Ärgerlich, was Mann da zu lesen bekommt:

«Ein Absatz unter dem Titel ‹Kondome, Präservative, Pariser› bei der Zusammenfassung aller Methoden hat mich sehr gestört: ‹Kondome sind heute sehr dünn, so daß es objektiv nicht stimmen kann, daß das Beischlafgefühl des Mannes – seltener auch der Frau – gemindert sein soll.›»

Hier muß Otti schon zornig werden angesichts solcher feministischer (der Absatz entstammt offenbar einer Frauenbroschüre) Unsensibilität. «Daß Gefühle nicht objektivierbar sind, sollte frau eigentlich wissen», rügt der Softie. Ach, wie gedankenlos von uns.

Aber Ottis Mißhandlungen von feministischer Seite nahmen damit erst ihren Anfang, es kam noch schlimmer. Otti suchte Kontakt zu feministischen Verhütungsdiskussionen und erntete für seine Bemühungen bloß Abweisung, Unverständnis und Spott. Eine Gruppe lehnte ab, weil sie sich im Frauencafé traf. Andere Frauen «reagierten ablehnend bis zynisch. Fragen wie: ‹Kannst du dann überhaupt noch, wenn du weichgekocht bist?› oder Meldungen wie ‹ha, ha, die Eier braten› waren eher typisch».

Ottis Impuls ist ein positiver. Er ist der Ansicht, daß Verhütungsfragen nicht bloß Frauen angehen, sondern auch Männer. Er wünscht sich Formen natürlicher Verhütung, die nicht gesundheitsschädigend sind. Dafür ein aufrichtiges Bravo. Warum lacht die Feministin also über Ottis Bad?

1. Warum sind die Männer, die sich öffentlich mit Fragen der Frauenbewegung befassen, holprig, ungeschickt und alternativ, so daß die Männerbewegung karikaturhafte Züge annimmt? Warum ist der Softie immer ein Woody Allen-Typ? Die Plastikschüssel platzt, die Emailschüssel springt, das kleine Jungchen kann nicht einmal richtig Wasser kochen, eine Mammi muß her und es für ihn tun. Das ist keine Alternativfigur zum Macho, sondern der altbekannte Bubi.

2. Was sollen diese Experimente? Gesetzt den Fall, die Temperatur hätte gestimmt, das Bassin hätte dicht gehalten, und Otti wäre drei Wochen lang brav dringesessen. Was dann? Eine Frau, die im Vertrauen auf Ottis Experimente auf

andere Verhütungsmethoden verzichtet, müßte den Verstand verloren haben.

3. Ottis Reaktion auf den Absatz über Kondome ist typisch für die oben angeführte Unfähigkeit der meisten Männer, auch nur fünf Minuten lang von ihren eigenen Interessen abzusehen. Das Risiko einer ungewollten Schwangerschaft ist ein in der Geschichte der weiblichen Existenz hochernstes Thema. In den Zeiten, als Verhütung unzuverlässig und Abtreibungen unzugänglich waren, bestimmten ungewollte Schwangerschaften und Geburten das gesamte Leben der Frauen und machten jeden sexuellen Akt zu einer Dienstleistung gegenüber dem Mann, der kein gesundheitliches Risiko trug und dem die Folgen für seine Partnerin meist egal waren. Auch heute sind Schwangerschaft und Geburt für die Mehrheit der Frauen dieser Welt gefährliche, auch lebensgefährliche, kaum oder überhaupt nicht mitbestimmbare Schicksalsfragen. Selbst in den modernen Industrieländern gibt es keine Frau, die nicht zumindest durch das Schicksal einer Freundin mit illegalen Abtreibungen, ungewollten Schwangerschaften und den psychischen Belastungen und Gewissenskonflikten einer Abtreibung in Kontakt gekommen wäre.

Darüber hinaus muß jede Frau, die heterosexuell veranlagt ist, in bezug auf Verhütung aus einer geringen Anzahl unbefriedigender Alternativen ihre Wahl treffen. Wenn es nicht klappt, ist *sie* schwanger. Wenn sie die sichersten Methoden anwendet, riskiert *sie* die noch immer ungewissen gesundheitlichen Folgen, von Krampfadern über Schlaganfälle bis zu inneren Blutungen.

Angesichts dieser Lage das Kondom als unzumutbare Beeinträchtigung der männlichen Subjektivität zu definieren, ist ein Witz. Frau sollte sich lieber fragen, ob sie sich nicht einen Partner suchen sollte, der aus der Lektüre von Frauenzeitschriften mehr lernt als das bißchen Vokabular, mit dem er sie manipulieren kann.

Eckart F., Regensburg
«Ich heiße Eckart. Meine Freundin Sabine meinte, daß ich für

dieses Interview geeignet sei, weil ich mich schon mal in einer Männergruppe engagiert hatte.

Ich lebe in einer Wohngemeinschaft, in der ich meine eigene Küche und ein eigenes Bad habe, und ein Zimmer.

Wie ich zur Frauenbewegung stehe, wann mir die Existenz der Frauenfrage überhaupt bewußt wurde? Dazu fällt mir Alice Schwarzer ein, ‹*Der kleine Unterschied*›. Sie sprach darüber im Fernsehen. Ich fühlte mich verunsichert von allen Frauen, die kurze Haare hatten und selbstbewußt schienen, und assoziierte sie mit Alice Schwarzer. Wenn ich diese Frauen sah, dann kam mir dazu dieser Gedanke: an solche Frauen kommst du nie ran.

Unsere Männergruppe entstand, weil es Probleme in den Beziehungen zu Frauen, zu unseren Freundinnen, gab. Die Frauen wollten die Typen mindestens einen Tag in der Woche sehen, und die Männer fühlten sich durch solche Forderungen eingeengt. Ein Jahr lang lief diese Diskussion. Am Ende war ich verwirrt und wußte nicht, ob ich überhaupt eine Zweierbeziehung wollte. Da mußte ich erst mal durch. Ich mußte überlegen, wieviel Zwänge und Verpflichtungen ich mir auferlegen wollte.

Wir waren ziemlich am Ende mit unserer Gruppe, dann kam ein Neuer dazu. Er war aus Hamburg und hatte viel Erfahrung mit Männergruppen, mit der Männerbewegung. Er fand, wir müßten uns mit Frauen aus der Bewegung auseinandersetzen, die Konfrontation mit ihnen suchen. Es kam dann zu einer großen Konfrontation mit Frauen im Frauenforum. Dort haben wir Mut gezeigt und gesagt, wir stehen dazu, Männer zu sein, und wir stehen zu dem, was Männer tun.

Was Männer tun? Zum Beispiel auch mal einer Frau auf den Busen schauen. Das ist auch okay, das hat der Typ aus Hamburg uns klargemacht. Die Konfrontation war sehr heftig. Wir hörten uns zunächst mal das Ganze dort an, es war eine Veranstaltung über Vergewaltigung, und dann bekannten wir uns zu unserer Männlichkeit und unserer Sexualität. Ja, und darüber haben wir dann auch in der Gruppe lange gesprochen, wir haben darüber gesprochen, wie wir uns Frauen gegenüber fühlen, und wir haben das schlechte Gewissen abgewiesen, das die Frauenbewegung uns permanent machen will. Zum Beispiel wenn ich im Sommer von der Uni heimgehe, dann sehe ich oft so irre Frauen, daß ich ganz krank werde davon. Dann dreh ich mich auch um nach denen und will hinfassen. Und Manfred, der aus Hamburg, hat uns klargemacht, daß das ein natürlicher Teil unserer Sexualität ist und auch schön ist. Ich werde gefragt, ob die Erörterung dieser Frage ausgerechnet bei jener Veranstaltung über Vergewaltigung eigentlich irrsinnig relevant war. Ich verstehe diese Frage nicht. Ach so, weil manche Männer ja dann tatsächlich hinfassen, die Frau, dem männlich robusten Naturimpuls folgend, abschleppen und sie vergewaltigen und nachher vorbringen, die Frau hätte sie durch ihr reizvolles Aussehen hilflos gemacht, und sie hätten gar nicht anders können, als ihre natürlichen männlichen Triebe umgehend auszuagieren. Ob ich nicht das Gefühl habe, daß meine Bekenntnisse zur überwältigenden, natürlichen, männlichen Triebhaftigkeit, logisch zu Ende gedacht, hierhinführen?

Aha. Also das würde ich nicht so gut finden, nö.

In unserer Männergruppe waren wir uns auch einig, daß Beziehungen sich mit der persönlichen Freiheit vereinbaren müssen, daß man keine Besitzansprüche auf die andere Person hat, usw. Das habe ich richtig gefunden. Meine Freundin hat es auch so gesehen. Sie hat mir sehr imponiert, denn sie war so offen, sie hat sich immer gleich mit Leuten anfreunden können, sie war sehr aufgeschlossen. Sexualität war für sie nur ein Teil des Umgangs mit anderen Leuten. Ich habe das auch ganz richtig gefunden, aber dabei habe ich mich elend gefühlt. Sie kam nach Hause, ich wußte, daß sie mit einem Freund zusammengewesen war, ich habe nichts gesagt, denn wir hatten ja unsere Freiheit, und ich war innerlich völlig fertig. Schließlich hat sie bemerkt, wie schlecht es mir ging. Sie hat dann gemeint, im Prinzip hätte sie recht, und mein Standpunkt wäre falsch, aber weil sie mich so sehr möge und mir nicht weh tun möchte, würde sie auf andere Beziehungen verzichten.

Ich weiß nicht, wie die Frauenbewegung mein Leben verändert hat. Letzten Sommer habe ich auf dem Bau gearbeitet, um zu verdienen. Dort haben wir sehr oft diskutiert über Frauen, und ich habe immer den feministischen Standpunkt vertreten.»

Test für Leser

Ich finde, daß

Ja	Nein	
☐	☐	Eckart Frauen auf den Busen schauen darf, aber sonst nichts.
☐	☐	Eckart rückschrittlich ist, weil er die offene Beziehung nicht durchgehalten hat, sondern Besitzansprüche seiner Freundin gegenüber entwickelt.
☐	☐	Eckart fortschrittlich ist, weil er noch vor wenigen Jahren hier und sogar noch heute in Sizilien eine Frau, die sich dermaßen promiskuitiv verhält, unbeschadet hätte erwürgen dürfen.
☐	☐	Eckart in ein islamisches Land ziehen soll, wo er den quälenden Anblick halbnackter Frauen nicht mehr ertragen muß.

Die Männer ohne Eigenschaften

Frauen erforschten die Ursachen ihrer eigenen prekären Situation. Warum lassen sie sich unterdrücken? Warum setzen sie Einsichten so selten in die Praxis um?
Die Männer bleiben bei alldem merkwürdig blaß, seltsam eigenschaftslos. Sie sind eben, wie sie sind.

Der Mann im Buch

Die Frauenbewegung brachte Bewegung auch in die Literatur. Die bunten Buchdeckel, die unsere Regale veränderten, schienen eine hoffnungsfrohe Ankündigung für die Aufhellung unseres Denkens und unserer Kultur zu sein. Die Passagen von damals heute nachzulesen, ist außerordentlich spannend und bietet einen guten Ansatzpunkt, um zu sehen, wie weit wir seit damals gekommen sind.

Für sehr viele Frauen fand die Frauenbewegung in erster Linie erst einmal «schriftlich» statt. Ein Buch konnte den gedruckten Beweis dafür liefern, daß Gefühle, die man für abwegig, für individuell hielt, normal, weit verbreitet und sogar revolutionär waren. Lesen war eine Form der Subversion, die den Lebensbedingungen der Frauen sehr gut entsprach. Ein Tabu, ein Vorurteil, ein Geheimnis nach dem anderen fiel vor der schonungslosen Erforschung und Infragestellung feministischer Autorinnen. Und dennoch mußte man nirgends beitreten, brauchte kein Parteibuch. Man konnte seine Revolution ganz individuell dosiert und den persönlichen Verhältnissen angepaßt inszenieren. Jede Lebensphase, jedes Ereignis konnte man literarisch begleitet nacherleben: die Kindheit, die Schulzeit wurden kritisch überdacht, die Liebe, die Beziehung, die Trennung, die Krise, die Krankheit, die Schwangerschaft, die Menstruation, die Sexualität; jeder Millimeter des Körpers und der Seele wurde schriftlich aufbereitet. Man war nie allein. Es gab nichts, worüber man nicht – wenn schon nicht sprechen, so doch zumindest lesen konnte.

Das Schreiben veränderte. Wer noch immer glaubte, Frauen sollten in den Betten ihrer Ehemänner ihren alten Pflichten nachkommen, der war ein Neandertaler, und sogar die Boulevardpresse schloß sich diesem Urteil an. Es war eine Kulturrevolution! Die winzigsten Gedanken der Frauen, auch abwegige, destruktive, halbkriminelle, antisoziale, perverse Gedanken, waren medienwürdig.

Jetzt, bei unserer zweiten Lektüre, suchten wir nicht nach dem Verändernden, dem Aufrührerischen in diesen Büchern, sondern wir suchten nach dem strategischen und taktischen Gehalt. Wie wurde die Männergesellschaft analysiert? Welche Erkenntnisse über ihre Strukturen und Schwachstellen wurden gewonnen? Wie sahen sie überhaupt den Mann, sein Denken, sein Handeln?

Die Lektüre hinterließ bei uns das ungute Gefühl, in eine Falle geraten zu sein. War die Frauenbewegungsliteratur dem Voyeurismus unserer Kultur erlegen, hatten wir ihm gedient mit weiteren Entblößungen des Denkens, der Sexualität von Frauen? Hatten wir aus diesen vielen Selbstdarstellungen wirklich etwas erfahren, was uns bei der offensiven Veränderung patriarchalischer Strukturen nützen könnte?

Es begann als Pflichtübung: das Nachlesen unserer «alten» Frauenliteratur. Wir lasen nicht aus Nostalgie, obwohl zeitweise von nostalgischen Gefühlen überrollt. Die dick unterstrichenen, heftig am Rand kommentierten, mit gelbem und grünem und violettem Filzstift hervorgehobenen Passagen brachten die Gefühle wieder, mit denen man sie einst gelesen hatte: vehemente Zustimmung, überraschtes Wiedererkennen eigener, vormals als individuell eingeschätzter Erlebnisse, plötzliche Einblicke in Bereiche, die einen lange gestört hatten. Nun wollten wir sehen, wie die *Männer* in diesen Berichten beschrieben wurden. Welches Bild vom Mann hatte der Feminismus verbreitet? Wurde der Mann, wie es immer heißt, pauschal als «Feind» dargestellt? Denn wir merkten, als wir uns diese Fragen zum erstenmal stellten, daß wir aus den vielen Büchern keine Erinnerung abrufen konnten, was die Männer, ihre Darstellung und die Erklärung ihres Verhaltens betraf. Zuerst überraschte uns das nicht allzusehr. Schließlich hatten wir die Bücher damals gelesen, um über uns, um über die Situation der Frauen etwas zu erfahren. Wahrscheinlich hatten wir die Absätze, in denen das Verhalten der Männer erklärt wurde, einfach überlesen. Die zweite Lektüre erwies, daß diese Annahme falsch war. Wir hatten nichts überlesen: es gab nichts.

Natürlich war «der Mann» vorhanden, aber er hatte weder Gestalt noch Konturen. Sein Verhalten wurde nicht hinterfragt, obwohl es die Grundlage war für alles, was beschrieben und kritisiert wurde. Er war das historische Rätsel, der schwarze Kontinent, und nicht, wie Philosophen, aber auch Freud, immer meinten, die Frau. Der Mann war gewalttätig, man kann schon fast sagen: der Mann war Gewalt. Aber darüber hinaus wurde keinesfalls klar, warum er so handelte, wie er handelte, und welche Interessen er damit verfolgte.

Fangen wir mit einem feministischen Klassiker an, der sich ausdrücklich mit Männern und ihrem Verhalten befaßte: Susan Brownmillers Studie über Vergewaltigung* beginnt mit einer Darstellung der urzeitlichen Erstinteraktion zwischen Männern und Frauen.

«Als die Männer entdeckten, daß sie vergewaltigen konnten, setzten sie die Entdeckung in die Tat um ... Die erste (geschichtliche) Vergewaltigung war vermutlich ein Zufall, der aus der unerwarteten Verweigerung einer Frau und der Erkenntnis des Mannes, daß er sie trotzdem zwingen konnte, entstand. Aber die zweite Vergewaltigung war kein Zufall, sondern Planung ... Damit wurde Vergewaltigung nicht bloß ein männliches Vorrecht, sondern die wichtigste Waffe der Männer gegenüber den Frauen ... Die Entdeckung der Männer, daß ihr Geschlechtsorgan als Waffe einsetzbar war, muß auf eine Stufe gestellt werden mit den anderen wichtigsten Entdeckungen der Steinzeit, der Entdeckung des Feuers und der Herstellung der ersten Steinaxt. Von prähistorischen Zeiten bis in die Gegenwart, glaube ich, hat Vergewaltigung eine zentrale Rolle gespielt. Und zwar leistete sie nichts geringeres als die bewußte Einschüchterung *aller Frauen* durch *alle Männer.*» (Hervorhebung i. O.)

Wir wollen nicht sagen, daß Brownmiller nicht recht hat; vielleicht stimmt es, was sie sagt. Richtig ist zweifelsohne, daß Angst vor männlicher Gewalt, und dabei vor allem sexueller Gewalt, den Alltag und das Verhalten von Frauen in einer Art und Weise prägen und beeinträchtigen, die nichts mehr mit den Vorstellungen vom gesicherten Leben in einem Rechtsstaat zu tun haben.

* *‹Gegen unseren Willen›*, Fischer, Frankfurt 1978

Nicht beantwortet – nicht einmal gestellt – aber wird bei Brownmiller die Frage, *warum* die Männer das tun. Warum wollen die Männer die Frauen einschüchtern? Diese Frage klingt fast lächerlich, wie die Kinderfrage: Warum ist der Himmel blau? Aber was sind die Konsequenzen aus der Tatsache, daß diese Frage so absurd klingt? Nichts anderes, als daß uns die Gewalttätigkeit der Männer und ihr Wunsch, Frauen zu unterdrücken, so selbstverständlich vorkommen wie die Farbe des Himmels.

Oder die zweite Reaktion: eine empörte Zurückweisung dieses ganzen Zugangs. Alle Männer schüchtern bewußt alle Frauen ein, Vergewaltiger erfüllen die Rolle von Terrorkommandos, die im (unausgesprochenen) Auftrag *aller* Männer *alle* Frauen in Angst und Schrecken und Abhängigkeit halten (bei Brownmiller in genau dieser Deutlichkeit formuliert). Lächerlich fanden viele das; eine männerfeindliche, undifferenzierte, hysterische These der Radikalfeministinnen. Möglich. Aber wie sollte dann erklärt werden, daß in den westlichen Industrieländern alle zehn Minuten eine Frau vergewaltigt wird? Daß ein erschreckender Prozentsatz durchschnittlicher Frauen von ihren durchschnittlichen Männern geschlagen oder vergewaltigt wird? Daß es gar nicht wenige Väter gibt, die ihre kleinen Töchter sexuell mißbrauchen?

Es gibt die Sichtweise, die die Aggressivität der Männer als selbstevident voraussetzt, und es gibt die Sichtweise, die männliche Aggressivität nicht wahrhaben will. Beide Sichtweisen suchen nicht nach Erklärungen. Es gibt keine Auseinandersetzung mit männlichem Verhalten.

Wenden wir uns jetzt einem anderen, milderen Buch zu, einem Buch, das sich eher mit dem Alltag beschäftigte: Betty Friedans *‹Der Weiblichkeitswahn›**. Dieses Buch wird im allgemeinen als *das* Grundlagenwerk der modernen westlichen Frauenbewegung schlechthin angesehen. Friedan erzählt in diesem Buch von «Pete», der sich mit einem Problem an die Ratkolumne einer Frauenzeitschrift wendet. Sein Problem ist folgendes:

«Meiner Ansicht nach ist die Ehe eine Beziehung zwischen zwei Personen, die beide ihr eigenes Leben haben und beschließen, diese beiden Leben gemeinsam zu verbringen. Aber meine

* Rowohlt, Reinbek b. Hamburg 1966

Frau Mary scheint zu glauben, daß es nur ein einziges Leben geben sollte: meines.» In seiner Freizeit folgt ihm Mary wie ein Schatten. Nicht einmal seine Socken darf er allein kaufen. Wenn er vom Büro nach Hause kommt, will Mary alles ganz genau wissen; mit wem er mittagessen ging, was er gegessen hat, worüber dabei gesprochen wurde. Wenn er sich beschwert, daß er sich dadurch in die Enge getrieben fühlt, sagt Mary: «Aber Liebling, ich will doch an deinem Leben teilhaben ... Ich will, daß wir eins sind, wie es in der Hochzeitspredigt hieß.» Pete findet den Gedanken, «eins» zu sein, gar nicht anziehend. «Es würde mir überhaupt nicht gefallen», sagt er. «Ich will nicht so eng an eine andere Person gebunden sein, daß ich gar keinen eigenen Gedanken mehr haben darf.» Die Ratkolumne weiß für Pete folgende Lösung: er muß Mary das Gefühl geben, daß sie an seinem Leben Anteil hat. Er soll sie hin und wieder einladen, mit ihm und seinen Kollegen mittagessen zu gehen. Er sollte vielleicht auch noch versuchen, für Mary einen Sportclub zu finden, in dem sie ihre überschüssigen Energien abarbeiten kann. Er soll sie beschäftigen.

Was sagt dieses Beispiel aus? Mary ist unglücklich, weil sie kein eigenes Leben, keine Aufgaben, keine Anerkennung hat. Sie steht stellvertretend für die Hausfrauen der fünfziger Jahre, die an dem «Problem, das keinen Namen hat», erkrankt waren, die unzufrieden, reizbar und nervös waren, ohne einen klaren Grund für ihre Unzufriedenheit angeben zu können. Aber in wessen Interesse ist es, daß Mary unglücklich und gelangweilt zu Hause sitzt und auf das Leben aus zweiter Hand wartet? Nicht in Petes Interesse, denn er ist es, der sich ratsuchend an die Zeitschrift wendet. Die Zeitschrift gibt einen höchst anpaßlerischen, konservativen Rat, aber in wessen Auftrag tut sie das? Heute wird von der Tendenzwende gesprochen; die Medien fordern Frauen wieder auf, in den Haushalt zurückzukehren. Es wird gemutmaßt, daß dies mit der Wirtschaftslage zusammenhängt. Aber wo ist die Zentrale, die diese Weisungen erteilt? Wie funktioniert der Zeitgeist? Möchte Pete nicht eigentlich doch eine abhängige, dienstbereite Frau, die zu Hause für seine Bequemlichkeit sorgt, und stört ihn bloß, daß sie ihn mit ihren Beschwerden behelligt? Oder möchte Pete wirklich, wie er behauptet, lieber eine unabhängige Frau mit einem eigenen Leben, eine Frau, für deren seelisches und körperliches Wohlergehen er nicht so einseitig verantwortlich ist?

Warum «die Männer» das tun, was sie tun, warum ihnen an der Unterordnung der Frauen so viel liegt, wie sie ihre Strategien vorbereiten und einander mitteilen, der Beantwortung dieser Fragen kommt man in der Literatur nicht näher. Kate Millets ‹*Sexus und Herrschaft*›*: eine ausführliche und erschlagende Studie über Frauenhaß in der Literatur. Robin Morgans Sammelband ‹*Sisterhood is Powerful*›: eine Anhäufung der verschiedenen Regungen des Widerstands bei Frauen in Amerika. Germaine Greers ‹*Der weibliche Eunuch*›**: eine umfassende Schilderung der Formen, in der weibliche Sexualität und sexuelle Identität abgewertet und erniedrigt werden. Das Material war so umwerfend, die Zusammenhänge waren so faszinierend, daß die Frage «Warum sind Männer denn so?» nicht vermißt wurde. Ist diese Frage wirklich so irrelevant?

«Frauen ahnen gar nicht, wie sehr Männer sie hassen», schreibt Germaine Greer und zählt Belege auf. Pornographie, in der Frauen degradiert werden. Die abwertend-aggressive Haltung von männlichen Jugendlichen gegenüber den Mädchen, die sie «herumkriegen» können, und die feindselig aggressive Haltung derselben Burschen gegenüber den Mädchen, die sie *nicht* herumkriegen können. Sexualverbrechen. Massenmorde an Frauen. Die Tatsache, daß Ausdrücke, die mit der weiblichen Rolle im Geschlechtsverkehr zu tun haben, Schimpfworte und Beleidigungen sind. Die Regelmäßigkeit, mit der die entsetzlichsten Perversionen an Frauen begangen werden: die erwürgten, verstümmelten, vergewaltigten, im Wald verscharrten jungen Frauen. «Und nie», schreibt Greer, «fragt eine Frau, nachdem wieder einmal eine solche Tat gemeldet wurde, ‹Warum hassen uns die Männer so sehr?›» Doch Greer selbst stellt diese Frage nicht. Über genau diesen Punkt kam die Frauenbewegung nie hinaus. Warum

* Rowohlt, Reinbek b. Hamburg 1984 (Taschenbuchausgabe)
** Fischer, Frankfurt 1976

hassen die Männer die Frauen? Und wenn sie sie nicht hassen, warum geschehen dann diese Dinge?

«Gefühlloser Rohling, ungepflegt, Raucher, Trinker, Gewalttäter, desinteressiert an Konversation, gemeinsame Freizeit unerwünscht, sucht Partnerin für einseitige sexuelle Befriedigung und für Hausarbeit. Hobbies: Kindesmißhandlung. Antworten bitte mit Foto und genauer Angabe des Unterwerfungsgrades.»

Das Bild des Mannes, wie es in der feministischen Literatur der 70er Jahre gezeichnet wurde, war wenig ansprechend. Persönlichkeit: stumpf. Sexualverhalten: grob, einfallslos. Sensibilität: null. Änderungsaussichten: gering.

Männer dieser Art bevölkerten die Seiten von Alice Schwarzers *‹Der kleine Unterschied und seine großen Folgen›**. In dem Buch werden vier Sorten von Männern deutlich.

Erstens die unempfindsamen, unkommunikativen Männer, die ihre weibliche Umwelt kaum wahrnahmen, in ihrem Beruf aufgingen, nicht böswillig, aber psychisch für die Frauen auch kaum vorhanden waren.

Zweitens die sanften und schüchternen Jünglinge, die sich zwar wohltuend von den Kategorien 1 und 3 abhoben, dafür aber lebenslange Babies waren, langweilig, impotent, unreif.

Drittens die sadistischen Brutalinskis, die Schläger, Vergewaltiger, Grobiane.

Viertens die Vampire, die Ausbeuter, die raffinierten Manipulierer mit den Gefühlen und Sehnsüchten der Frau.

Such dir einen aus, Schwester.

Unerfreulich waren sie alle, es war nur eine Frage der Nuancierung. Die Wahlmöglichkeiten illustrierten sich in ihrer Trostlosigkeit am Beispiel der Sexualität. Entweder hast du einen, der sich gedankenlos und rasch bedient und keine Sekunde darüber nachdenkt, ob das wohl auch für die Partnerin in Ordnung war. Oder du hast einen, der lieb und kuschelig ist, aber noch im prägenitalen Stadium sozusagen, einen, mit dem du schmusen kannst, aber sonst nichts, bei dem du dir irgendwann einmal vorkommst wie die treue Mutter. Oder aber die dritte Sorte: der, der

* Fischer, Frankfurt o. J.

sich private Inszenierungen aus *‹Geschichte der O›*, bloß weniger literarisch, nachstellt. Schließlich der vierte, der mit Wechselbädern aus Erotik und Kälte, Empfindsamkeit und Gemeinheit die Partnerin verwirrt und fertigmacht. Alice Schwarzers Frauen probierten, wie aus einer Bonbonnière, hoffnungsvoll verschiedene Männertypen, ohne auf den Geschmack zu kommen.

Zum Beispiel Alexandra, 33 Jahre alt, Lektorin. Ihr erster Mann: befehlend, herrisch, kalt, selbstsüchtig. Der zweite: sanft, zurückhaltend, impotent. Der dritte: selbstsüchtig, anmaßend, im Bett brutal. Der vierte: lieb, sanft, dümmlich, langweilig. Der fünfte: aggressiv, sexuell unbrauchbar, emotional erpresserisch.

‹Der kleine Unterschied›, von den Frauen als Mahnung aufgenommen, hätte auf einen Schlag das Problem der Überbevölkerung zu lösen vermocht; wer danach noch wollte, der war nicht zu helfen. Sex mit Männern, das konnten Schwarzers Interviewpartnerinnen wirklich nicht weiterempfehlen. Man wird «gestoßen und gequetscht» (S. 55) und hat anschließend blaue Flecken. Insgesamt ist es eine «Quälerei», von der man «Rückenschmerzen» bekommt (S. 78). Diese Erfahrungen hatten nicht mit einzelnen ungeschickten Männern zu tun, sondern waren nach Ansicht der erfahreneren Frauen verallgemeinerbar. «Die meisten Männer sind grob. Wenn ich einen Freund im Bett gehabt hab, hab ich mein Leben lang immer nur gedacht: wenn er nur schon wieder raus wäre ...» (S. 91) Reminiszenzen ihrer denkwürdigsten sexuellen Beziehungen fördern Episoden wie diese zutage: «Am liebsten hat er mich zwei bis drei Stunden seelisch fertiggemacht, und wenn ich dann weinte, ist er auf mich und hat sich doppelt schön befriedigen können ... Auf diese weinende, schluchzende Frau unter sich war er ganz besonders scharf.» Von diesem Mann bekam Annegret nach diesen Liebesspielen noch zwei Kinder.

Dieses Buch, mit den tristen Lebensgeschichten, den Verallgemeinerungen, den heute fast etwas antiquiert klingenden, nostalgisch stimmenden Aufrufen, den schulbuchhaft unterstrichenen Passagen, läßt sich 1984 rückblickend folgendermaßen «rezensieren»:

1. Es sprach damals, in Deutschland, sehr, sehr viele Frauen an. Sehr viele Frauen nahmen dieses Buch zum Anlaß, ihre eigene

Situation neu zu überdenken. Sie erkannten sich wieder. Sie faßten Entschlüsse.

2. Männer, auf die Frauenbewegung hin befragt, erinnern sich spontan an dieses Buch. Die meisten, so stellte sich heraus, hatten das Buch selber nie gelesen; sie hatten *darüber* gelesen, sie hatten Alice Schwarzer im Fernsehen darüber sprechen hören, und ihre Freundinnen hatten ihnen davon erzählt oder vorgelesen. Die zweite Hälfte des Titels sprach diese Männer ganz unmittelbar und persönlich an; die großen Folgen des Kleinen Unterschieds bekamen sie in ihren eigenen Schlafzimmern zu spüren.

3. Für diese – unsere – Generation von Frauen hat sich in den Jahren seit dem Erscheinen des Buchs zumindest bewußtseinsmäßig einiges geändert. Ob auch für jüngere Frauen und für Frauen, die sich mit der Frauenbewegung nicht beschäftigten, läßt sich aber schwer feststellen. Es ist durchaus vorstellbar, daß die Situationsbeschreibungen von Alice Schwarzers Frauen für sie noch heute aktuell sind.

Liest man heute, als Frau, die die Wendungen und Drehungen und Höhen und Tiefen der Frauenbewegung der letzten Jahre miterlebt hat, *‹Den kleinen Unterschied›*, dann stößt man sich an ganz anderen Aspekten als damals. Damals war es eher das männliche Unverständnis und das Unglück der Frauen, das auffiel. Mit post-feministischen Augen gesehen ist heute erstaunlich, daß die Frauen das männliche Unverständnis als gegeben hinnahmen, als Selbstverständlichkeit, die man gar nicht hinterfragen mußte, geschweige denn, daß man auf Veränderung drang.

«Der schlimmste Terror ist für mich dieses Immer-miteinander-schlafen-Müssen. Jeden Abend! Egal, ob er nun mal grantig ist oder müde oder so, immer muß man miteinander schlafen. Erst Zähne putzen und dann hopp! Inzwischen hat sich das so ein bißchen eingependelt, aber er steht da immer noch unter einem unheimlichen Leistungszwang ... Ich bin ja nicht offen ihm gegenüber. Ich sage ihm nicht, daß ich nichts dabei empfinde ...» (S. 57)

Schrecklich, daß diese Frau ihren Abenden schon mit so viel Abwehr entgegensehen mußte, dachte man bei der ersten Lektüre. Und viele Frauen, denen es ähnlich erging, ärgerten sich über den Mann, der so unsensibel war. Doch dieses Beispiel warf noch andere Fragen auf. Dieser Frau war klar, daß auch ihr Partner eigentlich oft keine rechte Lust hatte, sondern eine Art Pflichtübung vollzog. Sie hat sich über ihn Gedanken gemacht und festgestellt, daß er unter einem Leistungsdruck steht und wahrscheinlich gar nicht weiß, daß sie sich von seiner pflichtbewußten Leistungsbereitschaft alles andere als beglückt fühlt. Sie fragt sich aber nicht, warum sie mit ihm nicht darüber spricht; vielleicht wäre er ja ganz erleichtert. Warum wartet sie statt dessen, daß es sich von selber «einpendelt»? Immer wieder ist aus den Protokollen ersichtlich, daß die Frauen sich zwar bei Alice Schwarzer über die sexuellen Gepflogenheiten ihrer Partner beschwerten, den Zuständigen selber aber nie auch nur eine Silbe davon verrieten:

«Er hat einen Orgasmus gekriegt, ich nicht. Ich hab nichts gesagt, weil ich mir den Abend nicht verderben wollte ... (Später) habe ich dann auch gewagt, Wünsche anzumelden. Ich hab gesagt, daß ich keinen Orgasmus hatte.» (S. 165)

Wie reagierte er auf die verspätete Mitteilung? Erschrocken und bildungswillig: «Was machen wir denn da?» Wenn die Männer, wie diese Frauen glaubten, wirklich nichts merkten von der Unzufriedenheit ihrer Partnerinnen, zum Teil sogar, weil die Frauen sich bewußt verstellten, warum sagten die Frauen ihnen dann nichts? Warum taten sie so, als ob alles in Ordnung sei? Warum zogen die Frauen es vor, sich «den Abend nicht zu verderben», und nahmen dafür in Kauf, sich ihr gesamtes Sexualleben zu verderben? Wenn es nach Alice Schwarzers Erfahrung sehr viele Frauen waren, die sich so verhielten; wenn diese Berichte unter den Leserinnen einen Sturm der Zustimmung und der Betroffenheit auslösten; wenn für viele Männer dieses Buch eine Wende in ihren Beziehungen herbeiführte, dann mußte mehr dahinterstecken als bloß die Dummheit der paar Frauen, die in Schwarzers Protokollen zu Wort kamen. Es fiel Frauen offensichtlich sehr schwer, über ihre sexuellen Empfindungen und Vorstellungen zu sprechen, so schwer, daß es leichter war, sich jahrelang unangenehme, manchmal sogar abstoßende oder schmerzhafte sexuelle Kontakte gefallen zu lassen.

Darüber im Alltag zu sprechen wurde erst möglich, als einige

Frauen anfingen, sich *öffentlich* darüber zu äußern. Da erst merkten die anderen Frauen, daß ihre Empfindungen von vielen Frauen geteilt wurden und daß sie einen legitimen Grund hatten, eine Änderung zu verlangen. Der Abbau dieser inneren Barrieren erforderte ein gewaltiges Umdenken. Viele Tabus, Ängste und Mutmaßungen mußten bearbeitet werden. Amerigo Vespuccis Entdeckung des amerikanischen Kontinents verblaßt an Bedeutung, verglichen mit der Entdeckung der Klitoris durch die Frauenbewegung, wie sie in diesen Jahren zelebriert wurde. Die Klitoris, früher so nichtexistent, daß man den weiblichen Marmorakt getrost ohne Feigenblatt meißeln konnte, da es sowieso «nichts» zu verbergen gab, wurde über Nacht zum «Star». Fotografiert, beleuchtet, beschrieben und gezeichnet füllte sie die Seiten von Frauenkalendern und hing als Poster an den Wänden. Es entstanden Gedichte. Französische Philosophinnen wurden inspiriert zu theoretischen Abhandlungen.

Die Physiologie der Männer erfuhr während dieser Jahre eine vergleichsweise weniger poetische Behandlung. Der Verherrlichung ihrer Anatomie, einem Narzißmus, dem die Männer seit Jahrhunderten schamlos gefrönt hatten, wurde ein jähes Ende gesetzt. Der mächtige Phallus, auf dem in alttestamentarischen Zeiten Eide geschworen wurden, das Symbol für Macht und Potenz, wurde kritisierbar. Die Frau überwand ihren Penisneid durch die Entdeckung eines weiblichen Geschlechtsorgans und durch die Abwertung des überbewerteten männlichen. Letzteres mit Mitteln, die den versäumten Prozeß des Erwachsenwerdens nachholten und entsprechend pubertär wirkten:

«Alexandra erzählte kichernd, wie ‹komisch› sie das ‹Ding› im Grunde genommen fände und wie grotesk für sie immer der Anblick ‹dieser lächerlichen Anhängsel› am Nacktstrand sei.» «Bei diesem Bild», fügt Alice Schwarzer hinzu, «müssen wir beide sehr lachen.»

Die meisten Männer können sich das Ausmaß der Unsicherheit, unter dem die meisten Frauen in ihren ersten 20 Lebensjahren leiden, wahrscheinlich kaum vorstellen. Allein ein Lokal zu betreten, allein an einem Tisch zu sitzen, sich kritisch zu Wort zu melden, sich selber etwas zuzutrauen, ohne die Blicke, die Gedanken, die vermutlichen Wertungen der Umgebung ängstlich abzuwägen, ist für viele Frauen auch heute noch unmöglich. Für diejenigen von uns, die Anfang der siebziger Jahre 20 waren, war die Frauenbewegung wirklich nichts geringeres als eine Revolution. Die eigenen Gefühle, durch das Medium einer anderen Person zur Wahrheit des gedruckten Wortes erhoben, welch eine Befreiung, welch eine Bestätigung. Andere dachten dasselbe; andere wagten es, sich laut zu beschweren; andere änderten ihre Situation. Wie eine Waffe umzingelte der gelbe Filzstift die endlich ausgesprochene Realität. Manches war ein wenig kindisch, was wir uns in dieser Epoche leisteten, aber das war richtig so. Wir erlebten eine neue Adoleszenz, die Lebensphase, in der man sich den Mut, den Alten und ihrer Herrschaft zu trotzen, selber durch übertriebene Lässigkeit vorspielen muß. Wir fanden zurück zu unserer Kindheit, in der man uns die Zuversicht genommen hatte, die der Mensch braucht, um allein in die Welt zu gehen. Aus dieser Zeit stammen die Selbsterfahrungsgruppen, die Selbsthilfegruppen, die Frauengruppen. (Daß es unvermeidlich ist, daß die heutigen Männergruppen von der einst emanzipatorischen Grundintention abkommen und wieder zu der alten, patriarchalischen Männergemeinschaft werden, wird im übrigen klar, wenn man den gesamtgesellschaftlichen Hintergrund bedenkt. Die Frauenbewegung sollte den Frauen, den sozial schwächeren, ein Gefühl der Gemeinsamkeit und Stärke verleihen. Männer aber waren noch nie die sozial schwächeren. Das allerletzte, was diese Welt braucht, sind noch selbstbewußtere Männer!)

Der Mann im Bett

Das neue, zaghafte Selbstbewußtsein der Frauen drückte sich meist zuerst in der Sexualität aus. In der Sexualität hatte die Identitätsproblematik der Frauen ihre Wurzel; in der Sexualität brauchten die Frauen ihr Bewußtsein am dringendsten. In der Sexualität war die Frau allein mit ihren Unsicherheiten. Hier wurde ihr am ehesten vermittelt, daß irgendein Problem bloß auf *ihre* Unzulänglichkeit zurückzuführen war. Hier war sie wirklich alleingelassen mit einem überlegenen anderen, dem es gründlich ausgetrieben worden war, sich um sie und ihre Gefühle Gedanken zu machen. Hier kamen so viele Verunsicherungen zusammen, daß das Selbstgefühl vieler Frauen leicht zusammenbrechen konnte: Angst vor einer Schwangerschaft, Angst, nicht schön genug zu sein, Angst vor den Erwartungen und Forderungen eines sexuell erfahreneren Partners, manchmal auch eine instinkthafte Angst vor dem physisch stärkeren Körper eines Mannes, Unsicherheit wegen der «Umgangsregeln» in einem sozial ungeordneten Raum: wie sagt man nein, wie sagt man ja, wie bespricht man die Details. Die Ratgeber in den bisherigen Frauenzeitschriften behandelten das Thema nur verschlüsselt oder nur in Verbindung mit Disziplinierungen (meine Tochter hat einen Freund; kann sie ohne meine Einwilligung die Pille kriegen?) oder vom Standpunkt der männlichen Bedürfnisse aus (wie schone ich sein Selbstgefühl, wenn er mal nicht kann? Wie kann ich es verstehen, wenn er mal untreu ist? Wie ertrage ich es, daß er ständig Pornohefte liest? etc.).

Männer, deren Frauen oder Freundinnen in dieser Epoche die Frauenbewegung entdeckten, erinnern sich fast einstimmig an eines: an einen vorübergehenden Sex-Streik ihrer Partnerinnen. Wenn der Mann verständnislos reagierte oder ihn die Geduld verließ, konnte die Beziehung scheitern. In vielen Fällen aber kam es zur positiven Veränderung:

1. Der Mann, der diesen «Test» bestand, wurde vertrauens- und damit liebenswürdiger. Wenn er auf Zwang, Druck und Nörgelei verzichtete, verbesserte das radikal die Beziehung, zumindest in dem sexuellen Bereich.

2. Die damit erreichte männliche Passivität gab der Frau die Chance, sich überhaupt als sexuell aktiven Menschen zu begreifen. Nicht schon von vornherein mit seinen Bedürfnissen konfrontiert, konnte sie sich überlegen, ob sie nicht auch selber welche hatte, und wenn ja, welche.

3. Die Verweigerung dokumentierte eine Autonomie der Frau in der Beziehung. Die Vorstellung, sich einem festen Partner oder Ehemann verweigern zu können, war für viele Frauen eine revolutionäre Idee. Denn die Vorstellung, daß ein Mann das Recht auf die permanente sexuelle Bereitschaft «seiner» Frau hat, war nicht nur in den Gesetzen (bzw. in ihren Lücken), sondern auch im Denken der Frauen verankert gewesen. Ein akzeptiertes «Nein» war dem Selbstbewußtsein vieler Frauen sehr förderlich.

4. Die aus dem Streik erwachsende Beschäftigung mit weiblicher Sexualität war eine theoretische und praktische Bereicherung für viele, ein Anlaß, sich weiterzubilden, zu experimentieren und miteinander zu sprechen.

Die meisten Männer, die es schafften, für einige Monate als historische Ur-Vergewaltiger auf ihre Matratzenhälfte verbannt zu sein und im Bett statt Liebesgeflüster zitierte Passagen aus Brownmiller, Hite und Barbach zu ertragen, wurden meist bald wieder in Gnaden aufgenommen.

Für diejenigen, die diese Phase mitmachten, verbesserten sich die sexuellen Beziehungen. Nach den konservativen Frauenzeitschriften des Jahres 1984 zu schließen, wurden die meisten Menschen von dieser Veränderungswelle jedoch nicht berührt. In den Kolumnen geht es unverändert um die Pille für die siebzehnjährige Tochter, die Potenzstörungen des Mannes und den fetischistischen Hang des Mannes zu Stöckelschuhen – soll ich mir deshalb Sorgen machen oder nicht? Mein Mann sagt, Männer sind polygam, und seine Freundin sei keine Bedrohung für unsere Ehe – soll ich ihm glauben?

Einen grundlegenden Geschlechtsunterschied sehen wir darin, daß Frauen absolut kein *taktisches* Geschick besitzen. Das ist zum Teil eine Folge ihrer mangelnden militärischen Kollektiv-Erfahrung und zum Teil, so glauben wir, eine Frage der Veranlagung. Ein Hauptfehler der Frauenbewegung war, daß sie *taktisch falsch* vorging.

Wenn man einen Kampf gewinnen und deshalb ein strategisches Konzept aufstellen will, womit beschäftigt man sich zuerst? Man studiert den Gegner: seine Eigenschaften, seine Stärken, seine Schwächen, seine Ängste, seine Gewohnheiten. Wie ist er organisiert? Was motiviert ihn? Woran glaubt er? Wo kann man ihn packen? Man studiert seine Geschichte, man studiert sein Terrain, man informiert sich über seine Führungsqualitäten, man analysiert seine Struktur, man lernt seine Ökonomie kennen, immer auf der Suche nach Schwachstellen.

Wen analysierte und studierte die Frauenbewegung? Sich selbst. Wessen Fehler und Schwachstellen erörterte sie ausführlich und publizierte sie bändeweise? Ihre eigenen. Das ist nicht nur taktisch unbrauchbar, das ist selbstmörderisch. Welcher Feldwebel gibt ein Handbuch im Nationalverlag des gegnerischen Staates heraus, in dem er bekanntgibt, welche zentralen Positionen zu welchen Zeitpunkten unbesetzt sein werden, auf welche seiner Truppen überhaupt kein Verlaß ist und welche fatalen Brüchigkeiten die Kommandokette aufweist?

Die Literatur der Neuen Frauenbewegung gibt genaue Auskünfte darüber, wie die Psyche der Frauen konstruiert ist. Ihre Geschichte wird genauestens dargelegt. Ihre Ängste, Schwächen, Wünsche werden präzise beschrieben. Ihre Sexualität wird durchleuchtet. Ihre Bedürfnisse werden aufgezeigt. Ihre kulturellen Werte werden analysiert. Am Schluß weiß die Widerstandsbewegung alles über die eigenen Mängel und Hoffnungen, aber nichts über den Gegner.

Wissen ist Macht. Wenn wir dem Gegner ein genaues Wissen über uns selbst aufdrängen, vervollständigen wir seine Macht über uns. Und wenn er zu faul ist oder die Bücher ihm zu unbedeutend erscheinen, um sie selber zu lesen, dann zwingen wir ihm das Wissen auf, in spätabendlichen Gesprächen, Diskussionen und Monologen. Aus den Interviews mit liberalen Männern gingen die Folgen dieser weiblichen Bemühungen klar hervor. Die Auseinandersetzung mit der Frauenfrage, ob abstrakt oder am Beispiel der eigenen Frau, der eigenen Beziehung, wurde von sehr vielen Männern begriffen als Teil ihres persönlichen Bildungsprozesses, eine Art ausgedehntes Seminar mit teilnehmender Beobachtung. Rückblickend werteten sie sie als durchaus interessant, aufschlußreich und von persönlichem Nutzen für sich selbst. Das Schlüsselwort fiel bereits: rückblickend. Eine Episode, meist Teil ihrer Jugend- und Studentenzeit oder Teil einer Lebenskrise, bei manchen Männern auch Teil ihrer Auseinandersetzung mit dem Prozeß des Alterns. Die Beschäftigung mit feministischem Gedankengut gehörte innerhalb ihrer persönlichen Biographie in ein bestimmtes Stadium – und verging mit diesem Stadium. Sie hinderte die Männer genausowenig daran, sich später problemlos in die traditionelle Männerrolle zu finden und sich nach der interessanten, aber strapaziösen Partnerin wieder eine bequemere, traditionelle Frau zu suchen, wie der studentische Marx-Lesekreis den Unternehmerssohn daran hindert, sich später in den Familienbetrieb einzugliedern. Es gab eben eine Epoche, in der der Feminismus zum Bildungsprozeß gehörte wie die Lektüre linker Texte. Deshalb kam es zu keinem Klassenkampf, und auch der Sturz des Patriarchats blieb aus. Fragmente emanzipatorischen Gedankenguts blieben zurück, die – dermaßen aus ihrem Gesamtkontext gerissen – jedoch selten den Frauen nützen konnten. Im Gegenteil: sie nützten den Männern, die diese Fragmente durchaus nicht zufällig beibehielten. Es sind feministische Begriffe, mit denen ein ausbruchslustiger Gatte die Untreue ideologisch rechtfertigen kann («kein Besitzdenken», «die Frau muß autonom und psychisch selbständig sein und darf ihr Wohlergehen nicht vom Verhalten ihres Mannes abhängig machen» u. ä.), mit denen gewisse Schutzvorrichtungen für Frauen eliminiert werden können (Unterhalt z. B. oder das Sorgerecht für die Kinder im Trennungsfall), oder mit denen ein Mann seine traditionellen materiellen Verpflichtungen gegenüber der Familie und der Frau abschütteln konnte.

Die Aufarbeitung der «weiblichen Kultur», der «weiblichen Geschichte» und der weiblichen Sexualität fand statt unter der Parole, die von der dominanten männlichen Gesellschaft unterdrückten alternativen Inhalte müßten endlich freigesetzt werden. Wie es ausging, das läßt sich am Beispiel der Sexualitätsdiskussion illustrieren. Wir wollen nicht behaupten, daß sie den Frauen gar nichts brachte. Sie brachte vielleicht nicht viel an wirklich neuem Wissen, sie brachte aber doch das Selbstvertrauen, die eigenen Bedürfnisse anzuerkennen und zu äußern. Aber die Männergesellschaft verstand es, sich ihren Löwenanteil an dem Nutzen zu sichern. Die Frauenbewegung machte, mit der Absicht, Tabus zu brechen, die weibliche Sexualität zu einem gesellschaftsfähigen Thema. Die feministischen Problemthemen wie Vergewaltigung, Inzest und Gewalt in der Ehe ließen sich verwerten als neuer Stoff für die Boulevardpresse, wobei die Aufwertung zu einem «sozialen Problem» die Behandlung ehemals verbotener Themen erlaubte. Sexualität als Form der Selbstentfaltung, persönliche Freiheit auch innerhalb von Beziehungen und die Ablehnung von Besitzansprüchen waren Forderungen, die, von den Medienmachern mißbraucht, gegen individuelle Frauen gerichtet wurden.

Was hat sich durch die Thematisierung dieser Inhalte geändert? Hat es sich gelohnt, die Massenpresse mit Sensationsthemen zu speisen? Wer die Ratkolumnen der Illustrierten ansieht, wird nicht glauben können, daß sich in den letzten zehn Jahren irgend etwas geändert hat. Die Aufklärung hat hier keine Spuren hinterlassen. In den grundsätzlichen Fragen – Verhütung, männliche kontra weibliche Sinnlichkeit usf. – sind die Ratlosigkeiten der Durchschnittsfrau unverändert.

In der Sexualität wie in anderen Bereichen brachten die Beschreibungen der feministischen Literatur vor allem eine Selbstentblößung, der kein entsprechendes Wissen über die Gegenseite folgte, geschweige denn eine echte Aufklärung der Männer.

Der sprachlose Mann

Den «Dialog mit den Männern» nicht hinreichend gesucht zu haben, war wohl die ungerechteste Kritik, die an der Frauenbewegung geübt wurde. Männer, die mit Feministinnen lebten, beklagten eher das Gegenteil: daß sie unentwegt über sich und die Beziehung sprechen sollten. Was dabei besprochen wurde (und was nicht), skizziert dieses Kapitel.

Taktische Verweigerung

In einem Punkt unterscheiden die Geschlechter sich gewaltig: Die Frauen arbeiten ständig an sich herum. Die Männer nicht.

«Traditionelle» Frauen arbeiten an ihrem Aussehen herum, an ihren Kleidern, ihrer Schminke, ihrer Frisur, ihren Kochrezepten, ihrer Kindererziehung, ihrem Gewicht, ihrer Zellulitis, ihrer Ehe.

«Moderne» Frauen arbeiten an ihrem Aussehen herum, ihrem Schick, ihrer Sexualreaktion, ihrer Eifersucht (kein Besitzanspruch! Partner nicht einengen!), ihrer Abtreibung bzw. ihrem neuen Pillenrezept, ihrem Gewicht, ihrer Beziehung.

Feministische Frauen arbeiten an ihrem Bewußtsein herum, ihrer Sozialisation, ihrer Abhängigkeit von Männern, ihrer Sexualität, ihrem Zyklus, ihrem politischen Aufklärungsgrad, ihrer Beziehung zur Mutter, zu Freundinnen, zum Freund.

Die Themen der Frauenzeitschriften haben sich seit Jahrzehnten nicht geändert. Immer sollen Frauen durch wieder eine Diät schnell fünf Kilo abnehmen, sollen sie sich klarwerden über ihre Gefühle zum Partner, sollen sie ihre sexuellen Hemmungen abbauen, sollen sie zwischen den Verhütungsmitteln wählen und sich über die Nachteile und Nebenwirkungen im klaren sein. Es ist kaum zu glauben, daß sich Zeitschriften über Jahre halten können mit einer so schmalen inhaltlichen Palette. Jedes Jahr kommen sie wieder: Pille, ja oder nein. Die Spargeldiät. Mein Freund verlangt von mir XY, was soll ich machen. Körper und Seele, nichts bleibt unbearbeitet, nichts darf ruhen, alles muß entschlackt, gelackt, verlängert, gekürzt, geknetet, gecremt, vor allem aber: verändert werden. Es ist nie in Ordnung. Wenn im Leben etwas schiefgeht, wenn man nicht zufrieden ist, dann hilft nur: an sich selbst herumzuwerken.

Der Frauenbewegung wurde vorgeworfen, den Mann für alles

verantwortlich zu machen. Diese Behauptung erweist sich bei genauerer Betrachtung als völlig unhaltbar. Die Feministinnen, nicht anders als die anderen Frauen, glaubten mit zäher Besessenheit an die Selbstverbesserung: Wenn sie bloß bewußter, schöner, dünner, durchsetzungskräftiger wären, wenn sie ihren Partner mehr liebten, wenn sie ihn weniger liebten, wenn sie ein Kind bekämen, wenn sie kein Kind bekämen, dann wäre alles ganz anders. Dieser Charakterzug ist sympathisch. Er birgt in sich den Kern der Utopie. Er birgt in sich aber auch den Kern der Selbstvernichtung, zumindest aber der totalen Erschöpfung.

Dagegen die Männerzeitschriften. Da wird Information und Unterhaltung geboten. Wie funktionieren Autos, Frauen, politische Zusammenhänge? Aber nicht: Wie mache ich irgendeinen schönen Gegenstand für meine Frau? Wie verwandle ich mich vollkommen für die Silvesterfeier? Wie stimuliere ich die Lernfreude meiner Kinder? Wie gehe ich sicher, daß mein Sohn kein sexistisches Bewußtsein entwickelt? Wie führe ich konstruktivere Gespräche mit meiner Frau? Wie gehe ich mit den Zornausbrüchen meiner Partnerin um? Welches Medikament soll ich meiner Frau für ihren Gallenstein besorgen? Warum bin ich so abhängig von XY? Männer nehmen sich viel eher so, wie sie sind, sie stellen sich selten in Frage. Natürlich sind Männer unglücklich über ihre Glatze oder ihre Körpergröße. Aber es gibt nicht, wie bei Frauen, eine öffentlich anerkannte Selbstkritikkultur.

Den Frauen, auch der Frauenbewegung, wird oft eine Opferhaltung vorgeworfen. In gewisser Hinsicht ist das zutreffend, wenn auch nicht so simpel und eindeutig zu belegen, wie es meist dargestellt wird. In Beziehungen begeben sich Frauen in die Rolle eines potentiellen Opfers, in der Hoffnung, Intimität zu erzeugen. Sie geben sich bescheiden, in der Hoffnung, daß ihr Mann damit zur Großzügigkeit angeregt wird. Sie geben sich vertrauensvoll in der Erwartung, daß ihr Partner sich als vertrauenswürdig erweisen wird. Immer wieder erzählen Frauen, daß sie die größere Nähe gewollt, die «Integration» angestrebt, das Verständnis gesucht hätten, daß ihre Bemühungen aber auf Ablehnung stießen, sabotiert und mißverstanden worden wären.

In einer interessanten Zusammenfassung ihrer Beobachtung

aus vielen Therapiesitzungen und Gesprächen mit Frauen hat Natalie Shainess, eine feministische Analytikerin aus New York, einige der selbstsabotierenden Gewohnheiten der Frauen aufgezeichnet. ‹*Die Frau als Opfer*›, heißt der Untertitel ihres Buches.

Shainess glaubt, folgendes bei Frauen beobachtet zu haben:

1. Frauen entschuldigen sich viel zu schnell und zu oft und für Dinge, die sie gar nicht verschuldet haben. Damit wollen sie, glaubt Shainess, mögliche Aggressionen und Vorwürfe abwenden. Sie erreichen aber das Gegenteil, weil sie sich selbst in die Position des Schuldigen versetzen.

Als Beispiel nennt sie eine ihr bekannte Frau, deren diktatorisch veranlagter Mann sich furchtbar aufregt, wenn seine Hemden nicht jeden Montag zur Wäscherei gebracht werden. Manchmal vergißt die Frau das, oder sie kommt nicht dazu; dann entschuldigt sie sich immer ausgiebig, um seinen Zorn abzuwenden, und fordert damit nur noch zornigere Ausbrüche heraus. Sie hat die Prämisse, seine Dienerin zu sein, bereits durch die Entschuldigung akzeptiert, und sie wird dafür von dem Mann nicht als hilfsbereit, nett und konziliant geschätzt, sondern als mißhandelbar und unterwürfig.

2. Frauen neigen dazu, die Wahrnehmungen und Wünsche anderer höher zu bewerten als ihre eigenen. Ihr Beispiel: Anna lernt Roger kennen, der in einer anderen Stadt lebt. Eines Tages ruft er an, sagt, daß er geschäftlich in ihrer Stadt zu tun habe, und fragt, ob er bei ihr wohnen könne. Anna nimmt an, daß Roger an einer engeren Beziehung interessiert sei. Während er bei ihr wohnt, überläßt sie ihm ihr Auto, besorgt ihm ungefragt eine neue Flasche Rasierwasser, weil seine fast leer ist, und nimmt sich viel Zeit, um ihm die Stadt zu zeigen. Bei seiner Abreise erwähnt er, daß er in den bevorstehenden Ferien bergsteigen gehen wolle. Anna deutet an, daß sie gerne mitgehen würde. Da stellt sich heraus, daß Roger mit einer anderen Frau seinen Urlaub verbringen wird. Nach seiner Abreise erhält Anna ein Strafmandat, das er durch Falschparken ihres Autos verursachte. Sie schickt ihm dieses Strafmandat nicht nach, weil sie nicht kleinlich wirken will.

Dazu Shainess: «Anna signalisierte Roger, daß sie sich selber und ihre Zeit nicht sehr ernst nahm und daß er es daher auch nicht zu tun brauche, sondern nach Belieben ihre Beziehung bestimmen könne. Ihre Wohnung, ihr Auto und ihre Unterhaltung konnte er gut gebrauchen. Von Anfang an zeigte Anna deutlich, daß sie ihm gegenüber Gefühle verspürte und verletzlich war. Half ihr das? Nicht im geringsten. Roger zog daraus lediglich den Schluß, daß er auf sie gar keine Rücksicht zu nehmen brauchte. Sie nahm auf sich selber ja auch keine Rücksicht; warum sollte er es tun? Sogar, als ihr das klar wurde, brachte Anna es nicht fertig, ihm das Strafmandat nachzuschicken, weil sie nicht kleinlich wirken wollte – immer noch war sie besorgt um seine Reaktion und seine Gefühle.»

3. Frauen trauen sich nicht, viele Fragen zu stellen. Sie lassen sich in die Defensive treiben, weil sie es nicht fertigbringen, das Verhalten ihres Gegenübers in Frage zu stellen.

4. Frauen demonstrieren sprachlich ihre Unsicherheit. Typische Frauensätze beginnen, laut Shainess, mit unnötigen Einleitungen, die die Unsicherheit der Sprecherin zeigen. «Ich möchte dir etwas erzählen.» «Ich muß dir etwas Unangenehmes sagen.» «Wir sollten ein ernstes Gespräch führen.» Das zeigt, meint Shainess, daß die Sprecherin sich vor dem Thema fürchtet und das Gespräch verzögern will. Außerdem zeugt es von Unsicherheit, daß sie glaubt, die Gegenseite erst in die richtige Stimmung versetzen zu müssen.

5. Frauen geben viel zu schnell nach. Beispiel: Evelyn. Evelyn hat ihr eigenes kleines Unternehmen gegründet. Es ist so erfolgreich, daß sie expandieren will und andere daran beteiligt. Einer ihrer neuen Partner stilisiert sich rasch zum Chef und spricht sogar von «seiner» Firma. In einer Annonce, die er aufgibt, läßt er Evelyns Namen überhaupt weg. Evelyn spricht ihn darauf an. «Oh, ich ruf morgen an und ändere es für die nächsten Ausgaben», sagt er darauf. «Ruf mich morgen um zehn noch mal an und erinnere mich daran.»

«Ich bin nicht sicher, ob ich nicht morgen um zehn in einer Besprechung bin», antwortet Evelyn.

«Na ja, hoffentlich denk ich von selber dran», meint er «Moment, laß mich nachdenken, ich glaub, ich hab schon mit denen darüber gesprochen. Doch, doch, ich hab es schon besprochen.»

«O. K.», sagt Evelyn. «Dann ist alles in Ordnung.»

Was Evelyn hier macht, sagt Shainess, ist die reine Unterwerfung. Zuerst akzeptiert sie seine Anweisung, ihn anzurufen. Warum soll sie ihn daran erinnern, seinen eigenen Fehler zu korrigieren? Damit versetzt sie sich selber in die Rolle seiner Sekretärin und rechtfertigt sich auch noch dafür, daß sie ihn nicht pünktlich wie gewünscht anrufen kann. Wenn irgendwer sich rechtfertigt, dann sollte eigentlich er es sein. Aber es kommt noch schlimmer: Evelyn akzeptiert seine offensichtlich erfundene Behauptung, die Angelegenheit bereits geregelt zu haben und sich bloß nicht mehr daran erinnern zu können. Und das Schlußwort «Dann ist alles in Ordnung» ist der völlige Rückzug. Evelyn sagt ihrem Partner damit, daß sie ein nettes Mädchen ist und keine Schwierigkeiten verursachen will, daß sie keinen Kampf mit ihm wünscht. Und was hat sie davon? Kann sie nun erwarten, daß ihr Partner in Zukunft rücksichtsvoller sein und sie mehr anerkennen wird? Ganz im Gegenteil. Sie hat sich in eine noch schwächere Position begeben.

6. Frauen neigen dazu, zuviel preiszugeben, unaufgefordert Informationen weiterzugeben, die sie besser für sich behalten würden.

In Situationen, in denen es besser wäre, zu schweigen; in Situationen, in denen sie anfangs im Vorteil oder gar im Recht sind, fühlen sich viele Frauen bemüßigt, irgend etwas herauszuplappern, was ihnen schaden wird. Shainess sieht darin den Versuch, Unsicherheit zu überdecken und die Bedrohlichkeit des Schweigens mit Worten aufzufüllen. Beispiel: Eine Frau will etwas zurückbringen, das sie gekauft hat. Der Gegenstand hat einen Riß und war offenbar schon schadhaft, als sie ihn kaufte. Der Geschäftsleiter steht schweigend da und studiert den Gegenstand. Wird er ablehnen? Wird er vielleicht unhöflich sein? Um sein Schweigen zu unterbrechen, sagt die Frau das erste, was ihr dazu einfällt. «Ich hab das leider schon vor drei Wochen gekauft», sagt sie, «aber es ist mir erst jetzt aufgefallen, daß es nicht in Ordnung ist.» Damit liefert sie dem Geschäftsleiter den Vorwand, um genau das zu tun, was sie vermeiden wollte: ihre Forderung abzuweisen.

7. Frauen zeigen ihr geringes Selbstwertgefühl. Sie meiden

Konflikte, stellen ihre Wünsche zurück, sagen ihre Meinung nicht. Was ernten sie für ihre Diensteifrigkeit, ihre Konzilianz, ihr Entgegenkommen? Nur schlechte Behandlung. Warum? Weil sie mit ihrem Verhalten Schwäche und Selbstmißachtung signalisieren. Ihre Ausdrucksweise deutet bereits die Opferhaltung an. Wenn sie wütend sind, weinen sie. Damit sagen sie: Tu, was ich will, denk über meine Lage nach, nicht, weil ich recht habe, sondern weil ich sonst so traurig bin und weil es mir sonst so schlechtgeht. Damit wird dem anderen die Autorität zugeschoben: er soll das Gewünschte freiwillig tun, aus Mitleid.

8. Frauen haben eine ganz besondere Begabung, einen Vorteil zu verschenken. Es fällt ihnen schwer, ein Kompliment anzunehmen, ohne es mit einer selbstabwertenden Bemerkung aufzuheben. Auf Anerkennung reagieren sie mißtrauisch, weil sie nicht glauben können, daß sie diese wirklich verdienen bzw., daß ihr Gegenüber, falls sie es verdienen, das auch erkennen kann.

9. All die oben genannten Verhaltensweisen von Frauen erzeugen in ihnen Gefühle des Ressentiments und führen zu gelegentlichen Zornausbrüchen, meist zu unpassender Gelegenheit.

All diese Verhaltensweisen sind für Shainess Produkte der klassisch weiblichen Psychostruktur, gekennzeichnet durch mangelndes Selbstbewußtsein, Unsicherheit, Angst vor Konflikten. Weil sie diesen Gefühlen entkommen wollen, kritisieren und bemängeln sie sich selbst in der Hoffnung, daß ihnen widersprochen wird. Sie sind mißtrauisch, weil sie nicht einer unbegründeten Hoffnung erliegen wollen. Sie forcieren Entscheidungen, die gegen sie ausfallen müssen, weil sie einen Zustand der Unklarheit nicht ertragen können. Damit aber verschlimmern sie ihre Situation nur, bzw. sie schaffen sich Probleme, wo noch keine waren.

Die erste Reaktion auf Shainess' Thesen ist Ärger. Ihre Beispiele sind oft banal, ihre Behauptungen zu allgemein. Zurück bleibt aber das irritierende Gefühl, daß so manche ihrer Beobachtungen wirklich zuzutreffen scheint. Das ist ärgerlich, weil das, was die Frauen mit ihrem Verhalten erreichen wollen, so einsichtig und so positiv ist: Harmonie, Sicherheit, ein freundliches Klima, in dem keiner sich übervorteilt fühlt. Trotzdem scheint unbestreitbar, daß sie mit ihrem Verhalten nicht das erreichen, sondern genau das Gegenteil. Und Shainess' banale Beispiele sind vor allem deshalb so irritierend, weil einem leider viele ebenso banale Beispiele aus dem eigenen Umfeld einfallen. Die Frauen, mit denen wir über ihre Beziehungen sprachen, lieferten ganze Kataloge von Negativbeispielen.

Sie sagten ihren Männern genau, was sie fühlten und dachten und welche psychischen Schwachstellen sie hatten. Sie dachten, daß damit eine intimere Beziehung und eine größere Nähe zu erreichen wäre. Sie erreichten statt dessen, daß der Mann im Konfliktfall genau wußte, wo er angreifen konnte.

Sie stellten sich selber und ihre Interessen zurück und meinten, daß damit ein Klima der gegenseitigen Großzügigkeit eingeleitet würde. Sie erreichten, daß der Mann ihre Bedürfnisse vollkommen ignorierte. Sie gaben sich im Konfliktfall großzügig und hofften, damit mit gutem Beispiel voranzugehen. Sie erreichten, daß ihnen alles weggenommen wurde.

Um Konflikte zu meiden und um den Partner zu animieren, freiwillig auf sie einzugehen, zeigten sie ihm, wie schlecht sie sich fühlten und wie ernst die Situation war, indem sie ihm etwas vorlitten. Da er nicht besonders empfindsam und aufmerksam war, mußten sie ziemlich intensive Leidensbeweise vortragen, um überhaupt bemerkt zu werden: einen Selbstmordversuch, eine ernsthafte Krankheit, tiefe Depressionen. Das hieß, daß es ihnen für lange Zeit ziemlich schlechtging. Häufig fand dann der Mann, daß es nicht sehr amüsant sei, mit einer so leidenden Person zusammenzuleben, und entfernte sich. Oder die Frau erhielt in der Beziehung das Etikett der Kranken, Verrückten: der Nicht-ernst-zu-Nehmenden.

‹Die Stärke weiblicher Schwäche› (Jean Baker Miller)*, hieß ein Buch der Frauenbewegung. Darin wurde erklärt, daß Tränen, Depressionen und all die übrigen Register weiblichen Problemverhaltens taktische Züge seien, geeignet, den Mann unter Druck zu setzen. Es ist äußerst fraglich, ob diese Taktik weiterempfohlen werden kann. Die Taktiken der Schwäche mögen vereinzelt Wirkung haben, aber sie ändern das Verhältnis zwischen den Streitpartnern nicht: die Schwachen bleiben die Schwachen.

* S. Fischer, Frankfurt 1976

Noch wesentlicher: Bei diesen Taktiken der Schwäche ist es immer das *eigene* Terrain, das umkämpft wird. Ein «Sieg» in dem Sinne ist also nie möglich. Eine belagerte Stadt kann damit drohen, sich selber in Brand zu setzen. In die Enge getriebene Verfolgte können drohen, sich mit einer Handgranate in die Luft zu sprengen. Ein Schiff mit jüdischen Flüchtlingen, das Palästina nicht erreichen soll, kann drohen, daß alle fünfzehn Minuten ein Flüchtling Selbstmord begehen wird, wenn man sie nicht an Land gehen läßt (so geschehen und Gegenstand des Films ‹*Exodus*›). Man beachte das Vokabular: in die Enge getriebene, Verfolgte, Belagerte. Solche Gruppen können den moralischen Druck ausüben, indem sie sich selber Schaden zufügen. Dem Gegner können sie keinen Schaden zufügen, sie können ihn höchstens vorübergehend in eine etwas peinliche Situation bringen. Sich selber können sie aus einer momentanen Klemme befreien, aber langfristig schaden sie sich selber, denn sie verewigen ihre Schwäche.

Will man das jeweilige Glück von Männern und Frauen in Beziehungen bilanzieren, dann muß man sich zuerst über Kriterien einigen. Das aber ist sehr schwierig. Hat sich das Zusammenleben von Mann und Frau formal gebessert, auf der Ebene der Gesetze, der *objektiven* Möglichkeiten? Diese Frage ist mit einem eindeutigen «Ja» zu beantworten. Die Frage ist nur, ob das die richtige Ebene für eine Gesamtbeurteilung ist.

- Wenn man die *subjektive* Situation von Frauen beurteilen will, muß man sich fragen, inwieweit sie von ihrer Geschlechtszugehörigkeit und inwieweit sie von anderen Faktoren abhängig ist.
- Wenn man die Gesamtergebnisse auszählen will, muß man unterscheiden zwischen der erreichten Gleich(er)berechtigung und den erzielten Selbstverwirklichungsmöglichkeiten.
- Man muß sich fragen, inwieweit sich die Qualität des menschlichen Miteinanders verändert hat.

Wenn viele Frauen in ihren Beziehungen sehr unglücklich sind, z. B., dann kann das eine ganze Reihe von Gründen haben.

1. Die Beziehung kann ihnen wichtiger sein als ihrem Partner, so daß er sich nicht in gleichem Maße für ihren Erfolg engagiert.

2. Die Beziehung kann geprägt sein von Strukturen, die der

Frau automatisch immer oder meist die schwächere Position zuschanzen.

3. Die Frauen können eine Einstellung haben, die es ihnen fast unmöglich macht, in irgendeiner Beziehung zufrieden zu sein. Dann nämlich, wenn sie sich ungleich stärker als Männer konzentrieren und spezialisieren auf den Bereich der Gefühle und der persönlichen Beziehungen. Subjektivitätsexperten, gezwungen, mit ewigen Amateuren zusammenzusein? Man stelle sich vor: Karajan bekommt kein Engagement mehr; ihm bleibt keine andere Wahl, als als Musiklehrer an ein Gymnasium zu gehen. Die Schüler und ihre Eltern sind mit der Darbietung anläßlich der Schulabschlußfeier hochzufrieden. Karajan aber stürzt sich vor Verzweiflung vom Donauturm. Vielleicht also sind Frauen frustrierte Profis im Bereich der Subjektivität, immer mit der Interpretation und Verbesserung ihrer Beziehung beschäftigt. Ein netter Partner macht (halbherzig) mit; ein weniger netter nutzt es zum eigenen Vorteil.

Auffallend ist, daß Männer sehr viel später auf Beziehungskrisen reagieren als Frauen. Sehr, sehr selten begegnet man einem Mann, der unglücklich ist, weil er glaubt, daß seine Frau ihn «nicht wirklich liebt». Männer sind meist unglücklich aus ganz handfesten Gründen: ihre Frau hat sie verlassen. Ihre Frau hat vor, sie zu verlassen. Ihre Frau will kein Kind. Ihre Frau hat einen Liebhaber. Frauen dagegen sind unglücklich über Nuancen. Sie haben nicht das Gefühl, daß zwischen ihnen und ihrem Mann eine echte und tiefe Kommunikation stattfindet. Sie haben das Gefühl, daß die Gefühle ihres Mannes sich irgendwie geändert haben. Usw. Wer empfindsamer ist, ist auch verletzlicher, das versteht sich von selbst.

Aber welche Schlußfolgerung ist daraus zu ziehen? Daß es besser sei, wie ein Mann zu sein und die Empfindsamkeiten zu reduzieren? Auf diese Frage kann es keine eindeutige und endgültige Antwort geben, und in diesem einen Punkt müssen wir, wenn auch widerstrebend, Natalie Shainess rechtgeben: Frauen müssen lernen, mit Ambivalenzen und Unklarheiten, mit halbherzigen Zuständen zu leben.

Wer sozialistische Werte hat, setzt sie nicht um, indem er so tut, als sei der wahre Sozialismus bereits gekommen. Wer christliche

Werte im eigenen Leben voll umsetzen will, tut gut daran, in ein Kloster oder einen Orden einzutreten, sonst muß er sich an die Härten der Weltlichkeit gewöhnen. Den sensiblen Gefühlsperfektionistinnen ist zu sagen: Es ist noch nicht soweit. Und: Bewahrt euch einen Sinn für Relationen.

Im Dezember 1984 versuchten wir, österreichische Spenden für Äthiopien aufzutreiben. Auf unseren Schreibtischen lagen Dokumentationen und Berichte über die steigende Zahl der Verhungernden und Fotos von grotesk abgemagerten Babies. Zufällig brachte ein Freund uns während dieser Zeit eine amerikanische Ausgabe der Zeitschrift *Cosmopolitan* mit. Es war die Weihnachtsnummer, und auf der Titelseite war unter anderem angekündigt: «Die Katastrophendiät». Was war denn hier die Katastrophe? Gemeint war, daß man dringend in zwei Wochen drei Kilo abnehmen muß, damit man in sein Partykleid hineinpaßt!

Zu einem bestimmten Prozentsatz sind die Probleme westlicher Frauen nicht Frauenprobleme, sondern Probleme der westlichen Zivilisation; Probleme, die aus dem Sinnverlust der Überflußgesellschaft stammen. Diese Probleme werden dann, weil sie auf ihrer eigentlichen Ebene – der Kultur, der zivilisatorischen Entwicklung, des Sinnverlusts – nicht zu lösen sind, auf andere Ebenen verlagert. Statt an der Gesellschaft und ihren Werten zu arbeiten – denn wie sollen sie das tun? –, arbeiten sie an sich selber oder an ihrer Beziehung. Statt zu versuchen, Dinge zu verändern, von denen sie glauben, daß sie außerhalb ihrer Macht stehen, ändern sie das, was in ihrem Handlungsbereich liegt. Es wäre vielleicht zu extrem zu sagen, daß die Scheidung eine sublimierte Form der gesellschaftlichen Veränderung ist, aber einiges spricht für diese Deutung. Daraus erklärt sich die für Freunde und Bekannte oft verblüffende Tatsache, daß Paare sich trennen ohne wirklich ersichtlichen Anlaß und ohne danach eine Verbesserung ihrer subjektiven Situation zu erreichen. Aus dem Personenwechsel versprechen sie sich eine Veränderung eines Lebens, das sie nicht erfüllt. Da die Person an dem Gefühl der Sinnlosigkeit des Lebens aber nicht eigentlich schuld ist, kann die Trennung und eventuell ein neuer Partner diese gewünschte Veränderung auch nicht herbeiführen. Manchmal gewinnt man ein paar verbesserte Jahre, bis man das erkannt hat. Manche können sich mittels dieser

Strategie auch über sehr viele Jahre bringen, indem sie an immer neue Beziehungen die immer gleichen unrealistischen Erwartungen knüpfen. Diese Strategie hat langfristig den Preis, daß man die zwar bescheidenen, aber doch möglichen positiven Aspekte, die man aus der Beziehung gewinnen könnte, zugunsten der Aufrechterhaltung unmöglicher Erwartungen verliert.

Experten in dieser Art des Tauschgeschäfts sind die Männer. Den Verlust amortisieren sie, indem sie den Teil ihres Hirns, der an ihm leiden würde, konsequent ausschalten. Die Fähigkeit, das zu können, ist vielleicht die einzige wirkliche Überlegenheit, die sie den Frauen gegenüber auszeichnet, eine bemerkenswerte, wenn auch seltsame Fähigkeit, vergleichbar mit der Gabe, mit den Ohren wackeln zu können. Verständnislosigkeit als absichtlich gepflegte Begabung.

Die Therapeutin Lillian Rubin machte dazu folgende Beobachtung: Wenn man eine Frau fragt, was sie gerade fühlt, kann sie diese Frage fast immer beantworten. Ein Mann hingegen reagiert auf diese Frage sehr oft mit Verständnislosigkeit. In ihren Therapiegesprächen erlebt sie immer wieder, daß ein Mann mit teilnahmsloser Stimme ganz kühl von Erlebnissen erzählt, die «traumatisch gewesen sein *müssen*».* Der Wortwechsel, der zwischen ihr und dem Patienten dann folgt, ist so oft der gleiche gewesen, daß Rubin ihn als symptomatisch ansehen muß:

–: «Ja, und wie war das für Sie? Wie fühlten Sie sich da?»

Mann: «Na, das hab ich Ihnen ja gerade erzählt.»

–: «Nein, Sie haben mir nur erzählt, was geschehen ist. Sie haben mir aber nicht gesagt, wie Sie sich dabei fühlten.»

Mann: «Jetzt reden Sie wie meine Frau.»

* Lillian Rubin, ‹*Intimate Strangers*›, New York 1983, S. 70

«Meine Frau versteht mich nicht»

«Meine Frau versteht mich nicht», heißt es in Witzblättern immer. Da sitzt er an der Theke und vertraut dem Barkeeper oder der auf dem Nachbarhocker sitzenden Dame seine häuslichen Kommunikationsstörungen an. Der Ursprung dieses Witzes ist unerklärlich. Wir fahndeten über ein Jahr nach diesem gesprächigen Exemplar von Mann, dessen wortkarge Frau sich ihm unterhaltungsmäßig verweigert. «Permanent versuche ich, meiner Frau meine Gefühle, Wünsche, Sehnsüchte mitzuteilen, aber sie hört nicht zu. Sie versteht mich nicht.» Diesen Mann suchten wir vergeblich. Statt dessen fanden wir Männer, die sich beschwerten, daß ihre Frauen «alles zerreden» wollten, «nichts in Ruhe lassen könnten». Und wir trafen Frauen, die ihre sprechmüden Männer anklagten. Diese Frauen fanden wir in Gruppen jeder Ideologie, jeden Alters, jeder Nationalität, Feministinnen, Hausfrauen, Karrierefrauen. Klagend, sachlich feststellend, resigniert, enttäuscht, frustriert und mit den unterschiedlichsten Schlußfolgerungen erzählten uns diese Frauen, daß irgendeine, mehr oder weniger gravierende, schwer zu definierende Kommunikationsbarriere bestünde, die sie trotz verschiedenster Anstrengungen nicht überwinden könnten. Das war bei guten Beziehungen so und bei schlechten, bei kurzen und bei jahrelangen, bei Ehen und bei Lebensgemeinschaften, ob friedlich, ob krisenreich, bei wortgewandten Akademikern und wortkargen Eigenbrötlern.

Ein peinlich klischeehaftes Bild ergab sich aus den Erzählungen dieser Frauen: Die Frau, die einen trotzig schweigsamen Mann verfolgt mit Fragen wie: Was denkst du? Was denkst du wirklich? Woran denkst du jetzt gerade? Was fühlst du, wie fühlst du dich? Und der Mann, auf der Flucht vor dieser lästig recherchierenden, beharrlichen Stimme, die mit nichts weniger zufrieden sein wird als mit der vollkommenen und totalen Durchleuchtung und Inbesitznahme seiner Subjektivität. Aber warum ist er auf der Flucht? Inbesitznahme? Es ist doch Intimität, das süchtig machende, einzigartige Gefühl, verstanden zu werden, sich wirklich so zu geben wie man ist, wirklich sagen zu können, was man denkt, sich gekannt und akzeptiert zu fühlen bis hinein in den letzten ablehnungswürdigen Gedanken, die letzte individuelle Regung, alle Verstellungen aufzugeben, man selber sein zu können. Subjektivität verteidigen? Wovor? Wozu ist sie da, wenn nicht, um in Verbindung zu treten zu einer anderen Subjektivität, einem anderen Menschen? So sehen es die Frauen. Warum klammern sich die Männer so an das seelische Einsiedlertum? Die Frauen (und Sozialforscher, die sich in letzter Zeit auch schon diesem eklatanten Geschlechterunterschied zugewandt haben) haben dafür verschiedene Erklärungen gefunden:

Theorie 1. Der Mann hat es infolge seiner frühkindlichen Sozialisation verlernt, Gefühle auszudrücken.

Theorie 2. Die Geschlechtsidentität des Mannes läßt nicht zu, daß er sich zu seinen Gefühlen bekennt. Er hat zwar das innere Bedürfnis, muß es aber abwehren.

Theorie 3. Der Mann baut die Kommunikationsbeziehungen in sein allgemeines Machtinstrumentarium ein. Wissen ist Macht. Wer nichts über ihn weiß, hat auch keine Macht über ihn. Wenn hingegen die Frau alles ausplappert, dann weiß er alles über sie. Dann hat er Macht, einseitig. Macht ist schöner als Intimität.

Theorie 4. Der Mann teilt seine Subjektivität nicht mit, weil er keine Subjektivität hat. Er hat keine Gefühle. Die Frage «Was denkst du jetzt» kann er nicht beantworten, weil es tatsächlich Momente gibt, in denen er überhaupt nichts denkt. Er verweigert sich gar nicht; es ist einfach nichts da.

Die ersten beiden Theorien werden von Sozialwissenschaftlern vertreten. Die dritte ist von bestechender Plausibilität. Nur zu genau beschreibt sie die wirkliche Situation in zahllosen Beziehungen. Der Mann weiß über seine Partnerin alles: er weiß, daß sie manchmal Angst hat vor einer Trennung, daß sie sich als Kind vor ihrem Vater fürchtete und seither auf männliche Autoritätsgesten nervös reagiert, daß sie sich manchmal alt vorkommt, daß sie mit ihrer Figur unzufrieden ist, daß sie sich sexuell unzulänglich fühlt, daß sie wegen ihrer Abtreibung manchmal große Schuldgefühle hat – kurz, der Mann weiß über die Frau die privatesten Dinge, mit denen man einen Menschen am leichtesten verletzen kann. Das ist Macht. Er muß gar nicht danach fragen, alles wird ihm aufgedrängt. Damit ist er zweifach im Beziehungsvorteil: erstens weiß er alles über eine Person, die über ihn nur wenig weiß. Zweitens ist er begehrter: eine Person ist ständig hinter ihm her, will Gefühle, Empfindungen und Gedanken. Er will gar nichts, sondern gibt sich gnädig dafür her, sich die Gefühle aufdrängen zu lassen.

Die vierte Theorie stammt von verdrossenen Partnerinnen verschlossener Männer, die in einem Zustand äußerster Erschöpfung schließlich zu der Schlußfolgerung kommen, daß dort nichts ist, wo sie bis zur Ermüdung werkten.

In einem besonders aufschlußreichen Artikel befaßt sich Barbara Ehrenreich mit dem zwischengeschlechtlichen Sprachverhalten. In ihrem Überblick über die Ergebnisse von Sprachforschern zeichnet sie folgendes Bild:

«Frauen verlieren sich in einen Einzelkampf um Konversation. Sorgfältig nähren sie jeden schwachen Keimling eines Gesprächs, locken den Mann mit kleinen verbalen Ermutigungen wie ‹gelt?› und ‹glaubst du nicht?› in die Unterhaltung hinein. Indes sabotiert der Mann diese Bemühungen, erstickt das Gespräch mit deutlichen Klängen des Desinteresses (mhmm), mit unzusammenhängenden Anmerkungen und langen Pausen. Dabei ist das Thema gleichgültig, es kann trivial sein oder intim, kann Weltnachrichten betreffen oder gemeinsame Pläne. Die Männer in diesen Untersuchungen beschrieben sich übrigens durchweg als liberal und frei von herkömmlichen Geschlechtsrollenstereotypen.»*

Es stimmt also gar nicht, daß Männer bloß über ihre Gefühle nicht sprechen wollen; sie sind überhaupt schwierige Gesprächspartner für ihre Frauen. Wortkarg? Gar nicht. Analysen der Unterhaltungsgewohnheiten von Männern und Frauen zeigten, daß ein Thema, wenn es vom Mann eingebracht wird, in 96 Prozent aller Fälle zu einer Diskussion führt. Hingegen werden nur 36 Prozent der von der Frau eingebrachten Themen weiterbesprochen. Also

* Barbara Ehrenreich, ‹*The Politics of Talking in Couples*›, in: Alison Jaggar / Paula Rothenberg, ‹*Feminist Frameworks*›, New York 1984, S. 75

doch: Macht. Wenn er das Thema bestimmen kann, ist er bereit zu sprechen. Ehrenreich leitet daraus eine eher humoristische Passage ab, in der sie eine Analogie zur Sexualität versucht. Man liest öfter, schreibt sie, daß die sexuellen Forderungen der Frauen für Männer erschreckend sind; sie wollen die Aktiven sein, und weibliche Aktivität wird als Aggressivität erlebt. Der Mann reagiert darauf mit Rückzug und Impotenz. Das Bild der männerverschlingenden weiblichen Sexualität, versinnbildlicht im Symbol der *vagina dentata*, meint Ehrenreich, ist eine völlige Verdrehung. Männer fürchten sich vor der geistigen, nicht der sexuellen Beziehung zu Frauen; die vagina dentata, freudianisches Hirngespinst, ist «ein Symbol des weiblichen Mundes, der im männlichen Angsttrauma immer ansetzt zu einem Satz wie: ‹Findest du es nicht auch interessant, daß ...›» Sexualtherapie, sexuelle Theorien, alles falsch, schreibt Ehrenreich. Männer brauchen Sprachtherapie. Ihre Impotenz liegt im Bereich der Partnerkonversation. Conversus interruptus: die Unterhaltung ist schon vorüber, bevor jemand anderer zum Sprechen gekommen ist.

Die Frauen, mit denen wir sprachen, hätten diese satirische Passage gar nicht überzeichnet gefunden. Auch unsere Beobachtungen gehen seit Jahren in diese Richtung. Sensibilisiert durch Untersuchungen des Sprechverhaltens von Männern und Frauen, achteten wir bei zahlreichen Protokollen auf diese Aspekte. Frauen, heißt es in diesen Untersuchungen, signalisieren durch ihre Sprechgewohnheiten Unterordnung. Männer melden sich zuversichtlich zu Wort, geben Statements ab, halten Vorträge. Frauen stellen Fragen, verwenden Verstärkungsworte (wahnsinnig, unglaublich, extrem) und beenden ihre Aussage mit Satzanhängseln wie «oder?» Nach landläufiger Meinung der Soziologen und Linguisten zeigt das die Unsicherheit der Frauen. Sie rechnen schon damit, daß ihre Aussage nicht ernstgenommen wird, und wollen den Angriff durch eingebaute Klauseln und Floskeln abwenden. Wir glauben nicht, daß diese Interpretation stimmt, bzw. daß sie hinreichend ist. Frauen sprechen mit Männern häufig wie mit Kindern oder mit Ausländern oder mit sonstigen Menschen, die der Sprache nicht ganz mächtig sind, oder die besonders ermuntert werden müssen zuzuhören, aufzupassen und zu antworten. Haben Sie zum Beispiel schon bemerkt, wie hoch, beinahe schrill, die klassische amerikanische Frauenstimme in alten Filmen klingt? Das kann kein Geschlechtsmerkmal sein, auch keine nationale Eigenschaft der Amerikanerinnen, denn die weniger traditionell-mädchenhaften Amerikanerinnen haben normale Stimmen. Warum eine hohe Stimme? Vielleicht, weil eine hohe Stimme weiblicher ist, eine tiefe Stimme maskuliner? Möglich; zugleich setzt sich eine hohe Stimme eher gegen Störungen durch. Wenn z. B. im Krieg ein Sender trotz Störungen verstanden werden wollte, verwendete man hohe Frauenstimmen. Vielleicht ist das Sprechverhalten von Frauen kein Ergebnis ihrer inneren Unsicherheit, sondern ein Versuch, trotz der ständigen Störversuche durchzudringen?

Die Ritter von der Tintenburg

Das Ziel der Frauenbewegung war nichts weniger als die Etablierung einer neuen Gesellschaft.
Von den Kulturträgern erwartet man, daß sie emanzipatorischen Werten und dem Voranschreiten der Zivilisation gegenüber aufgeschlossen sind.
Die Repräsentanten der Kultur finden sich auch an der Universität. Demnach müßte die Universität den Idealen der Gleichheit eine geistige Heimat bieten.
Fröstelnd durchschritten wir diese Hallen, ohne die Morgenröte der neuen Aufklärung zu erleben.

Als Institution ist die Universität symptomatisch für eine hierarchische Männergesellschaft, sozusagen ein Mikrokosmos des Patriarchats. Durch die linke und die feministische Sozialwissenschaft wurde sie angegriffen und war somit genötigt, sich zu rechtfertigen. Ihre Reaktionen auf diese Herausforderungen können daher ebenfalls als stellvertretend für die Reaktionen des Patriarchats auf Infragestellungen gelten. Darüber hinaus ist die Universität interessant, weil sie den Anspruch stellt, eine Heimat der aufgeklärten und denkenden Menschen zu sein. Damit ist «der Akademiker», vor allem der Sozialwissenschaftler, ein geeignetes Exempel für unsere Untersuchung der männlichen Denkprozesse.

Begeben wir uns also in ein Institut einer großen mitteleuropäischen Universität, in ein Institut, das sich durch die Publikation zahlreicher Studien zu aktuellen Fragen auszeichnet.

Es ist zehn Uhr vormittags. Sebastian Tulpenhuber springt aus seinem Opel Rekord, wirft sich die Lederschultertasche um und federt mit elastischem Schritt die Straße entlang. Seine dünnen Haare sind kunstvoll zu einer Locke geschlungen, und sein Blick streift die Straße nicht, sondern richtet sich blitzblau auf die Türen des angestrebten Gebäudes. Kaum ist das Tor erreicht, kommt ihm schon die erste Hürde entgegen: Es ist Silvio Harding, der Assistent. Mit einem eiligen Zuruf der Hast katapultiert sich Tulpenhuber an ihm vorbei in den ersten Stock, wo er Dokumente aus der Tasche reißt und sie der Sekretärin zuwirft. Hastig entfernt er sich sogleich vom Sekretariat, denn das Fotokopiergerät wirft, wie er glaubt, radioaktive Strahlen aus, die ihn verseuchen könnten. Noch ist er nicht in Sicherheit hinter den Türen seines Büros, da tritt ihm Professor Schmitz entgegen. Nun ist der Eile des Professors ein Ende gesetzt. Abgehackte Sätze über die letzte Sitzung, unterbrochen von rhythmischen Verbeugungen wie bei einer japanischen Teezeremonie, setzen sich einige Minuten fort.

Während die Begrüßungsrituale ihren Fortgang nehmen, sitzt im anderen Institutstrakt der Universitätsklinik Professor Meier schon an der Schreibmaschine. Mit vielen Fehlern und engzeilig, aber in rasantem Tempo, hämmert er gewaltvoll schon an der siebenten Seite seiner Arbeit. Schreibt er an einem Artikel? Arbeitet er an einer Untersuchung? Nein, er erstellt ein Gutachten über eine zehnseitige Prüfungsarbeit. Im Gutachten finden sich Sätze wie: «Ich nehme an, daß es sich bei dieser Arbeit um einen Scherz handelt» und «Ich kann kaum glauben, daß Sie diese Arbeit in Erwartung eines erfolgreichen Abschlusses eingereicht haben.» Der Student wird, wenn er dieses Gutachten liest, erbleichen. Wenn er dem Professor das nächste Mal begegnet, wird er fast in den Boden versinken. Er wird erstaunt sein, wenn Professor Meier ihm mit einem jovialen Zuruf und voll der Liebenswürdigkeit versichert, daß er selbstverständlich, natürlich durchgekommen ist, mit der Note 2, da es «einige Kritikpunkte gegeben hat, aber schließlich schreiben Sie ja keine Dissertation, sondern sind erst im Vorklinikum, um Gottes willen».

Die Existenz der Institutsmitarbeiter ist tagsüber akustisch untermauert vom Staccato-Geräusch seiner, des Professors, Handschreibmaschine. Es handelt sich um ein antikes Modell der Firma «Zeppelin». Den Untergang dieser Firma bedauert Professor Meier in regelmäßigen Abständen, denn die Modelle dieser Firma waren «unverwüstlich». Dieser Qualität war es zuzuschreiben, daß er noch Jahrzehnte nach Erstehen des Geräts auf diesem seine umfangreichen Werke und Kommentare verfaßte. Wenn man das Geräusch hörte, wußte man, jetzt wird wieder das hoffnungsvolle Werk eines Studenten abgeschossen. Jetzt wird eine Dissertation mit 40 Seiten Zynismus hingerichtet. Dabei schrieb Professor Meier, um sich gegen die Ansprüche jeder nur denkbaren Bürokratie abzusichern, nie mit weniger als fünf Durchschlägen, meist auf einem butterbrotfarbenen Papier, das offenbar auch aus der Gründerzeit des Zeppelins stammt. Desgleichen das Farbband. Lesen konnte man eigentlich nur die Durchschläge, das

Original war total zerlöchert und war nur zu ertasten. Der «militärische» Eindruck von Professor Meiers Schreibprodukten wurde nicht nur durch die Geräusche, sondern auch durch die Optik des Resultats verstärkt.

Hierzu hat Florence Kind, die lange für eine Tageszeitung arbeitete und dort Leserbriefe zu beantworten hatte, folgendes beobachtet: «Verfasser vieler Briefe sind meist kranke, zornige, frustrierte Menschen; sie sind meist zwanghafte Maschineschreiber, und ihre Briefe haben eines gemeinsam: da die Autoren niemals das Farbband wechseln, hackt sich der Buchstabe ‹o› allmählich ein Loch durch das Band und hinterläßt auf dem Papier Durchlöcherungen wie aus einem Schrotgewehr.»

Professor Grisetzky ist auch schon in seinem Büro, jedoch nicht hinter dem Schreibtisch, sondern im Kleiderschrank. Er erwartet einen Journalisten, der ihm einige Fragen stellen will über harmlose Details des Studiums, wie viele Studenten sich eingeschrieben haben und ähnliches. Professor Grisetzky jedoch fürchtet sich und hat sich wie schon öfter in das Möbelstück zurückgezogen. In fünf Minuten wird der Journalist von der Sekretärin hören, er möge «ruhig klopfen und eintreten, der Professor erwartet Sie sowieso». Der Journalist wird klopfen, eintreten und einen scheinbar leeren Raum betreten. Die Sekretärin wird verwirrt (wo kann er bloß sein?), folgen, ein Geräusch im Schrank hören und ihn öffnen. Professor Grisetzky wird errötend und leicht zusammengekrümmt aus dem Schrank treten.

Die Assistenten werden sich später über diese Anekdote amüsieren; im Moment jedoch sind sie beschäftigt. Sie konspirieren mit delinquenten Studenten, die ihnen aus diversen Gründen leid tun; sie telefonieren heimlich mit Freunden im Ausland; sie tragen Briefmarken, Couverts und Hefte aus dem Institutsbestand nach Hause.

Die Studenten rebellieren gegen die Institution Universität. Ihre Rebellion, die in jedem Jahrzehnt neue Anknüpfungspunkte und neue Methoden findet, ist geleitet von der intuitiv richtigen Gleichsetzung ihrer Professoren mit den Vätern. Somit ist die Studentenrevolte eine Revolte gegen das Patriarchat, die aber umgelenkt wird in politisch weniger tiefgreifende, zeitlich begrenztere Bahnen. (Da auch die Studentenbewegung eine in ihrem Wesen patriarchalische Struktur hat, führt die Rebellion der Studenten zu keiner wesentlichen Veränderung.)

Die Institution selbst ist eine Schöpfung des Mittelalters. Politisch ist sie flexibel, jedoch mit einer Grundeigenschaft: Sie vertritt stets die Seite der Macht. So konnte sie sich auch dem Faschismus und Nationalsozialismus anpassen. In ihrem Wesen ist sie hierarchisch, natürlich. Rang ist wichtig, und er läßt sich an männlichen Kriterien messen. Bestimmte Gruppen werden gezieltermaßen «in Haft» genommen; sie verlassen die Universität nie. Der Statuskampf zieht sich durch alle Ränge und erfaßt auch die Frauen, die – wie ja auch im Patriarchat – bestimmten Männern zugeordnet sind, von ihnen ihren Status beziehen und sich daher mit ihrem Fortkommen identifizieren.

Die Universität besteht, wie auch das Patriarchat, aus Einzelpersonen, die sich ideologisch und persönlich eigentlich ganz anders einschätzen als die alte Institution, in der sie sich befinden. Trotzdem bilden sie, in der Masse, diese Institution, verhalten sich gemäß ihren Regeln und sind ihr lebendes Gerüst. Dieser geheimnisvolle Prozeß, der eine große Anzahl von an sich recht netten und aufgeschlossenen männlichen Menschen zu einem erdrückenden, Frauen ausschließenden und politisch rückschrittlichen Kollektiv werden läßt, findet also an der Universität ebenso wie überall in unserer patriarchalischen Gesellschaft statt.*

Auch Männer leiden an den Strukturen des Patriarchats, heißt es immer. Sie haben eine geringere Lebenserwartung. Sie leiden unter Stress. Sie müssen für alles verantwortlich sein.

Die Männer, die in der Universität ihr Leben verbringen, leiden ebenfalls an dieser Institution.

Die Universität ist eine Institution, die psychische Belastungen erzeugt durch die Zwiespältigkeit ihrer Strukturen. Diese Belastungen sind funktional in dem Sinne, daß sie nicht zu einer massiven Protesthaltung der organisierten Mitglieder führen, sondern eher zu individuellen Psychopathologien, körperlichen Beschwerden und intellektueller Resignation. Die Universität ist ein

* Zur Illustration empfiehlt sich die Lektüre von Marlies Gummert, ‹*Rede einer selbstbewußten Professorenfrau*›, in Luise Pusch (Hg.), ‹*Feminismus – Inspektion der Herrenkultur*›, Suhrkamp, Frankfurt 1983.

Brutkasten für psychosomatische Symptome. Sie ist dysfunktional in dem Sinne, daß sie eine umfassende Vergeudung der intellektuellen und moralischen Ressourcen des Landes zu verantworten hat, aber das ist der politischen Stabilität dienlich. Sie wertet das eher als Vorteil. Ebenso wie das Patriarchat funktioniert sie durch eine Motorik von Autorität und Unterwerfung: der einzelne Mann muß sich der Macht unterordnen, hat dafür aber auch an ihr teil. Wie andere Männerinstitutionen, etwa das Militär, verlangt auch die Universität den blinden Gehorsam, der sich äußert in der Befolgung sinnloser Regelungen. Menschen von Intelligenz und Phantasie finden sich als Vorstände mittelalterlicher Verbände wieder und werden sukzessive hineingezogen in die Maschinerie einer halb-kabarettistisch wirkenden akademischen Aristokratie. Die Rituale gleichen denen feudalistischer Höfe. Erwachsene Männer nennen einander immer noch «Magnifizenz» und «Spectabilis», ohne daß sich da bei ihnen der geringste Anflug eines Lächelns zeigte; sie tragen mottenzerfressene Pelzroben, sprechen beim Promotionszeremoniell Latein und sind sich anscheinend nicht bewußt, daß sie eine perfekte Parodie auf verstaubte Vergangenheiten der männlichen Herrschaft inszenieren.

Engagierte Menschen werden zu Professoren und damit zu Personen, die den Gefährdungen und Verführungen einer widersinnigen Situation unterliegen *müssen*. Sie entwickeln Herzbeschwerden, nervöse Zuckungen und exotische Phobien. Sie verbringen unzählige Stunden in geisttötenden Sitzungen, wo es mehr um Intrigen, Tauschgeschäfte und formale Bekundungen gegenseitiger Hochachtung geht als um Substantielles. Ihr Lebensweg ist vorgezeichnet vom hoffnungsvollen, leicht oppositionellen Studenten über den zunehmend verdrossenen, intriganten Assistenten, dem zynischen Dozenten und dann verbissenen a. o. Prof. bis schließlich zum Professor, der im Zuge seiner unausweichlichen Kompromißhandlungen die Illusionen, die Gesundheit und die Beziehung zum Rest der Menschheit in wesentlichen Teilen verloren hat.

Der Mensch ist ein überlebensfähiges Wesen, und so entwickelt er auf jeder Stufe seiner Laufbahn individuell zugeschnittene Taktiken. Er flüchtet in die Trugwelt elitärer Denkhaltungen, er findet naive Freude an der Symbolpracht, er tröstet sich mit der Autorität, die er Studenten und Untergebenen gegenüber besitzt. Er freut sich, daß man seiner Gattin die Semmeln in der Bäckerei als «für Frau Professor» reserviert, und er tritt Organisationen bei, wo Gleichgesinnte sich die nötige gegenseitige Beachtung schenken. Die Frustrationen, die er in Kauf nehmen muß, werden von der Institution vergolten, z. B. durch seine Herrscherstellung gegenüber den anderen Institutsmitgliedern. Diese Stellung korrumpiert ihn unweigerlich, denn willkürliche Macht korrumpiert immer. Er kann die Karrieren seiner Untergebenen beschleunigen oder sie jahrelang, vielleicht lebenslang, blockieren. Seine Untergebenen, ausgebildet, noch tatkräftig und bereits hinlänglich mit Ideen und Ideologien vertraut, daß sie sich zum glücklichen Untertanentum nicht mehr eignen, können keinen offenen Widerstand leisten. Sie wiederum treten machtlosen, verbal aber sehr aktiven und sich exzessiv in Flugblättern äußernden Assistentenorganisationen bei, brillieren auf Tagungen, fallen in ihrem Alltagsverhalten auf die Stufe trotziger Internatsschüler zurück und schmieden Elaborate von Rache- und Erfolgsplänen.

Warum griff die Universität als intellektuelle und sittliche Instanz nicht aktiver ein, als der Faschismus aufkam? Warum hat sie kaum sozialrelevante Ansätze zu bieten bei den wirklich dringlichen Problemen unserer Zeit? Warum herrscht eine permanente Unklarheit über die Kompetenzen und Aufgaben ihrer Disziplinen? Warum wälzen sich gerade die zentralen sozialen Wissenschaften in unendlichen Identitätskonflikten einer anscheinend ewigen wissenschaftlichen Pubertät? Die Antwort auf diese Fragen liegt, so glauben wir nach jahrelangen Studien, persönlichen Selbstprüfungen und einer nicht ganz schmerzlos verlaufenen Phase der Mitgliedschaft, in der *Institution* Universität.

Sie führt zu einem Verlust von Perspektiven, einer willkürlichen Hierarchisierung und einer Deformation von Denk- und Verhaltensweisen, wie es für totale Institutionen charakteristisch ist. Sie verbindet soziales Ansehen mit persönlicher Unterordnung, was zu kognitiven Dissonanzen, destruktiven Reaktionen und autoritärem Gehabe führt. Sie hält ein enormes Kreativitätspotential in geistiger Knechtschaft und materieller Abhängigkeit. Sie ist Aufbewahrungsinstanz für potentielle Sozialkritik, sie bietet Scheinaktivität, Scheinerfolge und einen kollektiven Zustand des Wahns, und die Sprache, die sie ihren Angehörigen zur Verfügung stellt, macht sie gegenüber jeder echten Kommunikation mit Außenstehenden hilflos.

Emotional verarmt, umgangsmäßig verwahrlost, kreativ paralysiert, gefangen in einem Kollektivwahn der elitären Wichtigkeit, haben die meisten Insassen das Stadium, in dem man Widerstand leistet und sich nach Rettung sehnt, längst hinter sich gelassen. Mit fanatischem Blick sitzen die Unglücklichen am Sonntag in der Institutsbibliothek und träumen von einem reichen Gönner, der sie zu Privatgelehrten macht und ihnen die Kant-Gesamtausgabe kauft. Keuchend, Magentabletten hinunterschluckend, hasten ihre Kollegen derweilen von Sitzung zu Ausschuß und zu Gremium und rasen anschließend in halsbrecherischem Tempo durch die Straßen, um im Evangelischen Akademikerklub einen Vortrag über den «etruskischen Demokratiebegriff als Herausforderung für den Christen» zu halten. Wir kennen diese Menschen. Sie sind wertvoll, begabt, gutwillig und krank.

Professor Tulpenhuber. Mager, gebräunt, hektisch. Zugleich beeindruckbar und resistent gegen jeden Einfluß. Wenn er von einer Auslandstagung zurückkehrt, steht er wochenlang unter dem Vorzeichen seiner Eindrücke. Er trägt die Volkstracht des dortigen Brauchtums, sieht nur mehr Zusammenhänge zu der dortigen Kultur, schmückt sich selbst äußerlich und innerlich mit den Souvenirs seiner Reise. Er trägt Kimonos, wenn er von der Jahrestagung in Tokio zurückkehrt, und in Seminaren über Familienpolitik in Österreich kommt es vor, daß er plötzlich aufspringt und ruft: «Erklären Sie einmal einem Bantu, was Familienplanung ist!»

Professor Tulpenhuber, renommierter und progressiver Klinikchef, ist zutiefst unglücklich, das macht ihn gelegentlich noch etwas sympathisch für seine Umwelt. Er leidet, und die Echtheit seines Leidens tröstet diejenigen, die mitleiden müssen (der Ursprung des Wortes Mit-Leid ist all seinen Mitarbeitern klar). Das Mitleid ist getrübt von anderen Emotionen, das schon. In den Gängen, den Büros, den Kaffeeküchen des Instituts wird geflüstert, gelacht; kaum kehrt Tulpenhuber einem gerügten und herumkommandierten Mitarbeiter den Rücken, kaum schreitet er rechtschaffen in sein Büro zurück, geht das Flüstern los. Die Tagebuchblätter, die er von der Sekretärin ins reine schreiben und für einen intimen Freundeskreis fotokopieren läßt, sind Allgemeingut des Institutspersonals. Ein Mitarbeiter liest vor, und die Assistenten krümmen sich vor hilflosem Lachen hinter ihren Schreibtischen. Eigentlich muß es ihm seltsam vorkommen: kaum ertönen seine (glücklicherweise geräuschvollen) Schritte im Gang, erstarren alle zur ernsten Betriebsamkeit, Gesichter maskiert mit dienstbereitem, bei Mahnungen unterwürfigem Interesse.

Professor Tulpenhuber hat jedoch wenig Zeit, sich um die Empfindungen seiner Mitarbeiter zu kümmern, er ist beschäftigt. Es quälen ihn: die Angst vor dem Untergang der klinischen Medizin, die Angst vor dem Alter, die Lage der Dritten Welt, sein eingebildetes Übergewicht (eine männliche Form von anorexia nervosa, denn er ist hager). Ferner ist er Mitglied unzähliger Kommissionen, Arbeitsgruppen und Komitees, und seine verbleibende Zeit versteht er mit katholischen Aktionen und Vorträgen in obskuren gräflichen Salons zu füllen, wo er als Atheist beschimpft wird, weil er neben der Bibel noch andere Bücher zitiert.

Ein gesunder Geist in einem gesunden Körper, dieses klassische Motto beseelt die Lebensgestaltung Tulpenhubers. Das Professorenturnen findet an keinem Montag ohne ihn statt, und manchmal kehrt er mit schmerzverzerrtem Ausdruck und Geschichten von Mißhandlungen beim Fußballspiel zurück, und alle müssen seinen Überlegungen folgen, warum wohl Professor T. (der ihm mit aller Wucht den Fußball zuschleuderte, ganz eindeutig mit bewußter Aggression) Gefühle des Ressentiments gegen ihn hegt. Kann es der Neid sein infolge seiner, Tulpenhubers, intellektueller und publizistischer Betriebsamkeit? Oder gibt es politische Gründe, weil sie in der letzten Kommissionssitzung einen gegensätzlichen Standpunkt vertraten? Auf jeden Fall ist es persönlich gemeint. Wenn er zu dem Schluß gekommen ist, daß ihm überhaupt und von allen Seiten Aggressionen entgegengebracht werden (und dieser Schluß liegt nie fern), so folgen Stunden des Selbstzweifels, in denen Tulpenhuber sich darüber klarzuwerden versucht, wer von seinen Mitarbeitern einen besonderen Groll gegen ihn hegt. Diese nichts ahnende Person wird dann zu ihrer Verwirrung von Tulpenhuber aufgesucht, mit einer kryptischanspielenden Bemerkung «gestellt», und zur «offenen Aussprache» aufgefordert.

Gegen eine feindliche Umwelt schützt Tulpenhuber nur das Vertrauen in eine verläßliche, ehrliche Person. Diese Person wechselt rasch und ständig, wie einst die Günstlinge am fürstlichen Hof. Oft ist es der oder die Mitarbeiter / in, die zuletzt eingestellt wurde. Diese wird kultiviert, zur Seite gezogen, mit besonderen Aufgaben betreut und zum Protegé auserkoren. Meist erhält sie eine Sonderausbildung in dem Bereich, der Tulpenhuber gerade fasziniert. Das kann ein Sight-and-Sound-Tippkurs sein, weil Tulpenhuber gerade den Standpunkt vertritt, daß Kopf- und Handarbeit nicht mehr zu trennen sind, oder eine Ausbildung in Gruppendynamik. Die Person wird beschenkt, mit Zusatzbezahlungen für die Extradienste entlohnt und von Tulpenhuber ständig konsultiert. Manche vertragen diese Zuwendung besser als andere, einige stilisieren sich kurzfristig zum Guru (diese Rolle bleibt den männlichen Intimi vorbehalten).

Der intellektuelle Anspruch gestattet es dem Akademiker nicht, persönliche Probleme zu haben – eine Verdrängungsleistung, die für Männer allgemein charakteristisch ist. Beziehungsprobleme ernst zu nehmen und zu erörtern, liegt unter der Würde eines richtigen Mannes; einzugestehen, daß die Probleme und Konflikte mit seiner Partnerin ihn unglücklich machen, würden der Frau ein viel zu großes Gewicht beimessen. Die Eskalation von Familienkonflikten und Trennungen ist zum Teil dieser Verdrängungsleistung zu verdanken. Bei den Intellektuellen findet die Bewältigung persönlicher Konflikte noch ein anderes Ventil: in der Theorie. Assistenten und Mitarbeiter wissen genau, wie oft die Themenwahl ihres Professors sich haarscharf orientiert an den Etappen seiner persönlichen Biographie. Für die Leser seiner Werke ist der Zusammenhang oft nicht mehr zu erkennen, da er verschüttet ist in einem Wust von Tabellen und Abstraktionshöhen. Wer außer seinen Intimi weiß, daß der Kummer über die davongelaufene Ehefrau Herrn Prof. X. zu einer Studie über Trennungen verleitete, oder daß die Midlife-crisis von Professor Y. es ist, die ihn dazu treibt, seine bekannten Thesen über die Haltbarkeit christlicher Ehen zu revidieren und plötzlich statt dessen Ergebnisse zu publizieren, die zeigen, wie wichtig außereheliche Liebesbeziehungen für den persönlichen Entwicklungsweg sein können. Professor X's neueste Studie über die Lebensphasen des Mannes zum Beispiel, mit einem Forschungspreis versehen und als Standardwerk angelegt, ist in Wirklichkeit nichts anderes als die wissenschaftliche Fassung seiner persönlichen Alters- und Ehekrise: eigentlich eine Exegese seines Seitensprungs, 350 Seiten lang, mit Fußnoten und Appendix.

Gegen eine subjektive Motivation bei Forschung und Wissenschaft ist nichts einzuwenden; im Gegenteil, die feministische Wissenschaft fordert nichts anderes. Diese Subjektivität aber wird geleugnet. Männer schreiben und forschen rückwirkend und im Interesse der eigenen Biographie, das heißt, in ihrem männlichen Interesse gegenüber den Frauen, meist gegenüber einer ganz konkreten Frau, oft der Ehefrau, Geliebten oder Ex-Ehefrau, oder aber der imaginären Frau, der Weiblichkeit, die nicht bewältigt wurde. Das heißt, daß die *subjektive* «Arbeit an sich selbst» im Falle dieser Wissenschaftler eine *objektive* Arbeit gegen die Frauen wird.

Indem die Wissenschaft sich der Geschlechterfrage annahm, wurde sie wieder nur zu einem Instrument der Geschlechtsproblematik des einen Geschlechts, der Männer. Lediglich die Art der Privilegien modernisierte sich, indem emanzipatorische Phrasen die Rechtfertigung lieferten für die Ergänzung alter Vorrechte durch neue Freizügigkeiten. Die Ehefrau, die dem Sprung von den traditionellen Wertmustern zur zweiten Jugend ihres Professorengatten nicht folgen konnte, konnte nun ohne Schuldgefühle mit dem Vokabular der sexuellen Revolution und der «Emanzipation» zurückgelassen werden.

Akademiker, vor allem Sozialwissenschaftler, sind von ihrem Selbstverständnis her Menschen, die alles in Frage stellen, die jeden Lehrsatz grundsätzlich in Zweifel ziehen, die prüfend, kritisch und mit intellektueller Skepsis an jedes Problem herantreten.

In ihrer persönlichen Lebensgestaltung überwiegen andere, bequemere Werte. Der typische Karriereverlauf ist organisiert in Anlehnung an alttradierte und erprobte Muster. Die Partnerin des Sozialwissenschaftlers ist meist vom selben Fach. Sehr häufig hat man sich während des Studiums kennengelernt. Nicht selten sind auch Ehen zwischen Assistenten, Lektoren oder Professoren und ihren Studentinnen. Nach der Ehe findet eine radikale Gabelung der weiteren Lebensplanung der beiden statt: der Mann wählt den Weg der wissenschaftlichen Karriere, die Frau die bescheidenere Bahn. Auffallend oft sind Universitätslehrer mit Haupt- und Realschullehrerinnen liiert. Dieser Beruf ist ideal, denn die Frau ist in einer respektablen, bildungsverwandten Sparte tätig, kommt jedoch schon am frühen Nachmittag nach Hause, so daß sie den Haushalt und die Familie vollständig betreuen kann, und steht in ihrem Status so tief unter ihrem wissenschaftlich arbeitenden Mann, daß irgendwelche Rivalitäten und Konkurrenzgefühle von vornherein ausgeschlossen werden können.

Manche Sozialwissenschaftler heiraten auch eine Kollegin. Gemeinsame Forschungen und Publikationen sind dann üblich, wobei die Frau intellektuell immer – sozusagen wie die Frau im Orient – die fünf Schritte hinter ihrem Gatten zurückbleiben muß. Wenn ein Ehepaar zusammen veröffentlicht, dann ist es z. B. so, daß die sonst übliche alphabetische Reihenfolge der Namen umgekehrt wird. Wenn die Frau also Anna Schmidt heißt und der Mann Xavier, kommt der Xavier zuerst. Die Frau versteht sich als Teil eines intellektuellen Teams, und der Teamgeist spornt sie an, eventuelle Kränkungen und Zurücksetzungen ihrer Person zu ertragen. Sie und Xavier sind schließlich eine Einheit, zusammengeschmiedet durch den Auftrag, Bedeutendes zu leisten – eine Art geistiges Tandem, auf dem zufällig der Mann vorn sitzt. Außerdem, so ist man sich einig, möchte man auf nichts verzichten, auch auf die Kinder nicht. Die Frau ist bereit, zugunsten der Familie vorübergehend etwas zurückzutreten. Schließlich kann sie weiterhin an den Forschungsprojekten mitarbeiten, weiterhin mitpublizieren, wenn auch nicht so konzentriert wie ihr Mann. Später dann, wenn die Kinder erwachsen sind, wird sich alles wieder einpendeln und ausgleichen. Man wird gemeinsam ein aktives Alter erleben mit dem Rückblick auf ein ausgefülltes Leben und eine echte, geistige Partnerschaft.

Zwischen 45 und 50 erlebt dann typischerweise der Mann eine Wende in seinem Leben. Er hat das Gefühl zu stagnieren. Er sucht nach neuen Forschungsinhalten. Er stellt sich, sein Denken, sein bisheriges Werk und seine ganze Lebensgestaltung in Frage.

Schließlich muß man, um geistig produktiv zu bleiben, in einem permanenten Prozeß des auch persönlichen Wandels stehen, man muß agil bleiben, phantasievoll und beweglich. Kopf und Körper sind, das weiß Xavier, nicht voneinander zu trennen; das Denken muß auch sinnlich sein, soviel weiß er von seiner Auseinandersetzung mit der Studenten- wie der Frauenbewegung. Gerade die Sinnlichkeit ist jedoch ein heikler Bereich. Zwischen 45 und 50 geraten Männer schließlich nun einmal in eine Krise ihrer sexuellen Identität. Und Anna, die treue Weggefährtin, gehört leider nun einmal zur festgefahrenen Routine, aus der kein intellektueller oder sinnlicher Ansporn mehr zu ziehen ist. Hingegen Zoe – die fünfundzwanzigjährige Psychologin, die er in einem Seminar kennenlernte –, das ist eine Frau, die ihn herausfordert! In jeder Hinsicht! Aber soll er dieser Versuchung nachgeben? Xavier verbringt lange und genußvolle Wochen damit, seinen Gewissenskonflikt auszukosten. Er erfindet sogar einen Cornelius, einen fiktiven Brieffreund, um in Dialogen mit ihm die vielschichtigen ethischen und philosophischen Dimensionen seiner Zweifel abzuhandeln. (Den erfundenen Schriftwechsel, eine Form der Abhandlung, mit der er sehr zufrieden ist, veröffentlicht Xavier später im Anhang eines Buches über Lebensphasen des Mannes.) Fazit seiner Überlegungen ist, daß er es eigentlich nicht einmal so sehr sich selbst, vielmehr noch Anna und natürlich auch der Wissenschaft, die durch seine geistige Verjüngung so viel profitieren wird, schuldig ist, sich der neuen Herausforderung zu stellen. Neue Aufgaben rufen! Er ist in erster Linie auch Anna gegenüber verpflichtet, sie nicht im Sumpf eines abgestumpften Routinelebens verkommen zu lassen. Sie sieht es momentan vielleicht nicht so, was ja schon ein Indiz für den Schaden ist, den er ihr zugefügt hat: sie hat sogar schon ihre Ansprüche verloren und ist zufrieden damit, ihr Leben auf ewiggleichen Bahnen weiterlaufen zu lassen! Das Aufrütteln wird für sie sehr heilsam sein, wird neue Entwicklungsprozesse in Gang setzen.

Zoe ist sehr interessiert an seinen neuen Forschungsvorhaben und hat schon viele Ideen beigetragen. Mit ihr gemeinsam kann er neue Wege gehen, neue Tiefen seiner Persönlichkeit ausschöpfen.

An der Geschlechterfront nichts Neues

Die Beziehungen zwischen Männern und Frauen bergen ein Gewaltpotential, das in Polizeirevieren ganze Aktenordner füllt. Wegen eines verspäteten Abendessens wird das Messer gezückt. Wegen freizügiger Werbefotos werden Frauen vergewaltigt.
Woher stammt dieses irrationale Verhalten?

«Liebe ist die tausendfache Verwechslung von Begehrtsein und Vergewaltigtwerden.»
Verena Stefan

Wenn die sexuelle Anziehung nicht wäre, schrieb Sigmund Freud, hätten sich Männer und Frauen schon längst umgebracht. Es ist ohnehin schlimm genug. Das Zusammenleben mit Frauen führt offensichtlich bei vielen Männern zu solch heftigen Gefühlsaufwallungen, daß sie völlig außer sich geraten. Aber sind es wirklich die Frauen, die in Männern ein irrationales, gewalttätiges Verhalten provozieren? Aus der Feder eines progressiven Autors erhalten wir ein erschütterndes Dokument über die angeborene Kampfeslust der Männer.

Eine Folge dieser Kampfeslust und Brutalität, nämlich die Vergewaltigung, war für die Frauenbewegung ein besonders wichtiges Thema. Sie sah in der Vergewaltigung eine Allegorie für die Machtlosigkeit aller Frauen in einer patriarchalischen Gesellschaft. So ausführlich wie kein anderes Thema wurde die symbolische und die tatsächliche Vergewaltigung erörtert:

Der Doppelstandard in der Gesetzgebung, die erneute Vergewaltigung der Frau durch die Gerichtsverhandlung, die Abwertung des Opfers. Man sollte meinen, daß wenigstens in dieser einen Frage bei den Männern ein bleibender Lernprozeß stattfand. Bilden Sie sich selbst ein Urteil.

Der Krieger und der Gummibaum

Wer die Polizeiprotokolle von nächtlichen Einsätzen liest, lernt die Kehrseite der Zwischenmenschlichkeit kennen und weiß, daß Männer und Frauen sehr häufig damit befaßt sind, sich gegenseitig umbringen zu wollen. Bei allem Bemühen um Ausgewogenheit bei der Berichterstattung muß man sagen, daß vor allem die Männer versuchen, die Frauen zu eliminieren. Und nicht nur die Frauen: ein Zerstörungswahn kann über sie kommen, in dem sie am liebsten alles vernichten möchten, was sie umgibt: Frauen, Kinder, Haustiere und Zimmerpflanzen.

In den privaten Beziehungen herrscht die vollkommene Anarchie. Stillschweigend wird dieser Zustand der Gesetzlosigkeit von den Beteiligten anerkannt. Auch die Frauen akzeptieren durch ihr Verhalten eine Beziehung jenseits der Zivilisation. Gerade die Polizeiprotokolle mit ihrer trockenen Schilderung selbst der verwirrtesten Kampfhandlungen erregter Lebensgefährten eignen sich als Anschauungsmaterial.

In diesen Protokollen nämlich kommen auch die Betroffenen zu Wort, ganz unbedarft, in der ersten Aufregung, einen uniformierten Vertreter der Staatsgewalt vor sich zu sehen. Ihre Darstellungen des eigenen Handelns sind aufschlußreich in ihrer Offenheit, gestatten Einblicke in unentdeckte Kontinente des Gefühls. Das klingt so:

«Als meine Frau mir heute abend nichts zu essen richtete, geriet ich in Wut und drohte, sie zu erschlagen.»

«Wir hatten einen Streit wegen Geld. Ich geriet in Zorn und schnitt mit einem Degen den Lüster ab.»

Er «geriet in Zorn». Er «geriet in Wut». Fast klingt es so, als ob diese Empfindungen von außen kämen, außerhalb der Kontrolle desjenigen lägen, der davon befallen wird. Der genannte Anlaß, der einfach in keinem Verhältnis steht zu dem, was folgte, bekräftigt noch diesen Eindruck. Wegen einer kalten Suppe bringt man «normalerweise» keinen Menschen um, und schon gar nicht einen, mit dem man seit vielen Jahren zusammenlebt. Diese Normalität aber setzt aus, und gar nicht selten. Die Polizei begnügt sich im Angesicht dieses Rätsels mit lapidaren Kommentaren, mit Erfahrungswerten und professionellen Einschätzungen, die in ihrer Kühle auch wieder in keinem Verhältnis stehen zum Ereignis.

Vor allem zwei Dinge sind verblüffend. Die Gelassenheit, mit der die Polizei – offensichtlich nach Jahrzehnten des intimen Einblicks in das Familienleben ihrer Bürger – selbst die dramatischsten Vorfälle notiert. Gastarbeiter, die drohen, ihren Frauen den Kopf abzuschneiden «und das Blut zu trinken», bringen für die Polizei lediglich eine folkloristische Variante, Massenmord androhende Ehemänner werden mit legeren Anmerkungen abgetan.

Das zweite erstaunliche Faktum, das aus den Fallschilderungen hervorgeht, ist die verbreitete männliche Ansicht, daß Liebe sich erzwingen läßt. Was den Bereich ihrer persönlichsten Verhältnisse angeht, so leben sehr viele Männer, vor allem in Stunden der Verzweiflung, der Krise und des Alkohols, in einer prähistorischen Ära, in der man eine Partnerin durch Überwältigung und Entführung gewann. Immer wieder fällt in den Polizeiprotokollen die Szene auf, in der ein Mann seiner Frau droht, er werde sie umbringen, wenn sie ihn verließe. Das Liebeswerben unzähliger Männer sieht so aus:

«Hannes X. bedrohte Maria H. wiederholte Male mit Umbringen, wenn sie ihn nicht heirate, und würgte sie. Bei der erneuten Drohung erstattete Frau H. Anzeige.»

«Nikolas S. hat seine Ehefrau gewürgt, ihr gedroht, wenn sie sich scheiden läßt, das Kind eigenhändig zu erwürgen. ‹Wenn es zu einem Abschied kommt, dann mit Blut›, sagte er dazu.»

«Der Angestellte Richard O., 32 Jahre alt, bedroht seine Freundin mit der Schrotflinte: ‹Wenn du dir bis Mitternacht nicht überlegt hast, ob du wieder zu mir zurückkommst, dann knall ich dich ab und bring mich danach um.›»

«Harald J. droht seiner Lebensgefährtin mit dem Umbringen, schlägt sie, würgt sie und verlangt, daß sie wieder zu ihm zurückkomme.»

Diese Protokolle werfen einige Fragen auf. Zunächst fällt auf, daß Männer sich der Merkwürdigkeit ihres Vorgehens gar nicht bewußt sind; sie finden es anscheinend plausibel, daß eine Frau dann eher den Wunsch verspüren wird, bei einem Mann zu bleiben, mit dem sie Probleme hat, wenn er sie außerdem noch würgt, schlägt und mit dem Tod bedroht. Es macht ihnen offensichtlich nichts aus, daß die Partnerin bei ihnen bleibt, weil ihre Alternative die Verstümmelung oder der Tod ist. Es ist anzunehmen, daß die Frauen die Beziehung beenden wollten, weil der Mann brutal, jähzornig und gewalttätig und für sie das Leben mit ihm aus diesen Gründen unerträglich ist. Die Männer sind mit Verzweiflung erfüllt bei dem Gedanken, daß ihre Frau / Lebensgefährtin sie verlassen will. Was tun sie also? Nehmen sie sich vor: Ich muß mein Verhalten ändern, damit sie mich wieder liebt und bei mir bleiben will? Nein, sie nehmen sich vor: Ich muß noch brutaler und noch gewalttätiger und noch bedrohlicher wirken, damit sie sich nicht traut, mich zu verlassen. Selbst angenommen, daß diese Einschüchterungstaktik Erfolg verspricht: Ist sie die für den Mann bessere Variante? Wäre es nicht auch für ihn angenehmer, wenn sich das Privatleben friedlich und harmonisch gestaltete und die Frau aus positiven statt aus negativen Beweggründen mit ihm lebte? Hier stehen wir vor einem Rätsel.

Ist vielleicht dieses Verhalten nur eine Frage des Stils? Verbirgt sich unter der rauhen Schale der Drohgebärden vielleicht doch ein zärtlicher Mensch, der bloß nicht weiß, wie er sich anders ausdrücken soll? Dagegen sprechen wiederum die Protokolle. Viele Männer unterstreichen ihre Eheanträge und Scheidungsproteste mit einer Rippenprellung, einem Armbruch, einer Verfolgungsjagd durch das Treppenhaus mit einer Axt, und statistisch gesehen sind auch die tatsächlichen Ermordungen von abtrünnigen Ehefrauen und Freundinnen nicht selten.

Es scheint, daß die Scheidung – allen gegenteiligen Stereotypen zum Trotz – auf viele Männer wie eine existentielle Katastrophe wirkt. Ihre vielfach postulierte relative Gleichgültigkeit in Beziehungsangelegenheiten bestätigt sich zumindest in diesen Fällen keineswegs: Der Gedanke, ihre Frau zu verlieren, läßt ihre Welt zusammenbrechen. Manche verfallen in einen nihilistischen Vernichtungsrausch und wollen am liebsten die ganze Umgebung, sich selber eingeschlossen, in die Luft sprengen.

Nehmen wir also an, daß eine Scheidung – immerhin verbunden für viele Männer mit dem Verlust ihres Zuhauses, ihres gewohnten Alltags, ihrer Partnerin und ihres Kindes – eine wirkliche Extremsituation darstellt.

Den Protokollen aber ist zu entnehmen, daß Männer auch bei weniger existentiellen Belangen schon randalieren können.

Wie sind z. B. diese Ereignisse zu beurteilen:

«Franz B. hatte Streit mit seiner Schwiegermutter, weil er bei der Hausarbeit mithelfen sollte. Daraufhin bedrohte er seine Frau und Tochter mit dem Umbringen.»

«Im Streit zwischen den Gatten bedrohte Richard W. seine Frau und zerschnitt ein ihr gehörendes Ölbild. Streitanlaß waren die schlechten Mathematiknoten des Sohnes, für die Herr W. die schlechten Erziehungspraktiken seiner Frau verantwortlich macht.»

«Werner O. zwingt seine Frau mit vorgehaltenem Messer, für ihn zu kochen, und droht ihr, sie aus dem Fenster zu werfen.»

«Wilhelm C., Diplomsoziologe, bedroht seine Frau mit Umbringen wegen einem Schmutzfleck auf dem Teppich, setzt ihr einen Schraubenschlüssel, dann ein Messer ans Brustbein, stößt sie zu Boden und steigt ihr mit dem Fuß auf den Kopf.»

Bei der Familie Ulrich wiederum verlief der Abend so:

«Er forderte seine Gattin auf, Essen zu kochen, dann warf er ein Messer nach ihr mit dem Schrei, er brauche nichts von ihr, schlug sie mit dem Gummibaum und bedrohte die Tochter mit dem Umbringen.»

Die Gattin von Andreas H. gibt folgendes zu Protokoll:

«Abends droht er manchmal, daß er mich umbringt, wenn ich nicht sofort ein Schnitzel mache. Ich nehme diese Drohung durchaus ernst und fürchte mich vor ihm.»

Auffallend oft dienen ehefrauliche Dienstleistungen wie Kochen und Putzen als Auslöser für den Tobsuchtsanfall. Nur steht der Ausbruch in keinem Zusammenhang zum Anlaß – ein Mord wegen eines Schnitzels? Eine erdrosselte Tochter, weil auf dem Teppich ein Fleck ist? Es muß um mehr gehen – aber um was?

Um Autoritätsverhältnisse, würde die klassische feministische Soziologie antworten. Der Anlaß ist egal, mit der Demonstration seiner Gewaltfähigkeit und seiner überlegenen Muskelkraft (siehe

Gummibaum, abgeschlagener Lüster, etc.) erinnert der Mann seine Angehörigen daran, daß er der Chef ist, der Obergorilla in seinem kleinen Privatdschungel. Damit wäre das Verhalten des Mannes, so irrational es im Detail wirken mag, in Wirklichkeit logisch und zweckorientiert: die Zementierung seiner Position. Aber gewinnt der Mann denn wirklich durch sein Verhalten? Diese Frage ist nicht leicht zu beantworten, da die Antworten sehr subjektiv ausfallen können. Es stimmt nicht generell, daß der Mann ein für allemal seine Position etablieren könnte durch einschüchternde Auftritte.

Andererseits zeigt sich leider auch nicht eindeutig, daß er durch solche Entgleisungen seine Frau verlieren würde. Beziehungen können Jahre überdauern, obwohl die Beteiligten glaubwürdig versichern, daß sie die Szenen schrecklich finden, und obwohl ihre Bereitschaft, die Polizei zu rufen, darauf hindeutet, daß es sich wirklich nicht bloß um eine krankhafte Form des Zeitvertreibs handelt. Oft zeigt sich dann bei einer genaueren Beschäftigung mit dem jeweiligen Fall, daß eine Scheidung schon zur Diskussion stand oder kurz danach von der Frau beschlossen wurde. Das erklärt zwar einerseits die Überreaktion des Mannes – ihn hat gar nicht das verweigerte Abendessen in Rage gebracht, sondern die sich anbahnende Gesamtverweigerung der Beziehung durch seine Partnerin, die sich schon auf den Absprung vorbereitete. Andererseits aber wird der Mann durch sein Verhalten garantiert als Lebensgefährte noch unattraktiver, setzt sich noch deutlicher ins Unrecht und bekräftigt den Trennungswunsch seiner Partnerin nur noch fester.

Insgesamt gewinnen wir den Eindruck, daß das Verhalten der Männer konterproduktiv ist auch vom Standpunkt ihrer eigenen Interessen. Die Kinder, die ihren Vater mit dem Messer hinter der Mutter herjagen sehen, kriegen einen Knacks. Die Polizei kommt. Die Atmosphäre ist schrecklich. Es wird geschrien und geweint. Die Wohnung liegt in Trümmern. Die Frau schwört, daß sie weg will. Kann das für die Männer erstrebenswert sein?

Wir müssen nun die Möglichkeit in Betracht ziehen, daß die Antwort auf diese Frage dennoch ein «Ja» ist. Es ist leider so, daß man nicht einfach die eigenen Beurteilungen und Werte auf die Männer projizieren darf, es passieren Dinge, die für das Hirn der

Normalfrau nicht denkbar sind. In der jüngsten Geschichte zum Beispiel hat es eine nicht unbeachtliche Anzahl von Männern gegeben, denen es gefiel, beziehungsweise die von irgendwelchen Kräften getrieben wurden, Dutzende von Frauen, Mädchen und kleinen Buben zu foltern, umzubringen und zerstückelt zu begraben. Als Idee gefällt das, wie brutal-pornographische Filme und Schriftstücke zeigen, einem noch größeren Anteil der männlichen Bevölkerung. Nicht einmal die gewagtesten Sammlungen der sexuellen Geheimwünsche von Frauen wiesen dagegen Phantasien verstümmelter und zerstückelter männlicher Leichen als erotisches Objekt auf.

Die Kultur, die von einer männlich dominierten Gesellschaft hervorgebracht wurde, hat Züge, die für weibliches Denken nicht nachvollziehbar sind. Die Idee, Raketen mit bombastischem Vernichtungspotential den Erdball umkreisen zu lassen, gehört genauso dazu wie Frau und Kinder mit dem Niedermetzeln zu bedrohen.

Bis vor kurzem noch trösteten wir uns mit dem Gedanken, daß es sich hierbei um männliche Ausnahmeerscheinungen handelte. Um solche zwar, die ungewöhnlich viel Schaden anrichten können, gerade weil sie die inneren Barrieren und Hemmungen ihrer Brüder nicht kannten, aber dennoch um Extremfiguren, Ausnahmen. Dann fiel uns eines dunklen Tages die Zeitschrift *Esquire* in die Hände. Diese Zeitschrift, die sich an ein liberales Lesepublikum wendet, druckte im November 1984 einen Artikel ab mit der Überschrift «Warum Männer den Krieg lieben». Der Verfasser: ein Kriegsgegner und Liberaler. Und er schrieb über – sich selbst. Seit vielen Jahren, so begann er, belaste ihn ein innerer Zwiespalt. Den Vietnam-Krieg, an dem er teilnehmen mußte, lehnte er inbrünstig ab. Gegen jede Wiederholung eines solchen Krieges würde er sich ebenso wie Tausende von Gleichgesinnten wehren. Was ihn belaste, sei dabei nur, daß ihn jedesmal, wenn er an die schrecklichen Jahre im vietnamesischen Dschungel, an die Bomben, die Leichen, die Angst denke, nicht ein Gefühl des Widerwillens und des Grauens erfülle, sondern eine heftige nostalgische Sehnsucht. Keine Zeit in seinem Leben war so schrecklich und zugleich so schön, so intensiv und farbenprächtig in seiner Erinnerung, wie diese Jahre des Krieges.

Und aus Gesprächen mit Freunden wisse er, daß es anderen Männern genauso ginge.

Diese Selbsterkenntnis, die ihn sehr verstörte, versucht er nun in dem Artikel näher zu erläutern. Nichts Gutes kommt dabei zutage.

«Als wir aus Vietnam zurückkehrten, konnten wir uns nicht mehr einleben. Der Alltag schien eintönig, trist. Unser Leben hatte irgendeine Qualität verloren, ein unbestimmbares Etwas. Unser desorientiertes, deprimiertes Verhalten war nur durch eines erklärlich: Wir hatten eine große Liebe, vielleicht *die* große Liebe unseres Lebens verloren, nämlich den Krieg, und es gab nicht einmal jemanden, mit dem wir darüber sprechen konnten.»*

Broyles bemüht sich, ganz offensichtlich auch aus dem ganz aufrichtigen Bedürfnis heraus, sich selber das eigene Verhalten zu erklären, dieser – wie er selber meint – perversen Attraktivität des Krieges auf den Grund zu gehen. Er zählt zehn Gründe auf, die er – angefangen mit den harmloseren, und sich langsam steigernd bis zu denen, die ihn wirklich belasten – am eigenen Beispiel illustriert:

Erstens, schreibt Broyles, ist der Krieg eine Erfahrung von großer Intensität und Heftigkeit und hebt sich damit schon vom Rest des Lebens ab. Krieg ist Drama, das größte Drama, das der Durchschnittsbürger jemals erleben wird. Allein die Intensität des Erlebnisses würde es in das Bewußtsein und die Erinnerung einätzen. Darüber hinaus ist der Krieg ein existentieller Zustand. Es geht um Leben und Tod. Damit ist er eine Erfahrung, die jenseits des normalen Lebens, auch des normalen Zeitempfindens, liegt. Was danach kommt, ist in gewisser Hinsicht ein Abstieg – ein Abstieg in den Alltag, der aus trivialen Problemen und Banalitäten besteht.

Zweitens, fährt Broyles fort, gibt der Krieg die Erlaubnis zu spielen. Trotz der Todesgefahr ist Krieg auch unernst; Männer werden wieder zu Buben. Er führt einen Freund und Kameraden an, heute ein angesehener Diplomat. Das Erlebnis, an das sich dieser Mann am liebsten erinnert, war eine Nacht in einem vietna-

* William Broyles Jr., *Esquire*, Nov. 1984, S. 55

mesischen Bordell, aus dem er, nackt in einen Teppich gerollt, von seinen Freunden davongetragen wurde.

Drittens vereinfacht der Krieg die Welt. Es gibt Freunde und Feinde, Gute und Böse. Die schwierigen Grauzonen der Entscheidung fallen weg. Überhaupt fallen Entscheidungen weg; sie werden durch die Kommandostruktur des Militärs und die Reduzierung auf grundsätzliche Dinge – überleben, den nächsten Tag hinter sich bringen – genommen.

Viertens hat der Krieg seine eigenen Regeln und Hierarchien. Talente und Eigenschaften, die einem im normalen Leben weiterhelfen, sind hier nicht unbedingt gefragt. Das ist eine Herausforderung. Es ist auch eine Chance für jene, die sich im friedlichen Alltag nicht so gut zurechtfinden. Einige können im Militär den Erfolg und die Bestätigung finden, die ihnen sonst verwehrt bleiben.

Fünftens, meint Broyles, bringt der Krieg eine «Erweiterung» der Persönlichkeit und des Selbstverständnisses. «Man ist gezwungen, Bereiche der eigenen Seele zu erforschen, die bei anderen Menschen unentdeckt bleiben.» Zum Beispiel: Extrem-Emotionen wie Todesangst. In solchen Situationen ist man gezwungen, Aspekte der eigenen Person zu konfrontieren, die sonst im Verborgenen bleiben.

Sechstens erzeugt der Krieg ein einmaliges Gemeinschaftsgefühl. Die Verbundenheit mit den Kumpanen ist «intensiver als eine Ehe, denn man muß dem Freund sogar das eigene Leben anvertrauen können». Daher und

Siebtens stellt der Krieg also eine Art «utopischer Erfahrung» dar. Nie wieder wird man in dieser Weise einer engen Gemeinschaft angehören. Nie wieder wird man alles teilen, einander vertrauen, aufeinander angewiesen sein auf Leben und Tod.

Nun, sagt Broyles, folgen die düsteren, gesellschaftlich weniger akzeptablen Gründe, die er nach intensiver und ehrlicher Selbsterforschung in sich entdeckt hat.

Achtens: die Verbindung zwischen Tod und Erotik, die er und seine Freunde dort empfunden haben. «Töten und Todesgefahr waren eine Einführung in das Mysterium von Tod und Leben, für uns die einzig mögliche, vergleichbar mit der Erfahrung der Geburt für Frauen.» Die Atmosphäre war, erinnert er sich, von gespannter und wachsender Erotik. Sex und Gewalt steigerten sich gegenseitig und verbanden sich auch. Prostitution, Ausbeutung verarmter und verschreckter vietnamesischer Mädchen und Vergewaltigung waren die Formen, die das sexuell überreizte Klima sich schuf. Broyles weiß das und verabscheut es, fühlt sich aber verpflichtet zuzugeben, daß dieses Klima sehr schön war. Man fühlte sich lebendig, männlich, potent. Dieses Gefühl verbindet noch heute, gerade weil es nicht erlaubt ist, mit Außenstehenden darüber zu sprechen und diese Empfindung einzugestehen. Das wiederum gibt den «Eingeweihten» das Gefühl, einer besonderen Gruppe – irgendwie auch einer männlichen Elite – anzugehören. Das ist der *neunte* Grund.

Der *zehnte* Grund ist der bedrückendste, darum hat Broyles ihn bis zuletzt aufgehoben. Töten, sagt er, ist aufregend. «Man bewegt ganz leicht einen Finger, und wumm, Bäume, Häuser und auch Menschen verschwinden.» Das war ein einmaliges Gefühl, selbst dann, wenn man nicht direkt die Folgen seiner Bemühungen sehen konnte, weil man z. B. als Pilot nicht erkannte, ob man auch Menschen getroffen hatte oder nur ein unbewohntes Dorf. «Ich weiß nicht, ob ich einen Menschen getötet habe. Aber ich weiß, daß ich mich darum bemühte, so gut ich konnte.» Als Offizier mußte er oftmals Soldaten zurechtweisen, die Leichen geschändet und tote Vietnamesen zu irgendwelchen würdelosen Scherzen mißbraucht hatten. «Aber innerlich lachte ich dabei», gesteht er, und auf den Gesichtern der Soldaten, die ihre toten Gegner abzählten oder aufluden, «sah ich ein Gefühl der fast religiösen Glückseligkeit».

Nachdem er seine ersten Schuldgefühle über diese Geständnisse abreagiert hat, wird der Verfasser lyrisch. «Krieg ist schön», schreibt er und läßt sich aus über die Ästhetik des Todes. «Die Kunst hat sich nicht zufällig so oft mit kriegerischen Szenen und Themen befaßt.» Waffen sind handwerklich und ästhetisch schöne Gegenstände. Bombardierungen bei Nacht sind dramatisch und schön anzusehen. Maschinengewehre sind von «mechanischer Eleganz». Rote und grüne Suchlichter, Kampfflugzeuge, die quer über den Himmel rasen, das war etwas, was sich die Soldaten gern ansahen, weil es «schön» war. «Kampfszenen bei Nacht sind mit Abstand schöner, aber auch der Tag hat seine Reize», urteilt Broyles fachmännisch. «Manche Männer liebten Napalm am meisten, aber mir gefielen am besten die weißen Phosphorbomben.»

Auch diese tödlichen Feuerwerksspiele steigerten laut Informant die Sinnlichkeit der Betrachter. Der Krieg war etwas gemeinsames, und auch die Sinnlichkeit wurde gemeinsam erlebt; bevorzugte Auslebung war der gemeinsame Bordellbesuch, bei dem es zum Gemeinschaftsgefühl gehörte, daß man die Mädchen «miteinander teilte». Grundbedürfnisse, primitiv ausgelebt in männlicher Gemeinsamkeit, das war schön. So beneidet Broyles letztlich auch den Kollegen, der während des Vietnam-Aufenthaltes seine «nette, gebildete, schicke amerikanische Frau verließ, um ein vietnamesisches Barmädchen zu heiraten». Diesen Freund hat er aus den Augen verloren, aber er würde wetten, daß diese Ehe ein großer Erfolg wurde und auch heute noch besteht, und daß der Freund seinen Entschluß nie bereut hat. Nicht nur hat er in seinem kleinen vietnamesischen Souvenir-Mädchen eine bleibende Erinnerung an die schönsten Jahre seines Lebens, er ist auch für immer dem Schicksal des westlichen Mannes entkommen, mit einer «netten, gebildeten, schicken» – und emanzipierten – westlichen Frau leben zu müssen.

Dieser Artikel machte uns betroffen und verfolgte uns lange. Er war so geschrieben, daß man im Autor die meisten Männer des eigenen Bekanntenkreises wiedererkannte: kritisch, reflektionsfreudig, fähig zu emotionalen Abstraktionsleistungen, zugleich bereit, moralisch fragwürdige Standpunkte einzunehmen aus Freude daran, Konventionen zu verletzen. Oft schon mußten wir Diskussionen miterleben, in denen diese Männer – nur um zu provozieren, im Trend zu sein und aufzufallen – genüßlich erörterten, ob nicht Prostitution bei minderjährigen Mädchen doch eine wichtige gesellschaftliche Rolle spielt, ob nicht Inzest zu Unrecht verunglimpft wird, sondern wichtige Bedürfnisse dieser Kinder erfüllt, usf. Ein ewiges Ärgernis dabei ist, daß ihre Spekulations- und Provokationsfreude keineswegs so anarchistisch und universal ist, wie sie selber gerne glauben. Es gibt Tabus, über die sich liberale Männer auch in ihren spielerischen Stunden nie hinwegsetzen würden. Bloß gehören Frauen nicht in die Schonbereiche. Über das Töten von Schwarzen oder Juden dermaßen Gedankenspiele anzustellen, wäre degoutant. Darüber zu sprechen, ob ein Lustmord nicht vielleicht doch erregend ist, wird hingegen als gewagt und schick angesehen.

Broyles' Aufsatz war bedrückend, weil er durchaus von jedem Mann unseres Bekanntenkreises hätte geschrieben werden können; weil er selbst wußte, daß das, was er empfand und empfunden hatte, eigentlich sehr schrecklich war; weil er sehr lange gewartet hatte, bevor er mit glaubwürdigem Zögern seine Gedanken öffentlich machte, und weil er letztlich doch zu diesen Gedanken stand. Er erinnerte uns an die uns bekannten Pazifisten, die ihre Wehrdienstzeit heimlich in warmer Erinnerung behalten, weil es doch recht lustig war, sich auch noch im Erwachsenenalter uniformiert in Schützengräben zu wälzen, und an die Männer, die sich besonders in Krisen- und Katastrophengebieten wohlfühlen, weil man dort, wie auch im Krieg, das Gefühl hat, mit essentiellen Belangen zu tun zu haben, weil man in primitiven Verhältnissen lebt und vom Tod umgeben ist.

Auf den Alltag projiziert, lassen diese männlichen Empfindungen befürchten, daß auch der häusliche Krieg von ihnen nicht als Problem, sondern als besonderer Reiz erlebt wird. Aus dem Ehetrott und dem spießbürgerlichen Familienleben wird ein Drama. Die Polizei kommt. Waffen und Projektile fliegen durch die Luft. Selbst der harmlose Gummibaum läßt sich umfunktionieren zu einem Schlaginstrument. Rohe Emotionen werden ausgelebt. Die schreckgeweiteten Augen der eigenen Kinder bestätigen es: Man ist kein fader, braver Kleinbürger, sondern ein gefährlicher, gewaltiger Mann.

Das Opfer und sein Publikum

Eine junge Frau malt ihre Wohnung aus, in einem Haus auf dem Land, das sie mit zwei anderen Frauen bewohnt. Es ist Nachmittag, und die Wespen machen ihr schwer zu schaffen. Mit einem Insektenspray vertilgt sie das Exemplar, das sie gerade gestochen hat. Während sie fluchend Jod auf den Stich aufträgt, kommt ein Mann in die Wohnung. «Wo ist Joe?» fragt er grußlos. Sein Verhalten, sein jovial anmaßendes Auftreten, geben Marjorie schon ein erstes Gefühl des Unbehagens. Sie fordert ihn auf, zu gehen; es gäbe hier keinen Joe. Er weigert sich; sie erfindet einen Ehemann, der Polizist ist und im oberen Stockwerk schläft und droht, ihn zu holen. Der Eindringling lacht nur höhnisch und scheint genau zu wissen, daß es einen solchen Ehemann nicht gibt. Marjorie versucht, resolut und selbstsicher zu wirken, aber der Eindringling lacht sie nur aus. Die Stimmung wird immer bedrohlicher. Sie versucht davonzulaufen; der Mann verstellt ihr den Weg. Sie versucht zu telefonieren; er reißt das Kabel aus der Wand. Dann fällt er über die Frau her. Der Einbrecher würgt sie, drückt ihr ein Kissen auf das Gesicht, schlägt sie nieder und verlangt von ihr, daß sie bei der Vergewaltigung «mitmacht». Sie soll sagen, daß sie ihn liebt. Sie soll ihn umarmen und sagen, daß sie mit ihm schlafen will. Unter Gewalt, Folter und Morddrohungen zwingt er sie, diese Sätze zu sprechen. Während sie mit ihm kämpft, erblickt Marjorie plötzlich die Sprühflasche mit dem Insektizid. Sie arbeitet sich an diese Flasche heran. Es gelingt ihr, ihm das Insektengift in die Augen zu sprühen. Während er sich schmerzverzerrt am Boden wälzt und seine Augen reibt, kann sie ihn fesseln. Sie verbindet ihm die Augen, schnürt ihn ganz fest zusammen und will weglaufen, um die Polizei zu holen. Der gefesselte Vergewaltiger ist gar nicht entmutigt. Er beschimpft sie, droht weiterhin und verspottet sie. Sie soll nur ruhig zur Polizei gehen. Die Vergewaltigung wurde nicht «vollzogen», sie hat auch keine ernsthaften und sichtbaren Verletzungen. Wenn er überhaupt ins Gefängnis kommt, dann höchstens für ein paar Monate. Danach wird er zurückkommen und sich an ihr rächen. Vielleicht vergewaltigt er sie dann wirklich; vielleicht zerschneidet er ihr das Gesicht mit Rasierklingen. Marjorie, noch ganz zittrig von dem Kampf, ist von dieser neuen Perspektive völlig paralysiert. Was soll sie tun? Sie muß nachdenken. Um ihn inzwischen gefangenzuhalten, schleppt sie ihn zum Kamin und sperrt ihn dort mittels einer Verbarrikadierung ein. Der Mann beschimpft sie, verspottet sie, droht. Sie erkennt, daß sie nie mehr in Sicherheit sein wird vor ihm, daß sie sich immer und überall wird fürchten müssen vor seinem erneuten Erscheinen. Sie kann doch nicht seinetwegen alles hinter sich lassen und in eine andere Stadt ziehen? Eigentlich müßte sie ihn umbringen; anders kann sie ihr vorheriges Gefühl der Sicherheit nicht mehr zurückgewinnen. Noch ganz hysterisch durch das Erlebnis, schwankt sie zwischen Haßgefühlen, Racheplänen und Angst. Der Vergewaltiger hingegen ist gelassen und selbstsicher. Er weiß, wie sich zeigt, viele Details über Marjorie, denn er hat aus dem Briefkasten ihre Post gestohlen und gelesen. Er lauert ihr schon lange auf. Er weiß, daß ihr Vater ein Herzleiden hat – wird ihm das guttun, wenn seine Tochter als Vergewaltigungsfall in der Zeitung steht, fragt er zynisch? Während Marjorie, zitternd bei dem Gedanken, ratlos vor ihm steht, kommt ihre Freundin Patrizia nach Hause. Patrizia will sofort die Polizei holen. Marjorie erklärt ihr, warum das nicht ginge. Sie beschließen gemeinsam, daß der Mann verschwinden muß. Patrizia bewacht ihn, während Marjorie in den Garten geht, um ein Grab für ihn zu schaufeln. Aus dem Gespräch zwischen den beiden Frauen hat der Mann erkannt, daß Patrizia das «schwache Glied» ist; während er mit ihr allein ist, redet er unentwegt auf sie ein. Sie wird doch nicht in diesen absurden Plan einsteigen. Sie macht sich dadurch doch zur Mörderin. Glaubt sie denn wirklich, daß dieser Mord unentdeckt bleiben wird? Außerdem hat er ja gar nichts getan. Er wollte nur telefonieren, dann hat er – das muß er zugeben – Marjorie in den Po gezwickt. Sonst aber war nichts. Und diese Frau ist sofort wahnsinnig geworden. Man sieht ja, was sie ihm angetan hat. Sie hat ihn mit Giftspray geblendet. Sie hat ihn mit brühendheißem Wasser überschüttet. Sie hat ihn gefesselt und in den Kamin gesteckt. Sie hat ihn mit Benzin übergossen, um ihn in Brand zu setzen. Die Frau ist wahnsinnig. Jetzt will sie ihn noch ermorden und Patrizia zu ihrer Mittäterin machen.

Patrizia wird unsicher. Während die beiden Frauen diskutieren, kommt die dritte Freundin heim. Sie ist Sozialpädagogin und versucht, in die Hysterie, die sie vorfindet, Ruhe und Vernunft einzubringen. Dieses Bemühen steigert Marjories Nervosität nur. Sie will nicht überlegen, warum dieser Mann zum Vergewaltiger wurde. Sie will nicht «verstehen», was passiert ist. Sie möchte, daß ihre Freundinnen zu ihr halten und ihre Verzweiflung verstehen. Sie möchte einen Ausweg finden. Statt dessen stößt sie auf Unverständnis. Die Frauen, die den brutalen Vergewaltigungsfall nicht miterlebt haben, verstehen ihr Verhalten nicht. Marjories Aggressionen gegen einen gefesselten und völlig unschädlichen Mann wirken auf sie befremdend. Wie kann sie mit dem Hammer auf einen Mann einschlagen, der hilflos am Boden liegt? Die Sozialpädagogin Terry will ihre humanitär-liberale Weltanschauung in die Praxis umsetzen. Sie will nicht, daß Marjorie sich auf dieselbe Stufe stellt wie der Täter; zivilisierte Menschen haben sich von der Gewalt in jedem Fall abzuwenden. In dieser Extremsituation kommen die Spannungen, die schon lange zwischen den Frauen bestehen, zum Ausbruch. Patrizia ist eifersüchtig, weil ihr Freund ein Auge auf Marjorie geworfen hat. Terry ist mit Marjories Lebenswandel nicht einverstanden. Marjorie steht da als die hysterisch Unzurechnungsfähige, während der Mann, der die Situation geschickt für sich zu nutzen versteht, fast schon als Opfer erscheint. Stöhnend macht er auf seine verätzten Augen aufmerksam. Terry besteht darauf, daß man ihn wenigstens medizinisch versorgen müsse, während man die weiteren Schritte überlege. Marjorie muß Patrizia Geld geben, damit sie ein Gegenmittel für das Insektengift holen kann. Terry entfernt die Augenbinde und erschrickt über seine Verletzungen. Er bekommt auch ein Sandwich. Terry lockert seine Fesseln. Dabei entdecken die Frauen, daß er unter seinen Jeans ein scharfes Springmesser trägt. Schlagartig erscheint die ganze Geschichte in einem neuen Licht. Unter der Bedrohung des vorgehaltenen Messers gesteht der Mann, daß er seit Wochen das Haus beobachtet hat und die Vergewaltigung gut geplant hatte. Die drei Frauen halten nun zusammen, sehen aber trotzdem nur die Möglichkeit, die Polizei zu rufen. Daß ihr Leben nie mehr so ablaufen wird wie früher, muß ihnen dabei bewußt sein.

Dieses Stück, das Ende 1984 in verschiedenen deutschen Städten und in Wien Premiere hatte, wirft viele Fragen auf. Das Verhalten der drei Frauen, deren Solidarität so zerbrechlich ist, ist nur schwer nachvollziehbar. Es ist aber die Voraussetzung dafür, daß der an sich hilflos gefesselte Mann in der Situation der Stärkere bleibt. Das wirklich Irritierende an diesem Stück aber ist, daß es trotz – oder gerade wegen – seiner Realitätsferne die Realität so gut trifft. Vergewaltigte Frauen können tatsächlich nicht mit dem Verständnis und der Solidarität ihrer Umgebung rechnen. Sie müssen sich darauf gefaßt machen, daß ihr eigenes Verhalten auf seine Logik und Schlüssigkeit hin überprüft wird. Daß man in einer solchen Situation nicht von einer Frau erwarten kann, kühl und überlegt zu reagieren, akzeptiert weder das Gesetz noch die Umwelt. Richtig ist auch, daß eine Vergewaltigung eine Frau für immer prägen kann. Ihre Beziehungen zur Verwandtschaft, zum Mann, zu späteren Sexualpartnern wird zumindest auf sehr lange Zeit verändert sein. Ihre Beziehung zu ihrer Wohnung, zu ihrer Nachbarschaft – je nachdem, wo der «Tatort» war – wird sich verändern. Sie wird, wie Marjorie es eindringlich beschreibt, nachts aufwachen und in den Schatten Einbrecher sehen. Außerdem wird sie immer in der objektiv angebrachten Angst leben, daß der Täter zurückkommen und sich für die Anzeige rächen wird.

In München wird das Stück im «Theater im Marstall» aufgeführt. Gemeinsam mit dem Dramaturgen und den Schauspielern laden wir das Publikum ein, im Anschluß an die Vorführung noch über das Stück zu diskutieren. Am Rande des verwüsteten Bühnenbildes wird zuerst über das Stück und später über das Problem gesprochen. Ist die geschilderte Handlung glaubwürdig? Das Publikum besteht überwiegend aus jungen Leuten, die einen studentischen Eindruck machen. Da sich das Publikum in diesem Theater gegenübersitzt, konnten wir während der Aufführung einen kritischen Blick auf die Zuschauer werfen: Männer und Frauen, bemerkten wir dabei, reagierten sehr ähnlich auf die verschiedenen Szenen. Während des Vergewaltigungsversuchs Anspannung, Jubel über das schnelle Reaktionsvermögen der Frau, Spott über die überliberale Sozialpädagogin. In der Diskussion aber bahnen sich schnell die ersten geschlechtsspezifischen Wahrnehmungsunterschiede an. Die Männer beschwerten sich darüber, daß ein Affektmord eigentlich die viel glaubwürdigere Reaktion der Frau gewesen wäre, und vermuteten in der lange hinausgezogenen Quälerei des Mannes durch Marjorie eher eine dramaturgische Notwendigkeit: sonst hätte es schließlich kein Stück gegeben. Nachdem sie ihn durch das Spray unschädlich gemacht hatte, hätte sie ihn mit dem Hammer erschlagen sollen; das wäre ein zufriedenstellender und nachvollziehbarer Ausgang gewesen. Die Frauen teilten diese Ansicht nicht. Daß die Frau sich für die erlebten Demütigungen rächen will, fanden sie nur allzu plausibel. Mitten in dieser Diskussion kommen die Schauspieler, die sich schnell noch umgezogen hatten. Klara, die im Stück die Rolle der Marjorie spielt, fühlt sich durch das Justizdenken der männlichen Zuschauer nicht angesprochen. «Das ist ja das Problem», sagt sie. «Frauen denken ja. Wenn Marjorie eine Emotionskiste wäre, hätte sie ihm gleich den Schädel eingeschlagen.»

Ein Mann aus dem Publikum erinnert sich an eine Szene, die seiner Ansicht nach dieser These widerspricht. Da gibt es doch diesen Wortwechsel, wo Terry ihre Freundin kritisiert, weil sie schon genauso brutal sei wie der Eindringling. Und Marjorie bricht dann zusammen und sagt, daß sie nicht so werden will wie er. Klara schüttelt den Kopf. Es war genau umgekehrt, berichtigt sie. Marjorie hat sich gewünscht, daß sie *doch* so sein könnte wie er. Daß sie genauso brutal sein könnte wie er und ihn umbringen könnte, statt, geschüttelt von Zweifeln und Skrupeln, gelähmt vor dieser Situation zu stehen.

Bald polarisiert sich das Publikum. Ein Mann, laut und selbstgefällig, vertritt lange und ausführlich die banalen Vorurteile des Sexismus: «Du gehst abends weg, triffst eine Mieze und sagst, du willst mit ihr schlafen. Zuerst sagt sie nein, dann tut sie's doch, war das jetzt eine Vergewaltigung?»

Die Diskussionsteilnehmerinnen adressiert er bevorzugt als «Mauserl» und «Spatzerl». Trotzdem wirkt er offensichtlich auf die anderen Männer noch irritierender als auf die Frauen; sie widersprechen ihm ständig. Die restlichen Männer teilen sich in zwei Gruppen. Die eine Gruppe zeigt echte Betroffenheit; einer dieser Männer erzählt sogar, daß seine Frau einmal vergewaltigt wurde. Die andere Gruppe fühlt zwar tendenziell auch Sympathie mit dem Opfer, bringt aber in die Diskussion – vielleicht nur, um sie anregender zu gestalten – auch recht seltsame Thesen ein. Ein Mann z. B. findet, daß Frauen sich besser anders verhalten sollten: «Ich hätte ihn halt ‹drüberrutschen› lassen, rein praktisch gesehen.»

Ein zweiter setzt diese These auf das Stück um. Also Marjorie, findet er, hat schon auch teilweise den Überfall provoziert. Sicher, der Mann ist in ihre Wohnung eingedrungen, aber sie hat völlig falsch darauf reagiert. Sie war frech und hat «power» demonstriert; sie hat ihm befohlen, die Wohnung zu verlassen, ist selbstbewußt herumstolziert. Das hat ihn provoziert. Sie wollte sich mit ihm messen, das hat ihn herausgefordert. Sogar als Zuschauer hat er sich durch ihr Auftreten irgendwo herausgefordert gefühlt. Der Mann ist «nicht in die Wohnung gekommen, um sie zu vergewaltigen, sondern nur, um sie zu vögeln». Durch ihr Auftreten hat sie die Gewalt ins Spiel gebracht.

Die restlichen Diskussionsteilnehmer denken über diese neue Sichtweise nach, die zunächst große Skepsis hervorruft. «Wie kam dann diese Geschichte mit Joe, den es gar nicht gab?» gibt ein Mann zu bedenken.

«Das ist doch eine Einstiegsfrage», erwidert der andere. «Bist du noch nie schräg gekommen?»

Angesichts der allgemeinen Fassungslosigkeit fügt er hinzu, daß er es in diesem Fall ja rein aus praktischer Überlegung so sieht: Es wäre einfach klüger von ihr gewesen, ihn nicht herauszufordern. Sie hätte freundlich mit ihm sprechen sollen, ein wenig plaudern, und dann versuchen, ihn auf die nette Tour aus der Wohnung hinauszubringen. «Vielleicht hätte sie ihm einen Tee kochen sollen», meint spöttisch eine Frau, aber der Sprecher akzeptiert den Sarkasmus nicht. «Ja, warum nicht», sagt er. Denn schließlich, führt er aus, war dieser Mann «unheimlich liebesbedürftig». Etliche Männer stimmen dieser neuen Interpretation zu. Schließlich hat er sie gezwungen zu sagen, daß sie ihn liebe. Er wollte, daß sie ihn umarmt. Das deute darauf hin, daß er nicht bloß irgendein Vergewaltiger war, sondern wirklich ein – zugegeben perverses – Liebesbedürfnis hatte. «Im weitesten Sinn war auch er ein Opfer.» Die Frauen sehen es anders, und auch ein Mann in der vordersten Reihe, der schon einige Male durch aufrichtiges Entsetzen über die chauvinistischen Aussagen seiner Geschlechtsgenossen auffiel, sieht in diesen Aufforderungen des Vergewaltigers an die Frau eher eine bewußte Demütigung. Sie soll gezwungen werden, sich an der Gewalt gegen sie auch noch zu beteiligen. Und das war es auch, was Marjorie am meisten verletzt und empört hatte.

Es wird darauf hingewiesen, daß sich die Diskussion bis jetzt nur mit dem Verhalten Marjories auseinandergesetzt hat. Warum war sie am Anfang nicht taktisch klüger? Warum hat sie ihn nicht sofort umgebracht? War es richtig von ihr, ihn quälen zu wollen? Das Verhalten des Mannes aber, der in eine fremde Wohnung geht und eine Frau überfällt, stehe einfach im Raum. Die Männer der ersten Gruppe verstehen diesen Einwand zuerst nicht. Na, er ist halt in die Wohnung gekommen, weil er Marjorie gesehen hatte und wußte, wo sie wohnte, und daß sie zu dieser Tageszeit immer allein war, und weil er sehen wollte, ob vielleicht «was läuft». Sie hat dann, indem sie ein Sofakissen auf ihn warf, «das Feuer eröffnet». Vorher war es nicht gewalttätig gewesen. Die Frauen im Publikum sind aufgebracht. Er hat doch ihr Fahrrad zu Boden geschleudert. Er hat das Telefonkabel aus der Wand gerissen. Er hat Marjorie nicht erlaubt, das Haus zu verlassen. Erst dann, im Zug ihres Fluchtversuchs, hat Marjorie das Kissen geworfen. «Ein Telefonkabel aus der Wand reißen ist ja noch nicht Gewalt», meint ein Mitglied der Männergruppe 1.

Männergruppe 2 ist mit dieser Sichtweise überhaupt nicht einverstanden. Selbstverständlich müsse man sich fragen, warum Männer vergewaltigen. Es fällt ihnen auch gleich eine mögliche Erklärung ein. «Zum Teil ist es diese Fitness-Welle. Überall sieht man diese irrsinnig schönen Flimmermädchen mit den tollen Körpern. Oder im Sommer, im Englischen Garten, liegen die knackigsten Frauen auf den Wiesen. Und du weißt, daß du an so eine Frau nie rankannst. Da mußt du ja ein Minderwertigkeitsgefühl kriegen.» Diese Interpretation kommt, vorgetragen ohne jede Absicht der Apologetik und sichtbar ohne den Wunsch, Vergewaltiger zu rechtfertigen oder Frauen als bewußt provozierende Mitschuldige darzustellen, von dem jungen Mann, dessen eigene Frau auch schon vergewaltigt wurde.

Seiner Version stimmen ziemlich viele der anwesenden Männer zu. Für einige von ihnen folgt darauf ein zweiter Aspekt: ob diese Regung, das Unerreichbare unbedingt haben zu wollen, nicht auch auf Frauen zutrifft. Schließlich sehen auch Frauen ständig Bilder von sehr schönen Männern und müssen sich der ästhetischen Mängel ihrer eigenen Freunde und Männer schmerzlich bewußt werden. Liegt es bloß nicht im Wesen von Frauen zu vergewaltigen? Oder sind sie nicht so erzogen worden, daß sie es als reale Möglichkeit betrachten? Und tun es einige Frauen nicht ohnehin? Vielleicht, so ein Mann aus der Gruppe 2, haben sie es einfach nicht nötig, Männer zu vergewaltigen, da eine Frau letztlich sowieso mit jedem Mann schlafen kann, wenn sie es will. Durch Verführung. So daß sie die gröberen Waffen des Mannes nicht nötig hat.

Bei den Frauen bricht echte Ratlosigkeit aus. Was heißt das, ob Frauen nicht mit einer anderen Erziehung genauso Männer vergewaltigen würden? Wie soll das gehen, physiologisch? Angesichts dieser Verwirrung machen sich die Männer nun weitergehende Gedanken. Ist eine Vergewaltigung in erster Linie etwas Sexuelles? Oder steht die Gewalt im Vordergrund? Der Dramaturg plädiert für die zweite Deutung. Man sieht doch oft, daß Telefonzellen zertrümmert wurden. Und warum? Offenbar nur, weil sie dastanden und sich die Gelegenheit dazu bot. Sie erfüllten einen Destruktionswunsch. Und ähnlich wird es bei der Vergewaltigung vielleicht auch sein. Man will gewalttätig sein, und die Frau dient als Opfer für die Aggression. «Man kann ohne wesentlichen Grund einen Wert vernichten.» Frauen werden vergewaltigt und Männer nicht, weil «eine Frau einen zerstörbaren Verkaufswert darstellt». Durch Dinge, die mit seiner Sexualität geschehen, wird ein Mann in seiner Substanz nicht berührt; eine Frau aber schon. Wenn nicht in ihren eigenen Augen, dann zumindest in den Augen ihrer Umwelt.

Auf diese freischwebende Aggressivität, meint ein anderer Mann, muß man sich vielleicht einstellen. Touristen, die nach New York fahren, wird z. B. geraten, immer 40 Dollar mit sich zu tragen. Wenn sie dann überfallen werden, können sie sich gefahrlos freikaufen. Dieses Beispiel ermuntert die Männergruppen 1 und 3, sich wieder Gedanken über Anti-Vergewaltigungsstrategien zu machen. Wenn Frauen Vergewaltigungen nicht anzeigen, weil sie die gesellschaftliche Reaktion darauf fürchten und eine «Wertminderung» ihrer Person darin sehen; wenn die Vergewaltigung kein eigentlich sexueller Akt ist, sondern in der Ausübung von Macht ihren wahren Reiz für Männer hat, dann müßte man doch an diesen beiden Punkten ansetzen. So wie damals diese Kampagne «Ich habe abgetrieben», meint einer. Das hat einen Denkprozeß eingeleitet. In derselben Weise könnte man den Begriff der Vergewaltigung eliminieren, indem die Frauen sich einfach weigern, mitzuspielen. «Ich woll das nicht so drastisch ausdrücken wie der Herr vorhin, mit dem ‹einfach rüberrutschen lassen›, aber es ist schon was dran.» Wenn Frauen sich nicht wehren, können sie auch nicht vergewaltigt werden. «Damit kann man diesem Denken den Boden entziehen.» Also er meint, fragt eine Frau fassungslos nach, daß eine Frau fünf Rocker auf einer nächtlichen Straße einfach entwaffnen kann, indem sie sagt, «bitte sehr»? «Na ja», wendet er ein, «es werden ja nicht immer gleich fünf Rocker sein.»

Von den Rockern kommt die Rede nun auf den Alltag. Auch hier, wird festgestellt, sind die Beziehungen zwischen Männern und Frauen nicht unbelastet, unausgesprochene Rituale und Erwartungen verzerren das Zusammenleben.

Ein Mann aus der Gruppe 2 weiß ein Beispiel. Eine Frau sitzt in einem Lokal. Ein Mann tritt auf sie zu und fragt, ob der Platz neben ihr noch frei sei. Sie sagt: «Ja.» Nach einer halben Stunde kommen Bekannte der Frau, und sie geht mit ihnen weg. Der Mann fühlt sich betrogen. «Wenn ich gewußt hätte, daß sie weggeht, hätte ich mich nicht herzusetzen brauchen.» Das zeigt, meint der Erzähler, wie absurd die ganze Sache ist. Die Frau hat drei Möglichkeiten. Sie kann sagen: «Ja, der Platz ist frei.» Dann hört der Mann aus diesem Satz schon alle möglichen Verheißungen heraus. Oder sie sagt: «Nein, der Platz ist nicht frei.» Dann ärgert er sich und denkt, sie wartet auf einen Mann, der ihr besser gefällt. Oder sie sagt: «Ja, der Platz ist frei, aber ich will nicht mit Ihnen schlafen.» Dann denken alle, diese Frau sei verrückt.

Nach der Diskussion bleiben noch einige Männer aus der Gruppe 2 da, um ihre wichtigste Einsicht aus dem Gespräch mitzuteilen: daß Männer eigentlich nicht verstehen können, was eine Vergewaltigung für eine Frau bedeutet. Sie haben, wenn man aus dieser Diskussion Schlüsse ziehen darf, damit wirklich recht. Für die Männer der dritten Gruppe ist die Vergewaltigung ein anregendes Gedankenspiel. Sie meinen ja nicht wirklich – man hofft es zumindest –, daß Frauen sich gegen Überfälle nicht mehr wehren und sich davon nicht mehr persönlich betroffen fühlen sollten, weil damit die Vergewaltigung ihren Zweck und ihre Bedeutung verliert. Sie wollen mit dieser provokanten These nur die Diskussion beleben.

Die Männer der Gruppe 1 haben, das muß man nach ihrem Diskussionsverhalten leider dringend vermuten, nichts verstanden. Vergewaltigung bedeutet für sie im Grunde genommen nur, daß jemand, der ursprünglich nicht mit diesem Mann schlafen wollte, es schließlich – aus welchen Gründen auch immer – getan hat. Ein Mann, der von einer Frau mit Hartnäckigkeit verfolgt und schließlich verführt wird, steht letztlich auf derselben Stufe wie eine Frau, die aus Einsicht in die mögliche Gefahr einem außer Kontrolle geratenen Liebessuchenden nachgibt. Sicher ist es nicht richtig, daß so etwas passiert, aber es kommt eben vor. Die vernünftige Frau überlegt in einer solchen Situation, wie sie das Risiko vermindert. Wenn sie sich nicht wehrt, wird sie nicht verletzt. Das ist die Logik, die auch der Vergewaltiger in dem Theaterstück vorbrachte: «Du machst alles wieder kaputt, sei lieb, sonst muß ich dir weh tun», sagte er zu Marjorie, als sie Widerstand leistete. Die Männer der ersten Gruppe finden diese Logik schlüssig. Sie finden, daß Vergewaltigung nicht anders ist als die anderen Risiken des Lebens: Hagelstürme, Taschendiebe. Es ist sogar noch eine weniger bedrückende Sache, weil man letztlich nie so ganz sicher sein kann, daß die Grenze zwischen Überredung und Gewalt wirklich überschritten wurde. Daß sich die «schräge» Annäherung in eine Vergewaltigung umwandelt, ist nicht zuletzt Schuld der Frau, die sich unklug verhält. Wenn sie sich vehement körperlich wehrt, «wird» es eine Vergewaltigung. Wenn sie vernünftig ist, passiert ihr «nichts».

Traurig in Utopia

Trauer überfällt die Frauen, die sich in ihren Hoffnungen auf einen verständnisvollen Mann betrogen sehen. Zorn empfinden sie, wenn sie die unausrottbaren Muster wiederentdecken, nach denen auch heute noch die Liebes- und Lebensbeziehungen zwischen Mann und Frau ablaufen.

Für viele Frauen ist eine Trennung mehr als der Verlust einer Beziehung. Sie ist auch das Eingeständnis, daß alles, was davor war, eine Lüge war. Gerade die unkonventionelleren Frauen begeben sich mit ihren Erwartungen in eine sehr verletzliche Position.

Bei der Lektüre der folgenden Erfahrungsberichte vergißt man leicht, daß es sich hier durchweg um sogenannte progressive Männer handelte, um solche, die anders leben wollten als die Vätergeneration. Auffällig ist, zu wessen Ungunsten auch hier wieder die nach diesen neuen Regeln gelebte Beziehung (und Trennung) ausgeht, und wie schnell vor allem Männer die neuen Regeln vergessen, sobald es um das Geld, den Volvo und das gemeinsam angeschaffte Haus geht.

Mit den Männern ist es wie mit den Amerikanern. Diejenigen, die man kennt, sind so nett, daß man sich gar nicht vorstellen kann, wie es jemals zu den Brutalitäten von My Lai kommen konnte.

Wenn aufgeschlossene Männer sich mit den Texten und Ideen der Frauenbewegung befassen, haben sie meist folgenden vehementen Einwand: Sie ärgern sich über die Verallgemeinerungen. Sie haben noch nie eine Frau geschlagen. Sie haben noch nie eine Frau vergewaltigt. Sie belästigen am Arbeitsplatz keine Kolleginnen. Und wenn es nach ihnen ginge, sollten Frauen selbstverständlich das gleiche verdienen wie Männer. Wenn aber Frauen meist die schlechteren Arbeitsplätze bekommen und schlechter bezahlt werden, wenn sie überall mit blöden Bemerkungen und Unterstellungen konfrontiert, geschlagen und vergewaltigt werden, und wenn die Täter jedesmal Männer sind, über wen soll man dann aber nachdenken, wenn nicht über die Männer generell?

Sehen wir uns die Rechtsreformen der letzten Jahre darauf hin an, was sie den Frauen gebracht haben. Ohne Zweifel, sie haben Verbesserungen gebracht. Aber zugleich spricht aus ihnen ein kaum zu übertreffender Zynismus. Für jede Benachteiligung, die eliminiert wurde, wurden vier Schutzmaßnahmen gestrichen. Hier gelang es, die Frauenbewegung vollständig zu überrumpeln, ihre eigenen Unklarheiten gekonnt auszuspielen. Was ist Weiblichkeit? Welche Interessen sind denn Fraueninteressen? Gibt es überhaupt Fraueninteressen? Auf diese Fragen, die schwer zu beantworten sind, wußte die herrschende Ordnung verdrehte Erwiderungen.

Auch wir haben keine endgültigen Antworten, aber:

Nehmen wir einmal an, daß Frauen wirklich im Bereich der Subjektivität, der Interpretation von Beziehungen und Einstellungen eine besondere Begabung haben. Nicht jede Frau, und vielleicht weniger infolge von Sozialisation und historischer Spezialisierung als infolge von natürlicher Eignung. Nehmen wir an, daß Frauen besser sind in der Wahrnehmung subjektiver Haltungen, im Eingehen auf Personen, daß vielleicht sogar ihr Denkprozeß anders strukturiert ist als der gegenwärtig männliche. «Frauen sind unlogisch», hieß das früher; wir wollen das nennen: sie wenden eine *andere* Logik an, nämlich eine, die eine Vielzahl von Details aufnehmen und verarbeiten kann, ohne daß jedes Detail – denn das wäre unmöglich – in die bewußte Überlegung eingeht. Intuition heißt das im landläufigen Sprachgebrauch, und vielleicht wäre es wirklich sehr interessant und würde eine Menge bringen, wenn man sich mit dieser Art des Denkens genauer befassen würde.

Daß der Satz «Frauen sind unlogisch» sexistisch und abwertend gemeint war, ist im großen und ganzen anerkannt. Nur ein unaufgeklärter Mensch wird diese Ansicht noch öffentlich verteidigen. Auch der Satz «sie denkt wie ein Mann» wird, als Kompliment gemeint, den Sprecher als verstaubten Chauvinisten entlarven. Wenn wir nun aber annehmen, daß Frauen eine eigene, von der der Männer abweichende Methode der Wahrnehmung und Beurteilung verfolgen, ist diese Methode denn nun zu größerer Anerkennung gelangt? Haben Einsichten und Meinungen, die in dieser Weise erzielt werden, das gleiche Gewicht wie die männlich begründbaren Meinungen der vorherrschenden Logik? Ist diese vorherrschende Logik, insgesamt betrachtet, wirklich so stichhaltig, daß man gar keine Veranlassung hat, sie in Frage zu stellen oder durch etwaige andere Denkformen zu ergänzen? Hat sich tatsächlich qualitativ schon etwas verändert?

«Frauen sind auch noch zu anderem gut als zum Kinderkriegen.» Eine sehr schöne, populär formulierte Einsicht. Frauen sollen nicht auf eine biologische Funktion reduziert werden, sehr gut. Jeder Schaffensbereich soll ihnen offenstehen, ausgezeichnet. Doch wie sieht das in der Praxis aus?

Die Lehrerin Silvia ist mit Theo, einem Universitätsassistenten verheiratet. Sie haben zwei Kinder, eine damals vierjährige Tochter und einen sechs Wochen alten Sohn. Silvia hatte sich für ein Jahr beurlauben lassen. Es ging ihr nicht sehr gut, da sie sich von der schwierigen Geburt mit Kaiserschnitt noch nicht erholt hatte. Silvia war sehr schlecht gelaunt. Die vierjährige Tochter hatte auf die Geburt des Bruders mit Eifersucht und Trotz reagiert und brauchte sehr viel Zuwendung. Das Baby war untergewichtig, hatte Koliken und wachte nachts alle zwei bis drei Stunden auf. Silvia sollte in zwei Wochen, sobald das Baby zwei Monate alt war, drei Nachmittage in der Woche in ihrer alten Schule wieder unterrichten. Das war einerseits wichtig, um ihre Stellung in der Schule zu halten und ihren Posten nach einem Jahr zurückzubekommen. Andererseits wollte Silvia es auch, denn sie wußte noch, daß ihr das Babyjahr beim ersten Kind sehr lang geworden war und sie schon nach sechs Monaten sehr darunter gelitten hatte, nicht unter Leute zu kommen und immer nur zu Hause zu sein. Silvias jetzige Beschwerden hatten damit zu tun: Genau wie beim ersten Kind ergab sich, daß sie durch das Zuhausesein viel mehr Verantwortung für den Haushalt übernehmen mußte als Theo. Schon als beide ganztags arbeiteten, leistete Silvia ungefähr 60 Prozent der Arbeit und Theo bestenfalls 40 Prozent. Nun hatten sich die Relation auf 80 Prozent : 20 Prozent verschoben. Außerdem ging Theo neuerdings jeden Tag in sein Büro, weil er meinte, sich zu Hause bei dem Lärm und dem weinenden Baby nicht konzentrieren zu können. Silvia fand das ungerecht. Sie war erschöpft, weil sie nachts wenig Schlaf bekam, körperlich fühlte sie sich noch sehr schwach, und nun war sie auch noch tagsüber allein mit einer sehr anstrengenden Vierjährigen und einem kleinen Baby. Sie fürchtete sich schon davor, wie es sein würde, wenn sie wieder als Lehrerin arbeitete. Dann käme noch eine zusätzliche Belastung hinzu, da nicht anzunehmen war, daß Theo ihren Teilzeitjob ernst genug nehmen würde, um ihr deshalb mehr Hausarbeit abzunehmen. Ohnehin erzählte er schon allen Leuten, daß diese Arbeit hauptsächlich therapeutischen Wert hätte und sich finanziell gar nicht auszahle, da die Babysitterin fast das ganze Gehalt aufbrauche. Er selbst befinde sich beruflich in einer sehr kritischen Phase, da seine Habilitierung bevorstehe. In ihrer Vier-Zimmer-Wohnung habe man nirgends Ruhe vor dem Geschrei des Babys. In zwei Monaten müsse er bei einer Tagung einen Vortrag halten, der auch in einen Sammelband aufgenommen werde. Diesen Artikel müsse er sehr gut vorbereiten, und daher sei es notwendig, daß er in seinem Büro ungestört arbeitete. Die Anwesenden, alle aus Universitätskreisen, fanden Theos Standpunkt einsichtig, obwohl sie Silvias Situation als bedrückend empfanden. Mitfühlend meinte später ein Kollege, daß Theo in Wirklichkeit nicht nur dem weinenden Baby, sondern auch den ständigen Vorwürfen und Klagen von Silvia entkommen wolle, wenn er ins Büro ginge.

Betrachten wir diesen Fall einmal völlig kühl und objektiv. Was sind Silvias wesentliche Aufgaben? Erstens: Ein Kind davor zu bewahren, nach der Geburt des konkurrierenden Bruders seelisch Schaden zu nehmen, indem sie auf seine Ängste und Gefühle eingeht. Zweitens hat Silvia ein Baby zu betreuen.

Was dagegen sind Theos Aufgaben? Er schreibt einen Artikel von 20 Seiten, den er vor einem Dutzend selbstgefälliger Politologen vortragen wird. Wer leistet nun die wichtigere Arbeit? Silvia, die zwei Menschen produziert hat und sie durch ihre kritischen ersten Lebensjahre begleitet, oder Theo, der einen Aufsatz über das Parteiensystem schreibt? Antwort: selbstverständlich Theo.

Auch Silvia glaubt das, und die Frauenbewegung hat sie in dieser Meinung bestärkt. Zwar hat die Frauenbewegung sie ermutigt in ihrem Gefühl, daß Theo zu Hause die Hälfte der Arbeit verrichten sollte. Aber das wird aufgehoben durch ihre Überzeugung, daß sie «nicht nur zum Kinderkriegen» da sei; was bedeutet das anderes als: das Kinderkriegen sei nichts wert, bzw. nicht sehr viel wert. Produktiv war sie nur, solange sie als Lehrerin außer Haus arbeitete. Das hat sie aufgegeben. Auch wenn sie später ihre Arbeit wieder aufnimmt, wird sie Theos Vorsprung niemals einholen können. Denn erstens arbeitet sie vorläufig nur halbtags, weil Theo sich nur peripher an der Familienarbeit beteiligte. Und zweitens arbeitet sie *nur* als Lehrerin. Silvia hat *nur* die Sozialisation der neuen Generation übernommen. Theo hingegen schreibt Aufsätze über Hobbes und das Parteiensystem.

Nach wie vor herrschen die Klischees. «Ein Kind aufzuziehen ist eine wichtige Aufgabe», dem hätten auch wir nie widersprochen. Für den «alten» Mann folgte daraus nicht viel mehr, als daß er am Muttertag eine Fleurop-Bestellung aufgeben mußte. Und viel weiter hat es auch die Frauenbewegung nicht gebracht. Wenn Familienarbeit in ihrem wirklichen, zentralen Wert für die Gesellschaft anerkannt wäre, hätte das Aufziehen von Kindern einen ganz anderen Stellenwert im Leben *aller*; Kinder würden anders behandelt werden, Familien würden Arbeit und Freizeit in andere Relationen setzen usw., usf. Diese vollkommene Umgestaltung aller Wertungen ist nicht einmal angesprochen worden. Die Frauen verrichten weiterhin die gesellschaftlich und menschlich zentrale, aber geringgeschätzte Arbeit so gut wie allein, zum Schaden ihrer anderen Interessen und Fähigkeiten und (fast oder ganz) umsonst.

Die Männer blasen sich weiterhin auf, egal wie nebensächlich oder sogar gesellschaftlich und menschlich schädlich ihre Beschäftigungen sein mögen.

Sind also Hausarbeit und Kinderarbeit wichtig, und sollen die Frauen sie weiterhin allein verrichten, mit größerer Anerkennung zwar und einem kleinen staatlichen Taschengeld? Nein. Klarmachen sollten wir uns nur folgendes: daß es nichts nützt, so zu tun, als ob die Welt sich für Frauen nun verändert hätte und man nun von ganz anderen Spielregeln ausgehen könnte. Sie hat sich in Wirklichkeit *nicht* verändert.

Dazu wollen wir die Geschichte von *Tina* erzählen.

Tina fuhr mit 19 nach Italien, um die Sprache zu lernen und ein Jahr lang eine italienische Universität zu besuchen. Sie verliebte sich in den Studenten Gianni. Nach einem Jahr kam es zu einem «Unfall» – Tina wurde schwanger. Gianni verlangte von ihr, daß sie eine Abtreibung vornehmen ließe; er fühlte sich zu jung, um die Verantwortung zu übernehmen und wollte auch noch nicht heiraten. Tina wußte nicht, was sie tun sollte. Gegen eine Abtreibung hatte sie innere Widerstände; außerdem dachte sie sich, daß die Beziehung zu Gianni nach seiner schroffen Reaktion auf diese Krise ohnehin vorüber war. Sie beschloß, das Kind zu bekommen und es allein aufzuziehen.

Zu Hause in Marburg machte man ihr die Durchführung dieses Entschlusses nicht leicht. Ihre Eltern waren entsetzt über die Schande eines unehelichen Kindes; auch die ältere Schwester distanzierte sich. Das Geld reichte kaum. Tina und das Baby wohnten in einer Eineinhalb-Zimmer-Wohnung, abgelegte Babykleider und -spielsachen von Freundinnen und die Übernahme von gelegentlichen Schreibarbeiten halfen ihr, sich von einem Monat zum nächsten über die Runden zu bringen. Zu Gianni bestand keine Verbindung mehr, und daher kam von ihm auch keine Unterstützung. Durch den Entschluß, das Kind zu bekommen, war Tina schlagartig aus ihrer früheren Schicht, der oberen Mittelschicht, ausgegliedert worden und an den Rand der Armut abgerutscht. Ohne Unterstützung des Kindesvaters und der eigenen Eltern kam Tina nur knapp zurecht.

Ihr Leben war nicht einfach; beherrscht vom Sparen, von den Bedürfnissen des Babys und der Sorge um die Zukunft. Dem «Bedürfnis nach Zärtlichkeit», das in dieser Stimmung entstand, gibt Tina die Schuld für den Abend, an dem sie den befreundeten Fotografen Herbert nach einem gar nicht romantischen Abendessen in ihr Bett nahm. Einmal nur, und das im Bewußtsein, daß Herbert zwar lieb und nett, aber kein ernst zu nehmender möglicher Partner sei. Es war der erste sexuelle Kontakt seit einem Jahr, und Tina war darauf nicht vorbereitet. Herbert besorgte aus dem Automaten ein Kondom, das einen Riß bekam. Tina machte sich keine übermäßigen Sorgen; es war an sich eine ungefährliche Zeit in ihrem Zyklus, und es war nur ein einziges Mal geschehen.

Nach einem Monat stellte sich heraus, daß Tina dennoch schwanger war. Herbert reagierte besorgt und nett, aber er hatte inzwischen eine neue Freundin, mit der er zusammenziehen wollte. Er schlug vor, daß sie vielleicht alle gemeinsam in eine

Wohngemeinschaft ziehen könnten ... Tina lacht nachsichtig, wenn sie das erzählt; er ist wie ein Kind, eigentlich.

Aber die Situation ist nicht komisch. Tina weiß nicht, was sie tun soll. Eine Abtreibung kann sie sich jetzt, nachdem sie einmal schwanger war, einmal ein Kind geboren hat, überhaupt nicht mehr vorstellen. Ein zweites Kind zu bekommen, zumal unter diesen Umständen, ist ebenfalls undenkbar. Normalerweise hätte sie in zwei Monaten angefangen zu arbeiten. Den Kindergartenplatz hatte sie schon. Endlich wäre es mit der Sozialhilfe, der traurigen Wohnung, dem ewigen Geldmangel ausgewesen.

Inwiefern ist Tinas Situation heute besser als die einer Frau vor 40 Jahren? Vor 40 Jahren hätte der Mann, wenn er aus guter Familie kam und die Frau ebenfalls, das schwangere Mädchen auf jeden Fall heiraten müssen. Zumindest wäre er finanziell verantwortlich gewesen für sie und das Kind.

Jetzt hat Tina alles allein auf dem Hals: die finanzielle Verantwortung, die Bewältigung des Alltags, die kritische Ablehnung ihrer Umwelt, die Sorge um die Zukunft, die moralische Bürde der Entscheidung für oder gegen eine Abtreibung. Herbert hat überhaupt keine Verantwortung, nicht einmal die, sich wie ein erwachsener Mensch zu verhalten.

Tina sieht sich als selbstverantwortliche, moderne Frau außerstande, Herbert Vorwürfe zu machen, seine Hilfe zu beanspruchen oder auch nur die gesetzlichen Möglichkeiten in Anspruch zu nehmen, um ihn zur Verantwortung zu ziehen. Eine emanzipierte Frau tut das nicht. Eine emanzipierte Frau meistert das Schicksal allein, voll verantwortlich für ihre Entscheidungen, Launen und auch für ihre Fehler. Um nach diesen sehr schönen, sehr richtigen Prinzipien leben zu können, müßte diese emanzipierte und moderne Frau in einer emanzipierten und modernen Welt leben. Sie lebt aber in Marburg, im Jahre 1985.

Gut für Gianni. Gut für Herbert. Sie wurden emanzipiert von der Verantwortung Frauen gegenüber.

Hanno – eine alternative Karriere

Nach vielen Jahren des «Verweigerns» hat Hanno nun eine «alternative Karriere» gemacht und in Popmusikkreisen eine Art Prominenz erlangt. Seine ehemalige Frau Annelie arbeitet halbtags als Laborantin und kommt mit diesem Verdienst kaum über die Runden.

Annelie ist Laborantin. Um einen Termin auszumachen, rufen wir im Labor an und sind beeindruckt von der sachlich und kompetent klingenden Stimme.

Annelie ist 40 Jahre alt; «40 Jahre alt und wieder allein für mich, wie am Anfang», sagt sie, aber sie sagt es verwundert und hoffnungsvoll, nicht traurig. Hinter ihr liegen so viele Wendungen und Schicksalsschläge, daß wir kaum ihre Schilderung aushalten.

Vor 17 Jahren heiratete Annelie, «aus Feigheit», sagt sie, weil sie ein Kind erwartete und es in den sechziger Jahren nicht so leicht war, eine Abtreibung zu bekommen. «Ich wollte eigentlich nicht heiraten und diesen Mann schon gar nicht», aber es schien der einzige sich anbietende Weg. Hanno wollte heiraten, unbedingt sogar. Annelie wäre es, sogar in den sechziger Jahren schon, lieber gewesen, bloß so zusammenzuleben und nicht zu heiraten. Davon aber wollte Hanno nichts wissen. «Entweder du heiratest mich, oder ihr seht mich nicht wieder», sagte er. Insistieren auf die Ehe war eine sehr widersprüchliche Haltung, die gerade deshalb einen tiefen Eindruck auf Annelie machte, da Hanno in jeder anderen Hinsicht von bürgerlichen Umgangsformen und Institutionen nichts wissen wollte.

Diese Ehe dauerte zwei Jahre. In dieser Zeit haben Hanno und Annelie sich dreimal getrennt; «beim drittenmal klappte es», sagt Annelie, meint es aber nur streng legalistisch. Beim drittenmal ließen sie sich scheiden, aber die Beziehung ging weiter.

Annelie ist interessiert, hilfreich, freundlich und möchte selber verstehen können, wieso die Beziehung so traumatisch und die Trennungen trotzdem so schwierig durchzuführen waren. Aber sie tut sich schwer mit den Erklärungen. Was störte sie denn so an ihm, daß sie ihn schon kurz nach der widerwillig geschlossenen Ehe wieder verlassen wollte? Annelie kann es nicht sagen. Fühlte sie sich abhängig, konnte sie deshalb nicht weg? «In Wirklichkeit war ich wohl abhängig, aber ich hatte immer das umgekehrte Gefühl, daß er abhängig war von mir.» War sie denn die Stärkere in der Beziehung? «Woran mißt man Stärke?»

Annelie überlegt krampfhaft, wie sie uns diese Beziehung verdeutlichen kann. «Er war ein Kind und gleichzeitig so 'n Supermann», fällt ihr ein. «Ich hatte Schuldgefühle, weil ich irgendwie die Stärkere war.» «Ich hatte das Gefühl, ich lebe schief.»

Aber wie, warum, gibt es nicht irgendein Beispiel?

Auf der Suche nach einer konkreten Antwort rekonstruiert Annelie ihre Tage mit Hanno. Er wollte keinen «bürgerlichen» Beruf, und Annelie konnte das verstehen. Die Alternative dazu war aber nicht viel angenehmer, und Geld brauchten sie. Hanno jobbte herum, oft auch am Rande er Illegalität. Dann war er manchmal wochenlang weg, Annelie saß in einer winzigen, ärmlichen Stadtrandwohnung und hatte Angst, daß er schon tot oder verhaftet war. Oder er hatte irgendwelche Nacht-Jobs. «So um zehn, elf wurde das Kind zum letztenmal gestillt und schlief. Um sechs wachte ich auf, stillte das Kind, dann kam der Mann nach Hause, aß und schlief. Dann war ich den ganzen Tag alleine. Und es war schrecklich für ihn wie für mich. Und ich wußte, daß er sich dachte, und eines Tages auch sagen würde: ‹Ich mach das euretwegen. Euretwegen sieht mein Leben so aus.› Es mußte kommen wie das Amen nach dem Gebet.»

Es gab keine Tage und keine Nächte mehr, keine gemeinsame Zeit, nur völlig entgegengesetzte Schlafens-, Essens- und Arbeitsrhythmen. Annelie konnte nirgends hingehen, nichts unternehmen. Ihr Studium hatte sie abgebrochen. Ihre Eltern wohnten weit weg und waren entsetzt über Hanno. Manchmal schickten sie Geld für Annelie und das Kind. Aber nicht für Hanno; Hanno sollte nicht auf die Idee kommen, daß Annelies Eltern sie alle erhalten würden und er daher ruhig herumgammeln könne. Natürlich mußte Annelie mit dem Geld Lebensmittel kaufen für die

Familie. Ihre Eltern wollten aber die Rechnungen sehen; sie sollte nicht Lebensmittel, sondern irgendwas Schönes für sich oder das Kind kaufen. Dann war noch Hannos Hund da; der brauchte auch immer was, wenn sonst kurz Ruhe gewesen wäre. Irgendwann wurde es Annelie zuviel. Sie machte einen Selbstmordversuch. Danach erkannte Hanno, daß es ihr Ernst war, daß sie wirklich nicht so weiterleben wollte, und willigte in die Scheidung ein.

Wir sitzen Annelie gegenüber und sehen noch immer nicht ganz, wo das Problem lag. Wurde sie nicht z. B. durch das Kind mehr beeinträchtigt als Hanno? Das Kind hat sie an der Fortsetzung ihres Studiums gehindert, das Kind mußte den ganzen Tag versorgt werden.

Annelie schweigt kurz und nickt dann. Interessant, daß wir das sagen, es stimmt auch. Als sie sich scheiden ließen, hat sie Hanno gefragt, ob er nicht das Kind nehmen könnte. «Es war ein unmöglicher Vorschlag, ich hab Schuldgefühle, wenn ich bloß daran denke, drum hab ich's wahrscheinlich verdrängt.» Annelie dachte, er hat zumindest ein Einkommen – damals arbeitete er gerade fest und legal –, und er ist nicht in einer Krise, vielleicht kann er es besser. Aber er meinte, er würde das Kind in ein Heim geben oder zu seinen Eltern, die er nicht ausstehen konnte. Da wußte Annelie, daß sie dem Kind so etwas nicht antun konnte.

Annelie bemüht sich, Hanno für uns klarer zu beschreiben. Er war eine «starke und zerstörerische Persönlichkeit». Er konnte keine Schwäche dulden, «er rastete schon aus, wenn neben ihm jemand krank war». Ein Baby war unmöglich für ihn, damit konnte er überhaupt nichts anfangen. Dafür aber war er eifersüchtig auf jene, die es doch konnten, z. B. Annelies Freundinnen, die mit dem Baby spielten.

Was Annelie am meisten störte? Vielleicht das Gefühl, ihr Leben überhaupt nicht zu bestimmen. «Ich war sehr jung. Gerade war ich zum erstenmal an dem Punkt gewesen, wo ich für mich selber verantwortlich war und für das geradestehen konnte, was ich tat. Jetzt war es auch schon wieder vorbei damit. Wenn ich allein gewesen und mir das Geld ausgegangen wäre, dann hätte ich halt für den Rest der Woche nur Semmeln gegessen.» So aber war Hanno der Handelnde, und Annelie war diejenige, die im Reihenhaus saß und wartete. Als es überhaupt nicht mehr ging mit dem Geld, ging sie arbeiten, nachts als Garderobiere. Um ¾ 4 kam sie heim. Während dieser Zeit waren das Baby und Hanno zu Hause und schliefen. Es war eine schreckliche Zeit. «Und das Verrückte war, daß ich Schuldgefühle hatte, wegen Hanno. Ich dachte, ich tu ihm das alles an, und eigentlich liebe ich ihn gar nicht richtig. Er liebte mich wenigstens wirklich, und das hat mich schuldig gemacht.»

Nach der Scheidung zog Annelie in eine Wohngemeinschaft mit drei anderen Frauen. Hanno war oft dort und «versuchte, die WG zu sprengen, indem er versucht hat, mit den anderen Frauen Beziehungen anzuknüpfen». Er kam hin und gab sich von seiner charmantesten Seite, bubenhaft, lieb, hilflos.

War das generell sein Konfliktverhalten? Arbeitete er hauptsächlich mit Schuldgefühlen und Charme, oder mit Kälte, oder war er auch gewalttätig?

Gewalttätig war er auch, sagt Annelie. Sie sagt es nicht vorwurfsvoll, sie hätte es von sich aus wahrscheinlich nicht erwähnt, und es fiel ihr nicht einmal ein, als wir sie anfangs fragten, was an der Beziehung so schlecht gewesen war. Wir machen sie darauf aufmerksam, und sie nickt. Das ist richtig. Auch damals hat sie seine Gewalt «hingenommen mit der Einstellung: so weit hab ich ihn gebracht. Selbst da hatte ich Schuldgefühle».

Aber das geschah nicht während der Ehe, sondern zwei Jahre danach, als sie es «noch einmal versuchten». Das ging nur für kurze Zeit gut, aber selbst als er ausgezogen war, behielt er den Schlüssel zu Annelies Wohnung und kam und ging, wie es ihm beliebte. «Der ganze Mechanismus aus der Zeit unserer Ehe lief während dieser Zeit noch einmal mit rasender Geschwindigkeit ab.» Warum überhaupt versuchen? Und warum spricht Annelie von «rasender Geschwindigkeit», wenn tatsächlich diese Phase des «zweiten Versuchs» länger dauerte als die Ehe? Und wie kam es dann schließlich zur Loslösung?

Annelie konnte sich über die Beziehung einfach nicht klarwerden. Lag es an ihr, daß die Dinge nicht funktionierten, und wenn ja, was konnte sie tun? Oder lag es an ihm, war in Wahrheit doch er die stärkere Person?

«Wenn ich jetzt zurückschaue, dann sehe ich, daß Hanno während dieser Zeit eigentlich sehr zufrieden war und genau das hatte, was er wollte. Er hatte seine Freiheit, sogar eine eigene Wohnung, zu der *ich* keinen Schlüssel hatte, ihn nicht einmal verlangte; er hatte mich als Geliebte, mich als Mutter für die Tochter; mich als die unabhängige Frau, die im Leben steht und ihr eigenes Geld verdient; mich in der Mutterrolle für sich. Selbst, als ich es merkte, hab ich nie gesagt, ‹es ist aus›. Ich weiß nicht, warum. Ich hab mich nicht getraut.»

Statt dessen verfiel Annelie auf einen anderen Trennungsweg, den Selbstmord. Annelie studierte damals wieder, versorgte das Kind und arbeitete nachts. Wenn sie um vier heimkam, mußte sie schlafen, konnte aber manchmal nicht. Das Gefühl, schlafen zu müssen, hielt sie wach. Ein befreundeter Arzt hatte ihr Schlaftabletten gegeben für diese Nächte. Mit diesen Tabletten wollte Annelie sich umbringen. Der Auslöser war, daß Hanno sie vergewaltigte, als er einmal zuviel getrunken hatte. Hanno hatte das Gefühl, daß sie sich ihm innerlich entzog, daß sie sich von ihm entfernte. «Im Bett», hat er gesagt, «hab ich das Gefühl, jetzt hab ich dich wenigstens ganz.» Annelie will nicht sagen, daß dies der Grund für ihren Selbstmordversuch war; es war bloß der Auslöser. Der Grund war eine allgemeine Verzweiflung und Erschöpfung, ein Gefühl, sich selber verloren zu haben. «Meine Freundinnen fragten mich nachher, wie ich das denn meinem Kind antun konnte, es allein zu lassen. Ich hab dabei nicht an mein Kind gedacht, ich hab an mich gedacht», sagt Annelie.

Später sagte Hanno, er hätte gemerkt, daß Annelie die Tabletten nahm und sich umbringen wollte. «Er sagte, er hat sich gedacht, er läßt mich sterben.» Im Bewußtsein, eine sterbende Frau neben sich zu haben, schlief Hanno ein. Am nächsten Morgen, wenn sie tot wäre, wollte er sich selbst und das Kind umbringen. Als Annelie am nächsten Morgen noch atmete, aber nicht bei Bewußtsein war, rief er den befreundeten Arzt an.

Annelie begann, außerhalb der Beziehung nach einem Halt zu suchen. Es war die Zeit der beginnenden Frauenbewegung, eine aufregende Zeit an der Uni. Es entstanden Frauen-Selbsterfahrungsgruppen. Sie traf sich immer mit einer am Donnerstag, und es war der Höhepunkt in Annelies Woche. «Es war exakt ein einziger Abend in der Woche, an dem ich wirklich wegwollte, da sollte Hanno bei der Kleinen bleiben und sie ins Bett bringen. Und meist kam er einfach nicht. Er kam nicht, und ich konnte nicht weg.» Schließlich organisierte Annelie eine andere Kinderbetreuung, wurde aktiv in der Frauengruppe, las Bücher, zu denen sie plötzlich ein ganz neues Verhältnis hatte. «Es ging um mich.» Die Welt wurde verständlicher, aufregender, zugleich aber schizophrener. «Für mich teilte sich die Welt in zwei, in eine männliche und in eine weibliche. Es war eine Zeit der Erkenntnisse, die ich aber nicht umsetzte, nicht anwendete.»

Die Anwendung kam dann in Gestalt eines erneuten Trennungsversuchs. Was sie daran hinderte, diese Trennung vollständig durchzusetzen, war die «Illusion der Vaterschaft». Weil sie für ihre Tochter einen Vater erhalten wollte, sagt Annelie, hat sie «ihn aufgebaut zu einer Schießbudenfigur». Hanno selber war abwesend, nur als die Idee eines fürsorglichen und interessierten Vaters lebte er in den Schilderungen Annelies für die Tochter. Annelie erinnert sich an die Zeit, als das Mädchen noch ein Baby war und sie in der Reihenhaussiedlung wohnten. Annelie wollte Hanno stets dazu animieren, sich für das Kind zu interessieren, mit ihr etwas zu unternehmen. Und eines Tages deutete Hanno aus dem Fenster, wo ein Mann aus der Nachbarschaft mit seiner fünfjährigen Tochter die Straße entlangging. Das Kind hatte schwarze Lackschuhe an und ein Dirndl, und eigentlich war es absurd, daß dem unkonventionellen Außenseiter Hanno ein solches Mädchen gefiel, aber er sagte: «Wenn die Kleine so groß ist und man mit ihr was anfangen kann, geh ich mit ihr weg.» Diesen Satz, so lächerlich er war, merkte Annelie sich. Als das Kind größer war, zog Annelie ihr ein Kleid an und schickte sie allein mit dem Vater auf die Leopoldstraße, um ein Eis zu essen, während Annelie «zu Hause saß und hoffte, es klappt». Leider wollte das Kind an dem Tag kein Eis, sondern wollte viel lieber an der Baustelle neben dem Eissalon Ziegelsteine eingraben. «Nach einer dreiviertel Stunde brachte er sie zurück, stellte mir diesen Dreckbatzen auf den Tisch und sagte, ‹mit diesem Kind kann man nicht›.»

Als sie sechs Jahre alt war, begann Lissi sehr unter diesen Abweisungen zu leiden. Sie warb richtiggehend um die Aufmerksamkeit ihres Vaters. Nach der zweiten Trennung gab es eine

Zeit, in der sich Hanno überhaupt nicht blicken ließ, und Lissi gab sich die Schuld dafür. «Das Kind wär mir fast unter den Fingern weggestorben, so sehr hat es sich gekränkt.» Heute fragt sich Annelie, ob es richtig war, den Vater gegenüber dem Kind so zu schonen, nie ein kritisches «oder auch nur wahres» Wort fallenzulassen und die Konflikte, die sie mit ihm hatte, vor dem Kind zu verbergen. Die Vorhaltungen, die sie Hanno machte, bekam das Kind nicht mit, und seine abweisenden Antworten auch nicht. Könnte er denn nicht wenigstens manchmal die Tochter besuchen, fragte Annelie, aber Hanno wehrte ab. Nein, das könne er nicht, «er ertrage es nicht, sie zu sehen, weil sie ihn an mich erinnere».

Damals hatte Lissi eine gleichaltrige Freundin, deren Vater Alkoholiker war. Dieses Kind verbrachte viel Zeit in Annelies Haus, und oft wurde über die beiden abwesenden Väter gesprochen. «Ich hab die Väter nie verteufelt, ich hab sie auch nie so geschildert, wie sie sind», erinnert sich Annelie und weiß nicht, ob sie damit richtig handelte. Denn beide Väter überlegten es sich später anders und wollten ihre heranwachsenden Töchter doch gerne bei sich haben. Die Töchter, fasziniert von den abwesenden Vätern, waren für ihr plötzliches Interesse sehr anfällig. Als sie 13 Jahre alt war, erinnerte sich Hanno an die Tochter und begann, sich für sie zu interessieren. «Du könntest nach der Schule in der Bäckerei frische Semmeln kaufen und mit mir frühstücken», schlug er dem Mädchen vor; er arbeitete damals in einer Diskothek und wachte nachmittags erst wieder auf. Anfangs freute sich Annelie, daß er die Tochter endlich entdeckt hatte, aber dieser Vorschlag kam ihr verdächtig vor. «Jetzt wollte er die kleine Frau in ihr, die ihn unkritisch anhimmelte.» Verdächtig schien es Annelie vor allem, weil sie inzwischen Beobachtungen über seine Charakterstruktur angestellt hatte. Zum Beispiel nahm er sich, nachdem sie getrennt waren, immer sehr junge Freundinnen, 17, höchstens 18 Jahre alt. «Junge Frauen, die noch keinen Mann sonst kannten, die er beeindrucken und prägen konnte.»

In diesen Jahren machte Hanno eine kleine Karriere. Er beteiligte sich an der Diskothek, baute sie auf zu einem Insider-Treffpunkt. Er entfaltete ungeheure Energien, erhielt Subventionen, um bekannte Künstler und Bands einladen zu können. Heute gehört er zur Lokalprominenz der Alternativkultur. Er lebt mit einer 18jährigen zusammen, einer Sängerin. Lissi ist fasszinierter denn je von ihm, und er versteht es, diese Anziehung gekonnt zu schüren. «Er verschwand für Wochen und ließ nichts von sich hören; er lebte mit einer siebzehnjährigen und gab uns kein Geld, so daß ich meinen Vater anbetteln mußte, um Essen zu kaufen; er kümmerte sich keine Sekunde um das Kind», sagt Annelie, «und ich hab nie ein böses Wort über ihn gesagt vor Lissi, weil ich ihr den Vater erhalten wollte. Und vor ein paar Wochen kam Lissi ganz verweint nach Hause und sagte, der Papa habe ihr erzählt, daß ich sie abtreiben wollte. Andeutungsweise ließ er durchklingen, daß bloß er sie in letzter Sekunde ‹gerettet› hatte. Dabei stimmte das alles nicht. Ich war so schockiert, daß er ihr so was erzählte, daß ich gar nicht wußte, was ich sagen sollte. Ich dachte immer nur: Wie kann er das tun? Wie kann er so etwas tun? Erstens wollte ich doch nicht die Lissi abtreiben; das war ja noch nicht die Lissi. Zweitens hat *er* den Arzt gefunden, der die Abtreibung machen wollte, und ich bin nicht hingegangen, weil ich mich nicht getraut hab. Aber egal; dem Kind diese Geschichte zu erzählen, ist doch Wahnsinn. So sehr hätte ich ihm nie schaden wollen, daß ich dafür das Kind so unglücklich mache.»

Annelie empfindet keinen Zorn oder Haß Hanno gegenüber. Sie sieht ihn als Kind, als etwas unzurechnungsfähiges Kind mit Charakterproblemen. Sie selber ist die Erwachsene, deren Schuld es ist, daß sie mit diesem Kind nicht zurecht kam. Zugleich ist sie überrascht, daß es ihm jetzt so gut geht, und ihr so schlecht. «Er hat richtiggehend Karriere gemacht», sagt sie verwundert, leicht amüsiert. Ihre eigene Situation ist sehr deprimierend, obwohl sie es nicht so zu sehen scheint. Sie hat eine abgebrochene Ausbildung. Sie verdient schlecht. Ihre letzte Beziehung, die sehr gut und sehr gleichberechtigt war, die ihr sehr guttat, endete mit dem plötzlichen und völlig unerwarteten Tod des Mannes bei einem Autounfall. Ihre Tochter fühlt sich zu einem Vater hingezogen, der sie immer wieder verletzt. Trotzdem ist Annelie zuversichtlich.

«Ich steh jetzt wieder dort, wo ich anfing. Ich steh für mich allein da. Mit Hanno ist es völlig aus, wir sehen uns überhaupt nicht mehr. Meine Tochter ist fast schon selbständig, ich muß kaum mehr Sorgen haben um sie.» Natürlich ist ihr bewußt, daß es nicht egal ist für eine Frau, ob sie mit 20 oder mit 40 in die Welt hinausgeht. Sie würde kaum einen jungen Freund finden, der sie anhimmelt und bedient und ihre düstere Vergangenheit aufregend und faszinierend findet. Amtliche Stellen, bei denen sie um Subventionen nachsuchte, würden in ihr nicht die etwas chaotische Künstlerin sehen, sondern die labile 40jährige. Auf ihre Tochter wirkt sie nicht mysteriös und in ihrer Abweisung reizvoll, sondern sie ist die selbstverständliche Mutter mit ihren menschlichen Problemen und ihrer Verläßlichkeit. Und in der eigenen Vorstellung ist Annelie eine höchst unvollkommene Person mit sehr kritisierbarem Verhalten und ständig infragezustellenden Wahrnehmungen und Empfindungen. Ihre Analysen, ihr Nachdenken, ihre Beschäftigung mit feministischer Lektüre haben Annelie geholfen, sich selber noch gründlicher zu durchleuchten, noch heftiger die eigenen Widersprüche zu verachten, noch härter mit sich ins Gericht zu gehen. Wenn sie Hanno um eines beneidet, dann nicht um seinen Erfolg, nicht um seine junge Freundin, nicht um die Ehrerbietung seiner Tochter, sondern um sein naives, von Zweifeln und Selbstkritik unbelastetes Selbstbild: um «diese Sicherheit in einem so total unterentwickelten Ich».

Nicht seiner Bosheit, nicht seiner Berechnung, nicht seinem Sadismus schreibt Annelie die Dinge zu, die er ihr angetan hat, sondern seinem zielstrebigen, fast instinktiven Egoismus, unbehindert durch irgendwelche theoretischen Erörterungen oder innere Fragen.

«Ich hatte ihm gegenüber eine einzige wirkliche Schwachstelle, und das war das Kind», sagt Annelie. «Und exakt da hat er angesetzt», manchmal mit Verweigerung, manchmal mit Drohungen, manchmal mit Vernachlässigung und später mit Abwerben. Bei all dem schien er sich weder schuldig noch schlecht zu fühlen.» Annelie hingegen hält sich für eine schlechte Mutter, eine schlechte, weil inkonsequente Feministin, eine schlechte, weil unausgebildete Laborassistentin, eine schlechte, weil geschiedene Ehefrau, eine schlechte, weil in Krisen und Dramen getrennte Partnerin, eine schlechte Tochter, eine schlechte, überflüssige Person, die im Leben noch nichts erreicht hat.

Philip – der Klinikdirektor

Philip ist Psychologe und übernahm nach dem Tod seines Vaters dessen Privatklinik. Leah, früher im Beruf sehr erfolgreich, gab ihre Arbeit nach einigen Ehejahren auf und steht heute vor der Scheidung.

Leah ist die erste unserer Gesprächspartnerinnen, die trotz Trennung von ihrem Mann ganz sichtbar noch in einem Familienverband lebt. Zwei kleine Katzen springen herum, entwischen durch die Eingangstür, müssen gesucht werden. Am Eßtisch löffeln drei kleine Kinder einen Bohneneintopf; der Älteste, ein achtjähriger Sohn, mustert uns feindselig. Leah erklärt uns später, warum; er glaubt, daß sein Vater nun mitsamt seinen Missetaten in die Zeitung kommen wird, und er ist durch nichts von dieser Überzeugung abzubringen. Leah tut es leid, daß ihr Sohn diese Sorge hat; andererseits schadet es ihm nicht, meint sie, wenn er lernt, daß Beziehungen ein wichtiges Thema von allgemeinem Interesse sind und daß private Probleme eben nicht bloß privat sind. Nach dem Zähnebürsten geht sie noch einmal nach oben, um ihm die Anonymität unseres Berichts zuzusichern, aber auch, um ihm zu sagen, daß man sich für sein Verhalten rechtfertigen muß und auch in der Familie nicht tun kann, wozu man gerade Lust hat. Neben den Katzen und den Kindern ist auch noch Elvira da, eine Freundin Leahs aus der Schweiz. Im Laufe des Abends interveniert sie heftig und häufig und vertritt dabei eine eigentümliche Mischung aus vorfeministischer Frauensolidarität (Männer sind alle dumm und unbrauchbar, man muß sich klug verhalten und absichern, Leah darf sich auf keinen Fall austricksen lassen bei der Scheidung) und antifeministischem Engagement (Ich *bin* einfach verheiratet, ich könnte mir das Leben anders gar nicht vorstellen; du darfst von einem Mann nicht erwarten, daß er sich um dich sorgt, wenn du krank oder schwach bist, das liegt nicht in seinem Wesen. Pflegen liegt im Wesen der Frau, du tust es halt, weil du es *gerne* machst, und darfst nichts dafür erwarten, usf.). In perverser Weise leistet sie einen Beitrag zum Gespräch; sie vertritt eine Position, die in ihrer Widersprüchlichkeit manches klarmacht.

Leah wirkt sanft und ausgeglichen. Sie hat lange, lockige Haare; sie und ihre kleine Tochter tragen bestickte Palästinenserkleider. Schon am Nachmittag, hören wir, wurde über Männer, Scheidung, Liebe gesprochen; Elvira referiert als Einstimmung die Erkenntnisse, die sie persönlich in solche Diskussionen einzubringen hat: «Männer wollen schlecht behandelt werden», «Männer geben nicht» und «Wenn Männer nicht vollkommen gedankenlos und selbstsüchtig wären, würde es auch keine Weltgeschichte geben.»

Das Thema der Selbstsucht liegt in der Luft, weil die Frauen sich vor unserem Kommen darüber unterhalten hatten. An ihrer Trennung von ihrem Mann störte Leah am stärksten: Seine Loslösung von ihr fand statt, als sie vor einem Jahr mit einer langwierigen Krankheit für einige Monate ins Krankenhaus mußte. Anfangs kam er sie noch besuchen, aber nur einmal in der Woche – er hatte Angst vor Ansteckung, obwohl die Ärzte ihn wohl nicht hineingelassen hätten, wenn Leahs Krankheit wirklich ansteckend gewesen wäre. «Das verstand ich noch, aber er hätte zumindest öfter telefonieren können», meint Leah. Später fuhr er dann einfach weg – nach Ostafrika. «Eine Frau darf nicht krank werden», weiß Leahs Freundin hierzu anzumerken.

Seine Abreise in ihrer Stunde der Not wäre schon schlimm genug, wenn damit nicht die Geschichte ihrer Beziehung in vollkommen verdrehter Weise zu ihrem Ausgangspunkt zurückgekehrt wäre. Die Ehe hatte nämlich damit begonnen, daß Leah ihren Mann ein halbes Jahr lang pflegte, bis er sich von einer Ansteckungskrankheit erholt hatte. Es war so gewesen: Leah und Philip lernten sich kennen, als beide Anfang 20 waren. Sie lernten sich auf einer Tagung kennen, denn sie arbeiteten in verwandten Bereichen; Philip war Psychologe und arbeitete in der Klinik seines Vaters, Leah war Diätassistentin und spezialisiert auf die Probleme hyperaktiver Kinder. Es entstand eine Freundschaft, dann eine Liebesbeziehung. Unvermittelt sagte Philip eines Tages, die

Beziehung würde ihm allmählich zu eng, und er verreise jetzt. «Damals war ich noch ganz stark, ganz frech», sagt Leah. «Ich sagte: ‹Gut, viel Spaß.›»

«Ich hörte nichts von ihm, aber ich war voll beschäftigt mit meiner Arbeit, meinen Freunden.» Nach fünf Monaten kam ein Brief aus Frankreich. Philip war in Syrien krank geworden und fast gestorben. Mit dem Schiff war er zurück nach Europa gekommen. Nun lag er in Frankreich in einem Krankenhaus, es ging ihm schlecht, er verstand die Sprache nicht, er war zu krank, um heimzufahren. Leah fuhr nach Frankreich und pflegte ihn. «Er wollte mich heiraten. Am liebsten hätte ich ja gesagt, aber ich sagte nein.» Leah hatte noch in guter Erinnerung, daß er sich durch ihre Beziehung «eingeengt gefühlt» hatte. Außerdem fürchtete sie, daß sein jetziger Heiratswunsch auf seine geschwächte Konstitution und seine Dankbarkeit zurückzuführen war. Er wurde gesund, sie fuhren zurück nach Deutschland. Dann ließ sie ihn noch sechs Monate warten. Er wollte immer noch, sie sagte ja.

Während dieser Zeit starb Philips Vater. Nach seinem Tod stellte sich heraus, daß dieser eigenwillige und sehr dominierende Mann keine Ahnung von Planung und Administration gehabt hatte. Die Klinik hinterließ er in einer totalen Krise, kurz vor dem totalen Konkurs. Philip übernahm die Klinik. «Ich werde das nie vergessen. Philip war 24 Jahre alt. Er hat die ganze Belegschaft zusammengerufen, die Schwestern, die Ärzte, die Pfleger, und hielt eine flammende Rede. ‹Es kommt eine Durststrecke›, sagte er ihnen, ‹aber gemeinsam können wir es schaffen. Für zwei Monate können keine Gehälter ausgezahlt werden, aber ich verspreche Ihnen, wenn Sie Vertrauen in mich haben, sind wir nach diesen zwei Monaten aus dem Gröbsten heraus.›» Die Mitarbeiter ließen sich dafür gewinnen. Philip, noch kurz zuvor der abenteuerlustige, etwas trotzige Sohn aus guter Familie, kniete sich in die Arbeit. Unter seiner Leitung kam die Klinik in Schwung. Auch Leah hatte beruflich Erfolg, natürlich in viel kleinerem Rahmen. Ihr unterstanden 17 Mitarbeiter in einem öffentlichen Krankenhaus, sie war immer auf dem neuesten Stand der Forschung, besuchte Fortbildungen und hielt Schulungskurse für Krankenschwestern. Da sie aber in einem Angestelltenverhältnis stand, hatte sie nur wenig Urlaub. Philip wollte, daß sie ihn auf seinen Auslandsreisen begleitete, daß sie öfter mal ein langes Wochenende nehmen konnten, daß sie zu Hause war, wenn er heimkam. «Gib doch diesen blöden Job auf, du hast das doch nicht nötig», redete er ihr zu. Leah war beeinflußbar. «Ich hab ihn angehimmelt. Er war so selbstbewußt, so sicher. Ich mußte mir immer alles mühselig erarbeiten, er durchschaute die Dinge auf einen Blick, fand Abkürzungen, eigene Wege. Die meisten Leute hielten mich für sehr selbständig und fähig, aber so war ich nur im Beruf, nicht im Privatleben. Noch etwas kam dazu: Während dieser Zeit starb meine Mutter. Das war für mich ein furchtbarer Verlust, ein Schock. Wir waren uns sehr nahe. Mit ihrem Tod war Philip für mich der nächste Halt.»

Leah gab ihre Arbeit auf. Es hatte sie selber auch schon gestört, so wenig flexibel zu sein; ihre Freunde und Bekannten hatten alle Berufe, in denen man sich die Zeit selbst einteilen konnte, und das hatte sie neidisch gemacht. Andererseits haßte sie die Veränderungen, die das Zuhausesein bei ihr bewirkten. «Ich wußte das alles vorher, aber wenn man es selber erlebt, ist es etwas anderes. Hausarbeit ist schrecklich. Kein Arbeitsvorgang ist je wirklich zu Ende. Es gibt keine Anerkennung, auch heute nicht, nach all den vielen Diskussionen zu diesem Thema. Auch selbst hat man nicht das Gefühl einer Leistung. Dadurch entsteht dieses Dienerische: ‹Wie war's heute in deiner Arbeit, Liebling?›» Leah weiß genau, warum sie sich damals trotz besseren Wissens darauf einließ. Erstens war die Versuchung, liebevoll versorgt zu sein, sehr groß. Zweitens «strebte sie die Gemeinsamkeit an» – mehr gemeinsame Freizeit, eine Familie. Dazu gehörten Kinder. Philip wollte anfangs keine Kinder, änderte aber später seine Meinung. Die Realität sah so aus, daß Philip immer mehr unter beruflichem Streß und Belastung stand, Erfolg hatte, aber immer weniger abkömmlich war. Die gemeinsame Freizeit wurde nun erst recht zu einer Illusion. «Unsere Urlaube sahen so aus, daß ich mit den Kindern auf eine Berghütte in Österreich fuhr. Ich wollte gar nicht in die Berge, aber Philip meinte, daß er sich dort am allerbesten entspannen könne. Manchmal kam er am Wochenende; oft kam er gar nicht, weil in letzter Minute irgendeine Krisenbesprechung anstand. Ich wußte das schon und wehrte mich dagegen, hinzufahren, aber Philip sagte dann immer ganz bestimmt und ganz fürsorglich: ‹Nein, nein, ihr fahrt schon, wenigstens hast du Erholung, wenn ich schon nicht weg kann.› Erholung, das war ein Scherz. Man mußte diese Hütte zu Fuß erklimmen, es führte keine Straße hin. Die Lebensmittel mußten hinaufgetragen werden vom nächsten Ort. Nachts mußte ich mit Holz einheizen. Das Wasser mußte man auf dem Herd heiß machen. Philip fand, nur so etwas sei ein echter Urlaub, ganz weg von der Stadt und dem Streß, ganz in der Natur. Wenn er kam, brachte er oft einen Freund mit für gemeinsame Wanderungen und weil man hier draußen die besten Ideen für gemeinsame Projekte hatte. Dann sah ich Philip wieder nicht.» Warum sie keinen Widerstand geleistet hat? «Ich dachte», sagt Leah selbstkritisch, «Aufopferung ist Liebe.» Sie führt diese Haltung auf ihre Mutter zurück, die ihr hier wohl Modell stand und die «nach dem Tod meines Vaters Freunde hatte, die sie schlecht behandelt haben, und zu denen sie trotzdem immer gut war». Außerdem hätte Leah sich schuldig gefühlt, wenn sie unglücklich gewesen wäre; es hätte in ihren Augen bedeutet, daß sie über die Kinder, die sie belasteten, unglücklich war.

Was Leah an Philip überhaupt mochte? Daß er so zärtlich war, sagt sie. Selbstironisch holt sie ein Foto, das die beiden während des letzten Urlaubs zeigt. Leah schmiegt sich an Philips Schulter, Philip hat den Arm um sie gelegt. «Entschuldige dich doch nicht dafür, so bist du eben», sagt Elvira darauf. «Ja, aber er hat sich damals schon von mir abgewendet, man sieht es auf dem Foto, und ich hab noch nichts gemerkt», fügt Leah hinzu.

Philip war immer häufiger abwesend. War er da, so war mit ihm nicht viel anzufangen. Abends las er Zeitungen. «Ich hab ihn bekocht, wir haben gegessen, er hat gelesen, dann hat er politisiert. Mir hing das zum Hals raus, ewig Kohl und Brandt und Schmidt. Ich interessiere mich schon für Politik, aber nicht in Form eines Vortrags und nicht jeden Abend.» Dann brachte sein Beruf noch mit sich, daß Einladungen mit Kollegen, Projektgebern und ausländischen Besuchern stattfanden. Leah kochte gern für diese Besucher, wollte aber neben «Philips Frau» noch mehr sein. «*Seine* Freunde und Kollegen waren unsere Freunde, *meine* Freundinnen fand er alle schrecklich. Ich hab immer gehofft, daß ihm meine Freundinnen gefallen werden, daß er sie nett und interessant findet. Er fand sie immer blöd, oder er wollte sie gar nicht erst kennenlernen.»

Vielleicht wäre es in dieser Weise weitergegangen, wenn Leah nicht krank geworden wäre. «Krank darfst du nicht werden. Das verkraftet kein Mann», weiß Elvira.

Philip jedenfalls verkraftete es nicht. Leah akzeptierte seinen Trennungswunsch. «Wir haben es ausführlich besprochen. Er war sehr lieb, es hat ihm leid getan. Er hat gesagt, wir wollen gute Freunde bleiben, er will bloß aussteigen. Sonst sollte alles bleiben wie vorher, damit ich und die Kinder unser Leben fortführen können. Er wollte alles zahlen wie bisher. Zweimal in der Woche kam er nach Hause, ich habe schön gekocht. Einmal hab ich ihn gefragt, ob es für ihn wirklich endgültig aus wäre oder ob noch eine Chance bestünde.» «Das weiß man nie», sagte Philip, ein Satz, an den Leah sich klammerte. Philip lebte während dieser Zeit mit einer israelischen Austauschstudentin zusammen, die kaum Deutsch konnte. Leah machte ihm, wenn er heimkam, keine Vorwürfe. «Ich hab ihn immer lieb empfangen, damit er wußte, daß er wieder heimkommen kann, und weil ich es wichtig fand für die Kinder.»

Immer noch hoffte Leah, daß sie wieder zusammenkämen. Wenn sie ihn darauf ansprach, ließ er sie in dieser Hoffnung. Dann fragte ihn eines Tages der Sohn: «Kommst du vielleicht zurück?» Und Philip antwortete: «Nein, wahrscheinlich nicht.» Das war seine erste klare Aussage, und die machte er ausgerechnet dem Kind und nicht ihr gegenüber.

Es gab noch eine zweite Szene, die Leah nicht vergessen kann. Philip kam zu Besuch, nach dem Essen saßen sie auf dem Sofa, Philip legte den Arm um sie. «Für ein bißchen Streicheln machst du alles», sagte er dazu. «Vor den Kindern», kränkt Leah sich noch heute. «Einmal sagte er zu mir: ‹Haß mich doch endlich.› Und ich sagte: ‹Nein, ich lieb Dich.›»

Als sie begriffen hatte, daß die Scheidung unausweichlich war, suchte Leah einen Anwalt auf. Der hörte sich alles an, nickte und meinte dann: «Dem werden wir mal ans Bein pinkeln.» Als Leah das erzählt, müssen sie und Elvira herzlich lachen. Elvira findet den Ausdruck besonders treffend.

Der Anwalt wollte wissen, wieviel Philip verdiente; Leah wußte es nicht, hatte es nie gewußt. Nach diesem ersten Gespräch ging sie nicht mehr zu ihm, sondern suchte sich einen anderen Anwalt. «Das war nicht mein Weg, denn ich wollte den guten Weg», sagt sie. Sie wollte Philip nicht ausnehmen, und sie wollte nicht mit ihm kämpfen. Sie hatten ja schon vereinbart, wie es nach der Scheidung laufen sollte. Um so schockierter war Leah, als Philips Anwalt ihrem Anwalt gegenüber ganz andere Bedingungen vorschlug, als Philip und Leah sie vereinbart hatten. «Ich hätte nie geglaubt, daß mein Mann so was macht, aber er hat dann geschossen aus dem Hinterhalt.» Nun wollte er, daß sie wieder arbeiten gehen sollte; er wollte Kindergeld zahlen, aber nicht Unterhalt für sie. Wie sollte sie, mit drei Kindern im Volksschulalter, arbeiten gehen? Um Druck auszuüben, wollte er ihr das Sorgerecht streitig machen; «das hat nichts zu bedeuten», beruhigte sie der neue Anwalt, «das ist nur ein Schachzug. Man bezieht harte Positionen, um verhandeln zu können.» Diese Art von Scheidung hatte Leah nicht gewollt. Leah besuchte eine Psychologin. «Die meinte, ich hätte Philip zum Monster gemacht. Er wäre ein Drachen geworden, weil ich es zugelassen habe», gibt Leah die Meinung ihrer Therapeutin wieder; sie selber findet diese Erklärung plausibel. Ergänzend führt sie noch die Astrologie an. Eine Freundin kennt sich gut aus mit Astrologie, die hat ihr gesagt, sie und Philip hätten das typische Zwillingsproblem. Ihre Beziehung laufe genau nach dem Muster, das für Ehen zwischen Zwillingen typisch sei. Auch diese Erklärung will Leah nicht von sich weisen.

Momentan sieht es so aus, daß Leah wohl das Haus behalten wird.

«Bis die Kinder groß sind», fügt sie hinzu, und Elvira bekommt fast einen Schreikrampf. Ist Leah denn vielleicht wahnsinnig geworden? Was heißt, bis die Kinder groß sind? Und nachher will sie vielleicht in eine kleine Klosterzelle ziehen? Das Haus steht ihr zu. Philip verdient sowieso prächtig, er soll sich ein neues kaufen. Auch die Hütte in Österreich soll sie verlangen; auch wenn sie sie gar nicht haben will, ist es vielleicht doch ganz nett, so was zu besitzen. Leah lächelt nur. Leah und Philip sehen sich regelmäßig. Philip kommt vorbei, schreibt Briefe und telefoniert. Die Briefe sind meist häßlich, und Leah wird immer sehr traurig, wenn sie sie liest. «Er verdreht immer alles.»

Wenn er vorbeikommt, ist er manchmal großzügig und manchmal kleinlich. An Leahs Wintermantel nahm er Anstoß und wollte ihr einen neuen kaufen, ohne daß sie ihn darum gebeten hätte. «Kaufst du mir auch einen Pelzmantel», hat sie ihn dann kokett gefragt, und er sagte: «Warum nicht?» Aber als sie ihn um Geld bat für Weihnachten, um den Kindern Weihnachtsgeschenke zu kaufen, lehnte er ab. «Die schenk ich ihnen selber», sagte er.

Leah hat einen Posten gefunden, heimlich. Sie arbeitet für eine Frau, die einen Naturkosmetikladen führt. Sie ist halbtags dort, solange die Kinder in der Schule sind. Die Frau, der das Geschäft gehört, will in drei Jahren aufhören und zu Verwandten nach Kanada ziehen; dann will sie Leah den Laden überschreiben. «Seit ich das in Aussicht habe, fürchte ich mich nicht mehr», sagt Leah. «Ich hab das Gefühl, daß ich mich auch ohne Philip durchbringen kann.»

Als wir am Telefon das Gespräch mit ihr vereinbarten, hatte Leah gemeint: «Eins kann ich euch jetzt schon sagen, ich will nie mehr eine Beziehung haben.» Jetzt, im Gespräch, schränkt sie es ein. «Ich werde nie mehr dieses Anklammern haben», sagt sie, aber sie sagt es nicht stolz, sondern traurig. Es ist ein Verlust für sie. «Ich werde immer auf Trennung hin leben», sagt sie. Darüber muß Elvira sich wieder ärgern. «Du wirst jemand Vernünftigen kennenlernen. Um den Philip ist es wirklich nicht schade, sei froh, daß er weg ist.» Leah lächelt traurig.

Leah war die 28., mit der wir uns unterhielten. Viele ihrer Phrasen und Aussagen waren uns mittlerweile sehr bekannt aus den anderen Erzählungen.

Zum Finanzkonflikt um die Scheidung: Dann will ich eben die Großzügige sein.

Zur Erklärung der Trennung: Plausibel ist, was von außen kommt oder die Schuld ihr selber zuschreibt. Frauen gehen zum Psychologen, weit eher als Männer. Frauen legen ihr eigenes Verhalten zur Analyse, Auswertung und Kritik auf den Tisch. Die Verantwortung für sich selber und ihr Glück geben sie gern ab, dafür übernehmen sie bereitwillig die Verantwortung für alles, was schiefgelaufen ist. Frauen lesen feministische Literatur, psychologische Texte, Handbücher über Astrologie, Ratgeber, um Erklärungen des Geschehens und Vorschläge für die Verbesserung der Beziehung zu finden. Frauen stochern bis zur Erschöpfung in ihrem eigenen Verhalten herum und analysieren unermüdlich jede Geste, jedes Wort, jede im nachhinein bedeutend gewordene Miene des Partners. Hätte ich damals schon merken müssen, daß es ein Problem gibt? Wäre es anders gekommen, wenn ich rechtzeitig aufgepaßt hätte?

Wäre ich interessanter für ihn gewesen, wenn ich meinen Posten nicht aufgegeben hätte? Wäre unser Zusammenleben positiver geworden, wenn ich meinen Posten aufgegeben hätte? Habe ich mich zu sehr angelehnt? Habe ich mich zu unabhängig verhalten? Habe ich ihm zuviel abgenommen und ihn dadurch passiv gemacht in der Beziehung? Habe ich ihm zuviel erlaubt und ihn dadurch dominant gemacht in der Beziehung? Frauen, die sich machtlos und hilflos fühlen, leiden zugleich an Größenwahn, wenn es um ihre Bewertung der eigenen Rolle in der Steuerung der Beziehung und der Gestaltung der männlichen Persönlichkeit geht. Die Kombination von Selbstüberschätzung, Selbstverachtung und mangelndem Selbstvertrauen ist absurd, macht aber das Selbstbild vieler Frauen aus.

Astrologie, Psychologie, Philosophie und Sentimentalität fügen sich zusammen zu einem magischen Weltbild, in dem die mystischen Handlungen der Frauen stets Gold in Blech verwandeln.

Dietmar – Anwalt mit Kind

Liane und Dietmar haben sich getrennt, nachdem der Versuch, mit zwei Kindern aus früheren Beziehungen eine neue Familie zu bilden, scheiterte.

Liane lebt in einer kleinen Atelierwohnung in Pöseldorf, einem exklusiven Wohnviertel von Hamburg. Die Mischung aus Bauernmöbeln und moderner Kunst verleiht der Wohnung einen eigenen, originellen Stil. Liane ist dunkelhaarig, attraktiv, sportlich. Ihr Sohn Knud, 13, geht in sein Schlafzimmer im hinteren Teil der Wohnung. «Ich mach die Tür zu, damit wir dich nicht stören», sagt Liane. «Du hast ja noch Hausaufgaben.» Diese Hausaufgaben erweisen sich in der Folge akustisch als ein Autorennen in nächster Nähe der Tür.

Wir sitzen am Bauerntisch, trinken Kaffee und erklären unser Anliegen. Hatte sie die Beziehung, die kürzlich zu Ende ging, mit Knuds Vater? «Nein, nein», sagt Liane; «mit Knuds Vater ging es schon vor zwölfeinhalb Jahren zu Ende.»

Damals war Liane noch Studentin der Theaterwissenschaft in Köln, Holger studierte Betriebswissenschaft. Sie hat sich sehr in ihn verliebt; sie wollte von ihm ein Kind. Holger fand das lieb und war auch dafür; als es nach sechs Monaten tatsächlich so weit war, war er zunächst überrascht, dann glücklich. Er hatte schon ein dreijähriges Kind aus erster Ehe, das bei ihm lebte. Liane und Holger zogen zusammen. Alles ging gut; die Schwangerschaft und die Geburt waren sehr schön. Danach fingen die Probleme an. Holger trat seine erste Arbeit in einem großen Betrieb an und war davon sehr in Anspruch genommen. Liane zog mit ihm nach Bonn und brach bald unter den Belastungen zusammen: drei Tage in der Woche hatte sie Seminare in Köln, in Bonn führte sie einen Haushalt, versorgte ihr eigenes Baby und das dreijährige Kind aus Holgers erster Ehe und war konfrontiert mit einem gestreßten

Partner, der jeden Tag erschöpft und abgespannt nach Hause kam. «Jeder hat emotional gelitten, er hat ein Magengeschwür bekommen, ich hab die Situation verdrängt, bin mit Freundinnen ausgegangen und hab zuviel getrunken. Wir haben nicht gestritten, dazu ist er ein zu ruhiger Typ. Aber nach sechs Monaten sagte er: ‹Du, ich glaub, es geht nicht, sollten wir uns nicht trennen?›» Liane nahm den Vorschlag erleichtert auf. «Ich hatte es mir schon eine Weile gedacht, hatte aber so einen Leistungsanspruch und dachte, ich muß es schaffen. Ich hätte es daher nie als erste gesagt.» Eine Enttäuschung muß es trotzdem gewesen sein, denn während der Schwangerschaft hatte Liane, wie sie sagt, sich eine glückliche, harmonische Idylle vorgestellt. Statt dessen saß sie mit einem sechs Monate alten Baby im Auto und wurde von Holger zu ihrer Mutter gebracht. Die Autofahrt hat Liane in genauer Erinnerung; «wir fühlten uns fast wie Verschwörer». Sie sagten der Mutter nicht, daß sie sich trennen wollten, sondern stellten es als Besuch dar. Als Liane der Mutter am dritten Tag die Wahrheit sagte, war die aber gar nicht erschüttert. Die Aussicht, ihr heißgeliebtes Enkelkind bei sich zu haben, war viel zu erfreulich. Liane setzte ihr Pendlerdasein fort, «aber mit sehr viel mehr Entlastung». Zwar lebte die Mutter sechs Autostunden von Köln entfernt, dafür aber nahm sie der Tochter alle Alltagsbelastungen ab. Das Studium ließ sich in dieser Weise erfolgreich abschließen, der Sohn hatte neben der studierenden Mutter noch einen zweiten fixen Bezugspunkt.

Nach dem Studium fand Liane eine Arbeit, die es ihr erlaubte, ihre Zeit flexibel einzuteilen. Daß es eine sehr große Belastung war, ihrem Beruf nachzugehen und das Kind allein großzuziehen, will sie nicht abstreiten. Schwierig war es vor allem deshalb, weil sie mit Holger in dieser Phase ein sehr schlechtes Verhältnis hatte. Sie hatten ständig und ununterbrochen Reibereien, weil er überhaupt nicht bereit war, sich um seinen Sohn zu kümmern. Sie hat ohnehin nicht viel verlangt, aber sie dachte, daß er ihr hin und wieder an einem Wochenende das Kind abnehmen könnte. Er hat dann meist gesagt, daß seine gegenwärtige Freundin dies nicht wünsche; Liane findet das unfreundlich von diesen Frauen, für die das doch wirklich keine Bedrohung dargestellt hätte. Vielleicht wollten die verhindern, daß über das Kind auch erneut eine Beziehung zur Mutter entsteht, aber das wäre von ihrer Seite aus wirklich nicht mehr dringewesen.

Jedenfalls hat Holger sich stur und rigoros geweigert, für irgendwelche Hilfeleistungen verfügbar zu sein. Liane erinnert sich an einen Abend, als Knud plötzlich sehr krank wurde. Er hatte 39° Fieber, mußte zum Arzt, Liane war gerade mit ihm im Bauernhaus einer Bekannten, 20 Kilometer außerhalb der Stadt, sie hatte kein Auto und zu dem Zeitpunkt auch nicht sehr viel Geld. Bevor sie ein Taxi kommen ließ, rief sie Holger an, ob er sie nicht mit seinem Auto zum Arzt bringen könnte. Er machte es nicht, er weigerte sich einfach. «Ich verstehe das aus seiner damaligen schwierigen Situation. Es war für ihn nicht so leicht, großzügig zu sein.» In letzter Zeit, das muß sie noch dazusagen, hat sich ihr Verhältnis sehr gebessert. Jetzt fährt er oft mit Knud in Urlaub oder holt ihn ab, um gemeinsam essen zu gehen oder um ein Wochenende zusammen zu verbringen. Er hat wieder geheiratet, und die drei Kinder – Knud, die Tochter aus Holgers erster Ehe und das Kind aus seiner jetzigen Ehe – verstehen sich prächtig. Liane hat es sich sehr genau überlegt, und sie weiß, an welchem Punkt das Verhältnis sich besserte: an dem Punkt nämlich, «als ich überhaupt nichts mehr von ihm wollte». Für Liane trat eine Entspannung in dem Verhältnis erst ein, als sie aus den jahrelangen Streitereien und Konflikten «diese Quintessenz zog und begriff, ich bin alleinerziehend, niemand wird mir helfen». Als sie das akzeptierte und überhaupt nichts mehr von Holger wollte, «ging es plötzlich».

Als Knud sieben Jahre alt war, bekam Liane Kontakt zu einer Gruppe alleinerziehender Väter und Mütter. Man traf sich wöchentlich einmal, machte gemeinsame Ausflüge, sprach über Probleme. Es entstand eine Freundschaft zu Dietmar, der einen mit Knud gleichaltrigen Sohn hatte und in einer sehr schwierigen Phase war: Er hatte sich gerade von seiner Frau scheiden lassen, die Trennung hatte er noch nicht überwunden, plötzlich war er mit dem Kind allein. «Unsere Beziehung lief anfangs nur über die Kinder. Man ging gemeinsam schwimmen oder ins Kino, Liane organisierte die Geburtstagsparty für Dietmars Sohn Daniel, und im zweiten Jahr der Bekanntschaft fuhren die vier gemeinsam in Urlaub. Aus der Freundschaft wurde eine Liebesbeziehung, die sich im Lauf der nächsten zwei Jahre intensivierte.

Schließlich schlug Dietmar vor, daß sie doch zusammenziehen sollten. Über diesen Vorschlag freute sich Liane nicht. Sie hatte Angst davor, ihre Wohnung und ihre hart erkämpfte Stabilität zu verlieren. Fast vier Monate lang überlegte sie hin und her. «Ständig hab ich mir gedacht, was kannst du jetzt, und was darfst du dann alles nicht mehr, was mußt du dann alles, ist das wirklich klug?» Andererseits war der Gedanke an eine feste Beziehung, eine Familie, die emotionale Sicherheit, die das versprach, sehr verlockend. «Eine Freundin meinte schließlich: ‹Mach das doch mal, sonst weißt du nie, ob's gegangen wäre oder nicht.›» Liane wagte das Experiment, obwohl sie sich von Anfang an nicht wohlfühlte dabei. «Ich mußte meine Wohnung aufgeben, ich sah Probleme kommen, vor allem mit den Kindern, aber ich dachte, versuch es halt.»

Die Probleme, die Liane kommen sah, stellten sich unverzüglich ein. Die Beziehung hatte sich über die Kinder hergestellt, und über die Kinder liefen auch die Konflikte. Die Erziehungskonzepte waren grundsätzlich verschieden. Dietmar war autoritär und wollte die Buben «auf ‹kleiner Mann› drillen», was überhaupt nicht Lianes Vorstellungen entsprach. Noch schlimmer aber war die krasse Ungleichheit, mit der er die beiden Buben behandelte. Der eigene wurde bevorzugt in jeder Hinsicht, während er Knud «haßte». Haß? Ist das nicht ein zu starkes Wort für die Beziehung zwischen einem zweiundvierzigährigen Anwalt und einem neunjährigen Kind? Und hätte man das nicht früher, während der gemeinsamen Ferien und Ausflüge, bemerken müssen? Liane weiß es auch nicht, denkt aber, daß er «Knud dressieren wollte und mich dazu». Oder war er eifersüchtig auf die Beziehung, die Liane zu ihrem Sohn hatte? Das glaubt Liane nicht, kann aber für den «Haß» des Erwachsenen auf das – soweit wir es beurteilen können und wie Liane bestätigt – eher schüchterne und freundliche Kind keine andere Erklärung anbieten. Sie kam ihrerseits mit Daniel auch nicht zurecht. Sie bemühte sich anfangs sehr, die neue Situation auch für ihn schönzumachen. Dietmars Frau war berufstätig gewesen und erst nach sechs Uhr heimgekommen; Daniel hatte die Stunden nach der Schule bei einem Klassenfreund verbracht. Liane aber arbeitete nachmittags immer zu Hause. Nun könne, fand sie, Daniel nach der Schule ja heimkommen. Den Freund könne er mitbringen; sicher sei es nett für ihn, den Freund zur Abwechslung auch zu sich einzuladen, statt immer nur zu ihm zu gehen. Diesen Plan lehnte Daniel heftig ab. Obwohl er und Knud in dieselbe Schule und sogar in dieselbe Klasse gingen, traten sie ihren Schulweg jeden Morgen getrennt an. Nach der Schule kam Knud heim, und Daniel ging zu seinem Freund. Er wußte, daß sein Vater um sieben heimkam, und kam eine Viertestunde vorher. «Ich kam mir vor wie die Haushälterin, manchmal kurz auch wie die Geliebte, aber alles, was nach Familie ausgesehen hätte, wurde von Dietmar und auch von Daniel sabotiert.» Liane verstand zwar, daß Daniel sie als Eindringling erlebte, die Trennung von seiner Mutter noch nicht verkraftet hatte und verwirrt war. Aber so wie die Dinge liefen, war die Situation unhaltbar. Nach dem schweigsamen Abendessen kam das Fernsehprogramm, und danach folgte ein Ritual, das Liane für grundlegend unsinnig hält: das getrennte Zubettbringen der Kinder. «Wenn's acht Uhr wurde, ging er ins Zimmer seines Sohnes und las ihm vor, und ich ging ins Zimmer meines Sohnes und las auch vor, dann wurde das Licht ausgemacht.» Liane schlug vor, daß man es doch abwechselnd machen könnte oder den Kindern gemeinsam vorlesen sollte, abwechselnd im Zimmer des einen oder des anderen, aber Dietmar und Daniel wollten das nicht. «Dietmar hat überhaupt nicht begriffen, worauf's mir ankam, nämlich auf die Integration.»

Nachdem die Kinder schliefen, setzten Liane und Dietmar sich ins Wohnzimmer «und stritten». Das klingt jetzt übertrieben, aber es war wirklich so. Daniel erzählte seinem Vater vor dem Schlafengehen meist irgendwelche erfundenen oder übertriebenen Geschichten über Gemeinheiten und Ungerechtigkeiten, die sie ihm angetan hätte. Dann saßen sie im Wohnzimmer, Dietmar warf ihr das alles vor, und sie rechtfertigte sich. Gab es wenigstens irgendwelche positiven Aspekte? Liane weiß keine zu nennen. «Ich habe nur meine Entscheidungsfreiheit verloren, aber nichts gewonnen. Die Entscheidungen hat Dietmar alle knallhart alleine gefällt, zumindest, was ihn und seinen Sohn betraf. Es galt nie gleiches Recht für alle.» An den Kindern manifestierte sich, was auch für die Beziehung allgemein galt: die Ungleichheit. Lianes Versuche, dem entgegenzuarbeiten, wirkten sich alle zu ihrem

Nachteil aus. Ihre Versuche, ein gemeinsames Familienleben aufzubauen, trieben Dietmar und Daniel bloß gemeinsam in die Abwehrhaltung. Durch Bemühungen, das gemeinsame Heim bequem und anziehend zu gestalten, degradierte sich Liane zur Haushälterin. «Es ging in jeder Hinsicht auf meine Kosten, absurderweise auch finanziell», sagt Liane. Sie finanzierte den ganzen Haushalt mit ihrem unregelmäßigen Einkommen, «und es war ein großzügiger Haushalt». Dabei hatte sie ursprünglich sogar noch vorgehabt, die halbe Miete zu zahlen, «um meine Autonomie zu bewahren». Eine Freundin konnte sie gerade noch davon abhalten. «Die sagte: ‹Ich glaub, du spinnst. Der verdient das Fünffache, du zahlst das Essen und den Haushalt, du bist wohl verrückt geworden.›» Die Geldfrage bringt Liane als trivial vor. Wesentlicher war ihr die ungerechte Behandlung von Knud. «Dietmar hat bestimmt, wie lange Knud fernsehen durfte, und ihm jede Sendung genau vorgerechnet, Minute für Minute. Daniel durfte sehen, soviel er wollte. Daniel log, und Dietmar hat ihm jedes Wort geglaubt.» Dann kam eine Episode, die Liane noch heute ärgert. Dietmars Schwester hatte Geburtstag. Liane und Dietmar hatten zu dem Zeitpunkt schon ein Jahr zusammengelebt, Liane kannte die Verwandten und kam mit ihnen auch ganz gut aus, obwohl sie als unverheiratete Lebensgefährtin und noch dazu als Frau aus der «Theaterwelt» nicht ganz ernst genommen wurde. Die Party sollte um acht Uhr losgehen und würde sicher nicht vor ein Uhr früh aussein, und Liane bereitete für die beiden Kinder ein schönes Abendessen vor. Sie waren schließlich schon zehn Jahre alt, und es gefiel ihnen immer gut, wenn sie hin und wieder einen Abend ohne Erwachsene hatten und so lange fernsehen durften, wie sie wollten. Um sieben kam Dietmar heim und fragte, welche Vorkehrungen sie für Knud getroffen habe. Wieso für Knud? Er hatte doch gesagt, daß es eine Party «unter Ausschluß aller Kinder» sei, und Knud und Daniel wären ja nicht zum erstenmal einen Abend allein. «Nein», sagte Dietmar, er habe es anders geplant. Daniel käme mit, er sei eine Ausnahme, weil das «Geburtstagskind» schließlich seine Tante sei. Sie würden alle drei dort übernachten. Für Knud müsse man eben eine Babysitterin finden, wozu es auch schon höchste Zeit sei, denn in einer halben Stunde müsse man aufbrechen. Liane versuchte, ihm klarzumachen, daß es für Knud eine große Kränkung wäre, wenn er als einziger nicht mitkommen dürfte. Dietmar hörte sich das alles eine Weile an, dann «schnappte er sich seinen Sohn, nahm das von mir schön eingepackte Geburtstagsgeschenk, sagte ‹komm, die Liane spinnt mal wieder, wir gehen›, und verschwand. Und ich saß in der Küche und dachte, spinn ich wirklich oder was ist los?»

Rückblickend findet Liane es erschreckend, daß er sie so weit bringen konnte, noch an sich selbst zu zweifeln. Er hingegen zweifelte nie an der Berechtigung seiner Bedürfnisse und der Richtigkeit seiner Standpunkte. Ihre Sichtweise interessierte ihn nicht, glaubt sie, weil er «Frauen vom menschlichen Standpunkt einfach nicht lieben kann, nicht respektieren, meine ich damit. Er nahm mich nicht ernst». Mit einem dermaßen konservativen Menschen, denn das war er, konservativ und pedantisch, hätte sie nicht zusammenziehen dürfen. Für ihn war das bloß die Bestätigung, daß er es mit einer «Künstlerin» zu tun hatte, einer begabten, aber auch übersensiblen, eben einer nicht ganz ernst zu nehmenden Person. «Bei so einem konservativen Menschen hätte ich eigentlich sagen sollen, okay, ich leb mit dir zusammen, aber nur, wenn wir heiraten. Nicht weil *ich* das wollte, überhaupt nicht, die Ehe war mir egal, sondern weil *er* bei seinem Weltbild mir dann vielleicht einen anderen Status und andere Rechte eingeräumt hätte.»

Als schließlich allen deutlich war, daß es so nicht weiterging, suchte Liane einen Therapeuten auf. Zuerst ging sie allein hin, dann konnte sie Dietmar überreden, sich an einer Partnerberatung zu beteiligen. Der Therapeut war von Bekannten empfohlen worden; er war etwa 30 Jahre alt und nicht unsympathisch, aber Liane hatte von Anfang an das Gefühl, daß er mehr auf Dietmars Seite stand als auf der ihren. Sie hatte die ganze Zeit das Gefühl, daß er und Dietmar eine Art verschwörerisches Verhältnis hatten. Erst später erfuhr sie, daß Dietmar dem Therapeuten von einer Freundin in Lausanne erzählt hatte, mit der er während der ganzen Dauer seines Zusammenlebens mit Liane ein Verhältnis hatte. Vielleicht trug das zur Atmosphäre der Intimität zwischen Dietmar und dem Therapeuten bei und zu ihrem Gefühl, davon ausgeschlossen zu sein.

In der Therapie wurde vor allem auch das Problem mit den Kindern besprochen, das sich ja vordergründig stellte. Da entwarf der Therapeut dann folgenden Plan: Liane sollte ganz willkürlich, nach vorheriger Absprache mit Dietmar, irgend etwas verbieten, was Knud wollte. Und dann sollte Dietmar für ihn intervenieren und sagen: «Ach, Liane, laß ihn doch.» In dieser Weise sollten Dietmar und Knud sich näherkommen. Liane hat das Experiment auch ein paarmal mitgemacht, aber es brachte gar nichts, Knud hat darauf überhaupt nicht reagiert. Außerdem fühlte sie selber sich dabei unbehaglich. «Mir fiel auf, daß hier mit dem schwächsten Glied in unserer Gruppe experimentiert wurde. Immer ging es nur um Knud: Knud als Problem. Daniel war genauso ein Problem, aber um ihn ging es nie. Dietmar konnte das immer ganz großartig hinkriegen. Wenn ich z. B. sagte, ‹du glaubst mir nie, dafür glaubst du jede Lüge, die Daniel dir erzählt›, dann sagte Dietmar, ‹dein Knud ist unerträglich›. Und sofort ging es wieder um Knud. Der Therapeut ließ das auch durchgehen.»

Noch immer wußte Liane nicht, daß Dietmar in der Schweiz eine Freundin hatte und mit dem Therapeuten in den Einzelgesprächen ausführlich erörterte, ob er nicht lieber Liane verlassen und mit der Freundin leben solle. «Es gab natürlich laufend Hinweise», sagte Liane heute, «aber ich konnte mir nicht vorstellen, daß er die ganze Zeit eine Freundin hat, während er mit mir zusammenlebt.» Sie «hat ihn unterschätzt», fügt sie etwas verbittert hinzu, hat unterschätzt, wie «stark und rigoros er seine Bedürfnisse durchsetzen konnte».

Nachdem die Therapie, für 15 Stunden angesetzt, zu keiner Wende und keiner Entscheidung geführt hatte, ging die Affäre ihrem quälenden Ende entgegen. «Es kam Schlag auf Schlag», sagt Liane, «weil jeder spürte, jetzt kommt der letzte Akt.»

Der «letzte Akt» begann an einem Mittwochabend. Die Kinder waren bei den jeweiligen Großmüttern; das hatte sich so eingependelt, damit sie jede Woche einen Abend für sich allein hatten. Sie lagen im Bett und sahen einen französischen Film, «einen sehr komischen», sagt Liane. Sie ging schnell in die Küche, um sich ein Käsebrot zu machen, und kam damit wieder ins Schlafzimmer. Um zu ihrem Platz zu gelangen, mußte sie über Dietmar drüberklettern. Dabei hat sie ihr Gleichgewicht verloren und eine «Bauchlandung mit Käsebrot» gemacht. «Eigentlich war es wahnsinnig komisch. Das Brot streifte Dietmars Kinn und hinterließ einen Kleckser Kräuterquark, ich flog über die Kissen. Eigentlich war es zum Lachen. Aber Dietmar hat mir eine gescheuert. Dann hat er mit seinen Fäusten auf meinen Kopf eingeschlagen. Ich konnte es gar nicht begreifen. Erstens war ich noch nie von einem Mann geschlagen worden. Und dann war das so brutal, so heftig und so ohne Anlaß. Ja, und dann noch auf den Kopf, das war irgendwie das Ärgste dran. Es hatte sehr viel mit dem Kopf zu tun, für mich – es war, als wollte er meinen Geist, meinen Intellekt zerschlagen. Dieser Abend zog einen ganz dicken Strich unter die Beziehung.

Ich habe impulsiv reagiert und ihm das restliche Käsebrot ins Gesicht geklatscht. Dann nahm ich meine Decke und mein Kissen und ging damit ins Gästezimmer. Am nächsten Tag war ich wie in Trance; ich stand unter Schock, emotional; ich fühlte mich so, als hätte ich sehr viele Tabletten genommen. Dietmar stand früher auf als sonst und ging sofort in seine Kanzlei. Ich weiß nicht, was ich gemacht hätte, wenn nicht zufällig Anka angerufen hätte. Sie rief an, um sich für zwei Wochen von mir zu verabschieden – sie fuhr mit zwei Freundinnen nach Spanien. ‹Kann ich mitkommen?› sagte ich ganz spontan, und sie sagte: ‹Klar.›» Das Kind wurde bei der Großmutter abgegeben, die vier Frauen fuhren nach Barcelona. «Ich geh nicht mehr zu ihm zurück», sagte Liane in kleinen Abständen während dieser Reise. «Ich weiß nicht, ob die anderen mich ernst nahmen», meint sie heute dazu, «aber ich wußte innerlich, daß in meinen Gefühlen zu Dietmar irgend etwas kaputtgegangen war, irgend etwas nicht mehr repariert werden konnte.» Wenn sie bei ihrer Mutter anrief, um mit dem Sohn zu sprechen, erfuhr sie jedesmal, daß Dietmar angerufen hatte: Er wollte wissen, wo sie sei, wann sie zurückkomme, ob sie ihm irgend etwas ausgerichtet hätte. Die Mutter wußte wirklich nicht, wo Liane war, «obwohl er ihr das natürlich nicht glaubte».

Nach der Rückkehr schaffte Liane tagsüber, als Dietmar im Büro war, die meisten ihrer Sachen aus der Wohnung. Sie wollte nicht zu ihrer Mutter – das wäre irgendwie so deprimierend gewesen, eine Wiederholung der Trennungszeit von Knuds Vater, ein Eingeständnis, daß sie nach den vielen Jahren wieder an demselben Punkt angelangt war, an dem sie schon als junge Studentin gestanden hatte. Sie zog zu einer Freundin. Nach ein paar Tagen ging sie abends in Dietmars Haus, um sich zu verabschieden sozusagen, aus einem inneren Gefühl heraus, daß das Ende noch nicht vollständig erreicht war. Dietmar, der in den Telefonaten mit Lianes Mutter immer verzweifelt gewirkt hatte, war nun aggressiv. «Wir haben sofort wieder gestritten. Ich hatte erwartet, daß er sich entschuldigt, daß er zumindest mit irgendeinem Wort das Geschehene anspricht, aber das tat er nicht. Statt dessen holte er seinen Sohn und meinte, er ginge nun mit ihm Pizza essen. ‹Du kannst nicht essen gehen, wenn wir noch nicht fertig gesprochen haben›, hab ich dann geschrien. Aber er ist kühl gegangen.»

Liane ging zurück zur Freundin. Manchmal kommt ein Brief oder ein Anruf von Dietmar. «Eigentlich war es immer sehr bezeichnend, wie er sich ausdrückte», sagt Liane. «In den Briefen hieß es spätestens im zweiten Satz: ‹Es ist mein Bedürfnis.› ‹Es ist mir ein Bedürfnis, dich zu sehen. Es ist mir ein Bedürfnis, mit dir essen zu gehen.› Immer drehte sich alles um ihn, immer ging es nur darum, was *er* wollte und was *er* brauchte.»

Eines Tages ruft Dietmar an und lädt Liane ein, mit ihm noch ein Bier zu trinken. Besuch aus der Schweiz sei da, sagt er, vielleicht habe Liane Lust, Fabienne kennenzulernen. Fabienne ist 30, Schauspielerin, sympathisch. Liane nimmt an, daß sie eine Bekannte von Dietmar ist, die ihn auf der Durchreise unvermutet anrief; wahrscheinlich wußte er nicht, was er mit ihr anfangen sollte und holte deshalb Liane dazu. Auf dem Heimweg vom Lokal kommen sie an einem Stand vorbei, an dem Lavendel verkauft wird; Fabienne kauft einen Strauß und überreicht ihn mit einem seltsamen Lächeln Liane. «Diese Geste hat mich befremdet», sagt Liane. «Noch am nächsten Tag störte mich die Erinnerung an diesen Moment, und ich konnte nicht genau sagen, warum. Schließlich sagte ich mir, daß Schauspielerinnen eben einen Hang zur Dramatik haben und daß sie einfach freundlich sein wollte. Jetzt weiß ich, daß sie es gut meinte. Sie dachte, ich wisse auch Bescheid, und wollte sich irgendwie auf meine Seite schlagen Dietmar gegenüber.» Das, was Fabienne wußte und Liane nicht, war die Beziehung zwischen Fabienne und Dietmar;

Fabienne nämlich war die Schweizer Freundin, die er sich schon seit einiger Zeit «warmgehalten» hatte «für den Fall, daß es zwischen uns nicht mehr klappte».

Die nächsten Monate waren ein verwirrendes Zwischenspiel von Annäherung und Distanzierung, von Trennung und Gemeinsamkeit. Am Geburtstag Knuds kam kein Anruf und kein Geschenk, obwohl man sechs Jahr lang immer gemeinsam diesen Tag gefeiert hatte und es «für das Kind sicher sehr kränkend war», von einem Tag auf den anderen fallengelassen zu werden. Liane wollte nicht genauso zynisch sein und schenkte Daniel zu seinem Geburtstag ein Spielflugzeug, das er sich schon lange gewünscht hatte. Zu Lianes Geburtstag erschien Dietmar mit zwei Geschenken in einer Tüte aus dem Schweizer Duty-Free-Shop. Botschaft: Ich denke an deinen Geburtstag. Zweite Botschaft: Ich war in der Schweiz (bei Fabienne?). Die Geschenke: Tarockkarten und eine Flasche Badeöl. «Früher war ein Geburtstag für uns immer ein echter Anlaß gewesen. Wir wählten die Geschenke immer besonders liebevoll aus. Diese Geschenke waren dagegen wie eine Beleidigung; sie drückten Gleichgültigkeit und Gedankenlosigkeit aus.» Die Tarockkarten verstreute Liane noch am selben Abend, indem sie sie über den Balkon warf. Das Badeöl goß sie in den Abfluß.

Das war noch immer nicht die letzte Begegnung. Einige Tage vor Neujahr sahen die beiden sich zufällig vor dem Postamt. Dietmar klagte darüber, wie einsam er sich fühle; das Kind wäre über die Feiertage bei seiner Ex-Frau, seine Freunde wären alle in Skiferien, etc. Liane hatte ein Silvesterfest geplant in ihrer neuen Wohnung in Pöseldorf. «Ich dachte mir, er muß ja wirklich nicht allein in seiner großen Wohnung herumsitzen, wenn ich hier ein schönes Fest hab. Also lud ich ihn ein. Meine Freunde waren sehr böse auf mich. Sie fanden ihn schroff, unhöflich und abweisend mir gegenüber. Ich habe mich über mich selbst geärgert – da hatte ich eine nette Runde beisammen und holte Dietmar dazu. Alle waren nur meinetwegen freundlich zu ihm, und er war ausgesprochen ekelhaft mir gegenüber.» Warum hat sie ihn eingeladen? Liane ist nicht ganz sicher. Vielleicht hat er «das krankhafte Helfersyndrom der Frauen» angesprochen. Vielleicht aber wollte sie ihm zeigen, daß sie – anders als seine Frau, die nach der Scheidung in eine winzige «Zelle» zog und «es sich schlechtgehen ließ» – die Trennung gut hinter sich gebracht hatte und in einer schönen Wohnung mit interessanten Freunden ein viel besseres, neues Leben führte als an seiner Seite. War es jetzt endgültig aus? Noch nicht ganz. Zu seinem Geburtstag schickte Liane ihm einen Blumenstrauß. Das kam ihr gerade richtig vor: unpersönlich, kein direkter Kontakt, trotzdem aber eine Aufmerksamkeit im Gedenken an die gemeinsame Zeit. Er schickte ihr Postkarten aus der Schweiz. Ein paarmal haben sie sich noch gesehen. Liane hat auch «ein- oder zweimal mit ihm geschlafen, um zu testen, ob ich jetzt schon ein Stück weg bin davon» oder ob er immer noch imstande war, dieselben heftigen Empfindungen in ihr zu wecken. Beruhigt merkte sie, daß sie kalt bleiben konnte. Das wiederum intensivierte seine Bemühungen, sie wiederzusehen: «Je gleichgültiger ich bin, desto mehr reizt es ihn.»

Tröstlich findet Liane auch, daß er mit Fabienne das gleiche Spiel spielt wie mit ihr. Sie ließ sich für ihn scheiden, als sie erfuhr, daß es mit Liane endgültig aus war, und dachte wohl, daß er sie nun heiraten würde. Er aber denkt gar nicht daran, sondern hat in Hamburg eine Freundin, eine ganz junge, 22jährige. Fabienne hat übrigens auch einen Sohn, wahrscheinlich kommt er mit dem genausowenig zurecht wie einst mit Knud. Für Liane sind diese Beobachtungen ein Trost; sie erkennt daraus, daß das Scheitern der Beziehung zumindest nicht allein bei ihr lag.

Knud ging ein Jahr lang zu einem Therapeuten, um das Zusammenleben mit Dietmar verarbeiten zu können. In der Zeit während der lang ausgedehnten Trennung(en) nahm der auch Liane in Therapie, denn es war offensichtlich, daß sie mindestens ebenso dringend Hilfe brauchte. «Ich war fix und fertig», sagt sie heute. Während unseres Gesprächs mit ihr kommt Knud dreimal durch das Zimmer, um in die Küche, in den Flur oder in das Wohnzimmer zu gehen. Am nächsten Tag erzählt Liane uns am Telefon, daß er über unser Gespräch sehr verärgert war. «Ständig ist die Wohnung voller Weiber, und alle wissen alles über uns», war sein Kommentar. Unseren Wunsch, mit Dietmar zu sprechen und die Ereignisse auch aus seiner Perspektive kennenzulernen, findet Liane überhaupt nicht gelungen. «Auf gar keinen Fall!» lehnt sie ab. Endlich hat sie, wie sie glaubt, den Anfang eines echten Endes erreicht. Wenn wir mit ihm sprechen, ist das indirekt wieder eine Form der Kontaktaufnahme. Dann denkt er wieder an diese Zeit, ruft vielleicht wieder an, glaubt vielleicht, daß Liane sich immer noch sehr mit ihm beschäftigt. Auf keinen Fall.

«Wer so heftig reagiert», meint dazu ein Therapeut unserer Bekanntschaft, «hat die Trennung noch immer nicht vollzogen. Denn dann wäre der andere einem gleichgültig, und man fürchtete den Kontakt zu ihm nicht mehr.»

Lianes Geschichte hat viele plagende Fragen zurückgelassen. Warum ist sie eine Beziehung eingegangen, von der sie schon von Anfang an wußte, daß es eigentlich nur schiefgehen konnte? Okay, Prinzip Hoffnung. Aber warum dauerte es so lange, die Erkenntnis in die Tat umzusetzen? Warum verletzte der Verlust dieses Mannes Liane so sehr, wo sie doch eigentlich nichts zu berichten wußte, was die negativen Seiten und Belastungen des Zusammenlebens mit ihm aufgewogen hätte? Was war schön daran? Darauf wußte Liane keine Antwort.

Und die Frauen – edel und mißbraucht?

Warum erforderte es – und keinesfalls nur bei Liane, denn dieses Muster durchzog fast jede Geschichte – so viele «definitive» Entscheidungen, bevor die Trennung wirklich endgültig wurde (falls sie das überhaupt jemals wurde, denn auch der Zustand der permanenten Halbtrennung, der ersehnten, aber nie erreichten Trennung, der stets neu versuchten und nie geschafften Trennung ist sehr häufig). «Das war für mich ein dicker Schlußstrich unter der Beziehung.» «Da wußte ich, daß es endgültig aus war.» «Das hat meine Gefühle für ihn irreparabel vernichtet.» «Da war mir klar, daß es nun nicht mehr ging.» Solche Sätze durchzogen die Geschichten, und immer war der Stimmfall der Erzählerin so überzeugt und die Episode, von der sie berichtete, so haarsträubend, daß man schon den Kugelschreiber niederlegte in der Gewißheit, nun wirklich am Ende der Geschichte angelangt zu sein. Nur um ihn kurz darauf verwirrt wieder ergreifen zu müssen, denn es ging noch weiter! Weiter zur nächsten, endgültigen Schrecklichkeit, weiter zur nächsten, klaren Einsicht in die Unmöglichkeit dieser Beziehung, weiter zum nächsten, intelligent gefaßten und dann nicht durchgestandenen Entschluß. Es ist nicht – oder fast nie – so, daß die Frauen nicht erkennen würden, was mit ihnen geschieht und was sie dagegen eigentlich unternehmen müßten: den Schlußstrich unter eine destruktive Beziehung zu setzen und sich von dieser Person zu trennen. Sie wollen es tun und können es nicht; oder aber sie wollen es tun und wollen es zugleich wieder nicht.

Alle diese Frauen waren intelligent und humorvoll. Ihre Stimme war nicht weinerlich. Es waren eindrucksvolle Frauen mit einem klaren Blick für die Ironien menschlichen Zusammenlebens und einem ausgeprägten Bewußtsein für gesellschaftliche und persönliche Zusammenhänge. Die meisten waren beeinflußt durch die Frauenbewegung; etliche hatten sich sehr in dieser Bewegung engagiert, die anderen hatten sich mit der Literatur befaßt, waren am Rande aktiv in Frauengruppen oder fühlten sich vage zugehörig durch ihre Zustimmung zu den grundlegenden Prinzipien dieser Bewegung. Wie kamen diese Frauen, ausgerechnet diese Frauen, immer wieder in die Lage, in der sie sich befanden?

Dazu fielen uns, ganz unsystematisch, folgende Punkte ein:

1. Frauen sind über Jahrhunderte verantwortlich gewesen für den Bereich der Gefühle, des emotionalen Wohlergehens, der Beziehungen. Sie müßten zumindest in diesem Bereich unschlagbare Expertinnen sein. Der Mann war Logik, Handlung, Denken, die Frau war Fühlen, Versorgen, Verstehen. Frauen sind sensibler, sie registrieren sogar in den kühlen Tests der Sozialforscher eher die gefühlsmäßigen Vorgänge. Eigentlich müßten sie hier ihren Vorsprung haben, wenn er ihnen schon in der Öffentlichkeit, im Berufsleben, im Wettbewerb und in der harten Konkurrenz fehlt.

Warum also gelingt es den Männern sogar noch in diesem Bereich, die Frauen auszutricksen, zu übertrumpfen und zu manipulieren?

2. Warum fragten alle Leute, denen wir die Geschichten unserer Gesprächspartnerinnen erzählten, sofort: «Warum macht diese Frau / machen Frauen das alles mit?» Bei anderen Leuten fiel uns deutlicher auf, was wir selber ebenfalls taten: Wir stellten das Verhalten *der Frau* in Frage. Immer war es die Reaktion der *Frau*, die auffiel und Fragen aufwarf. Keiner, dem wir die Geschichte von Liane und Dietmar vorlegten, wunderte sich über *Dietmar*.

- Warum hatte Dietmar Liane zum Zusammenziehen überredet, wenn er schon aus gemeinsamen Urlauben wissen mußte, daß er ihren Sohn Knud nicht ausstehen konnte?
- Warum konnte ein 42jähriger Anwalt einen neunjährigen Jungen als angemessenen Gegner betrachten?
- Warum zog Dietmar mit Liane zusammen, nur um sofort jeden Versuch ihrerseits, die Beziehung zu festigen, eine Integration herbeizuführen und eine Familie daraus zu machen, nach Kräften zu sabotieren?
- Warum reichte Dietmar der nichtigste Anlaß, um Liane zu

schlagen? Hatte er genug von ihr? Wollte er sie damit vertreiben? Wenn ja, warum versuchte er dann noch zwei Jahre danach, die Beziehung mit ihr fortzusetzen?

- Warum wollte er nicht, wie sie, eine gute Beziehung; warum aber wollte er keine Trennung? Warum wollte er anscheinend eine schlechte aber anhaltende Beziehung?

Rätselhaft war, genauer betrachtet, nicht nur das Verhalten der Frauen, die eindeutige Signale für die Hoffnungslosigkeit einer Beziehung nicht akzeptieren wollten oder konnten. Noch mehr Rätsel gaben die dazugehörigen Männer auf. Was die Frauen wollten, war wenigstens einsichtig: Sie wollten Stabilität, Harmonie, ein Familienleben.

Was aber wollten diese *Männer*? Wieso hielten sie sich, noch während der ersten Wochen eines hoffnungsvoll begonnenen Zusammenlebens, heimlich eine Freundin? Warum heirateten sie eine Frau, nur um gleich darauf jeden Annäherungsversuch ihrerseits abzuwehren? Warum entsandten sie – und dies ist vielleicht die wichtigste Frage überhaupt – solch doppeldeutige Signale? Warum waren sie einmal nett, dann wieder schrecklich, einmal warm, dann wieder kalt?

Warum stellte niemand diese Fragen?

Auch das Publikum, mit dem wir nach der Aufführung des Theaterstücks ‹*Bis zum äußersten*› diskutierten (siehe S. 129f), interessierte sich ausschließlich für das Verhalten der *Frau*. Warum hat sie ihn nicht gleich umgebracht? Warum hatte sie Rachegefühle, und waren diese Gefühle berechtigt und konstruktiv? Warum fühlte sie dies, warum sagte sie das, wie meinte sie jenes? Niemand fragte, warum dieser Mann – und jährlich Tausende seiner Brüder – den Gedanken hat, eine fremde Frau zu überfallen, zu vergewaltigen, mit dem Tod zu bedrohen, zu quälen? Damit soll nicht gesagt sein, daß das Publikum und die Allgemeinheit schlechthin diese Vorkommnisse billigen. Aber sie akzeptieren sie als Bestandteil des gesellschaftlichen Zusammenlebens. Autos spucken Blei aus, Großstädte sind unpersönlich, Männer vergewaltigen, so ist das Leben im 20. Jahrhundert in Mannheim, Stuttgart und Wien.

Das Verhalten der Frauen hingegen entbehrt dieser Selbstverständlichkeit. Warum wartete Susanne X. zwei Tage, ehe sie die

Vergewaltigung der Polizei meldete? Warum sprach Liane überhaupt noch mit dem Mann, der sie geschlagen hatte? Das Verhalten von Frauen ist immer fragwürdig, das Verhalten von Männern steht als Tatsache im Raum. Der Mann ist, wie er ist; Gegenstand von Zweifeln, Rätseln, Skepsis und Kritik ist hingegen die Frau.

3. Die Therapie, die Theorie, die Alltagsmeinung setzen diese subtile, aber bedeutsame Gewichtung fort. Über das Verhalten der Männer wissen wir nur Banalitäten.

Er hatte eine schlechte Kindheit. Sein Vater war zu streng / zu schwach / war überhaupt nicht da. Männer können ihre Emotionen nicht zeigen. Männer verwechseln ihre sexuelle Potenz mit ihrer persönlichen Identität. Männer werden von Kindheit an sozialisiert, so zu sein, wie sie sind. Diese Sätze klingen wie Erklärungen, sind aber keine. Sie stimmen nicht. Es besteht keine wirklich nachweisbare Korrelation zwischen irgendeinem kindlichen Erziehungsmuster und dem Aufkommen extremen Verhaltens bei Männern. Die Sozialisation kann die allgemeinen Muster erklären, nicht aber die extremeren Varianten dieses Musters. Therapie und Theorie neigen deshalb dazu, sich im Krisenfall mit dem Verhalten der Frau zu beschäftigen.

Für Liane, Amelie und Leah – und auch uns – stellten sich zunächst vordergründig die Fragen nach dem eigenen Verhalten.

Wollten sie sich vielleicht unbewußt selber bestrafen? Oder hatten sie ein so geringes Selbstwertgefühl, daß das erfahrene Unglück gar nicht überraschte, gar nicht abgewehrt wurde, sondern akzeptiert wurde: Ich habe nichts besseres verdient? Konnten die Frauen infolge ihrer Sozialisation mit Aggression nicht umgehen? Fühlten sie sich unvollständig ohne Mann, so daß sie bereit waren, sehr viel in Kauf zu nehmen, um ihn zu halten?

Die Äußerungen der Selbstabwertung, der Genügsamkeit, der Entsagung durchzogen die Protokolle wie eine Art Rosenkranz. Die Dornenkrone märtyrerhafter Weiblichkeit zierte auch Köpfe, in denen feministische Gedanken schwirrten. Die feministischen Gedanken reichten oft nur dazu aus, die Dornen noch tiefer hineinzudrücken. Wie wertlos muß ich sein, wenn ich mich in eine solche Situation bringen lasse, obwohl ich es besser wissen müßte? Es geschieht mir recht, daß es mir schlecht geht, denn ich weiß Bescheid und kann trotzdem nicht unabhängig werden. Obwohl viele dieser Frauen wußten, daß die Tugend «Bescheidenheit» nur zu oft gegen sie verwandt worden war, schien es ihnen selber nicht aufzufallen, wie oft Phrasen fielen wie «für mich brauch ich ja nicht viel», «ich komme auch mit weniger aus». Liane, die sich nach der Trennung bewußt eine besonders schöne Wohnung suchte, war eine Ausnahme. Der Kontrast zur leidenden, geschiedenen Ehefrau war ihr wichtig, und sie brauchte Dietmar als Zeugen; er wurde nicht allein aus Nächstenliebe zur Silvesterparty eingeladen, sondern er sollte auch sehen, wie gut es ihr ohne ihn ging.

Das sind verständliche, vielleicht auch gesunde Regungen. Bei den Frauen, mit denen wir sprachen, überwogen leider andere. Die Pädagogin Leah, die einen guten Arbeitsplatz auf Drängen ihres Mannes aufgegeben hatte und nun, nach 18 Ehejahren, von ihm verlassen wurde, war so bedacht auf eine «freundschaftliche Trennung», daß sie fast auf der Straße gesessen wäre ohne einen Pfennig Unterhalt. Ihr Mann nämlich hatte gar nicht vor, sich an die mündliche Vereinbarung zu halten. Über seine Hinterhältigkeit war Leah nicht böse, sondern traurig. Sie bekäme das Haus zugesprochen, meinte sie, und das wäre wohl okay, da die Kinder ja bei ihr blieben; «wenn sie erwachsen sind, kann er es von mir aus zurückhaben», brachte sie entschuldigend vor. Wieso zurückhaben – sie hatten es gemeinsam ausgesucht und als Familie gekauft. Trotzdem hatte Leah das Gefühl, daß es eigentlich *sein* Haus war. «Ich brauch kein so großes Auto», meinte Leah, obwohl sie es war, die die Kinder, deren Freunde und den Familienhund, einen Labrador, herumzuchauffieren hatte. «Ich kann mir einen gebrauchten Käfer kaufen, der tut's auch. Soll er doch den Volvo behalten, von mir aus.» «Warum sollte er ...», «Ich kann schon alleine zurechtkommen ...», «Meine Bedürfnisse sind gering ...», diese Sätze hört man gerade von Frauen, die von der Frauenbewegung beeinflußt wurden, immer wieder, und vor allem auch dann, wenn sie objektiv nicht stimmten, wenn die «Selbständigkeit» der Frau einen Verzicht auf ihr zustehende Dinge bedeutete.

4. Offenbar läßt die objektive Unabhängigkeit sich bei allen Problemen doch noch leichter erreichen als die subjektive. Damit

sollen die objektiven Barrieren – die ungleichen Chancen im Beruf, die ungleiche Bezahlung, die ungleiche Sichtweise der Gesellschaft – auf keinen Fall unterbewertet werden. Die Frau, die materiell in der Lage ist, für sich selber zu sorgen und die sich trotzdem nicht selbständig fühlt, kann eine tiefe Selbstverachtung spüren.

Daraus erklären sich einige widersprüchliche Frauengestalten unserer Zeit. Wer kennt sie nicht, die schicke, gepflegte, selbstbewußte Gattin eines gutverdienenden Mannes, die sich offenbar noch keine Minute darüber gegrämt hat, von einem anderen Menschen abhängig zu sein. Ihren Anteil an seinem Gehalt kassiert sie, ohne zu zögern. Mit absoluter Selbstverständlichkeit hantiert sie mit seiner kleinen Plastikkreditkarte. Die Frauenbewegung reduziert sich für sie auf die Aussage, daß sie eigentlich diesen bequemen Zustand verlassen und selber arbeiten sollte; diesen Gedanken weist sie weit von sich. «Ich fühle mich nicht unterlegen», sagen solche Frauen. Gelegentlich, ganz heimlich, beneidet so manche beruflich erfolgreiche Frau diese Personen. Kein Stress, viel freie Zeit, und noch dazu eine anscheinend intakte Beziehung zu einem Mann, mit dem einen vielleicht nicht viel verbindet, aber der zumindest da ist und einem alle Plagen abnimmt.

Und dann gibt es Frauen, erfolgreich, gescheit, begabt, beruflich anerkannt, finanziell selbständig und dennoch unglücklich und geplagt von Selbstzweifeln.

Woher kommt das?

Bei den einen Frauen stehen das Selbstbild und die Lebenssituation in Einklang. Männer müssen für Frauen sorgen, glauben diese Frauen und sind, solange es gutgeht, mit dieser Ordnung der Dinge zufrieden. Sie gehören einer privilegierten Schicht an; daß ihre Situation eine Ausnahmesituation ist und nur auf einen verschwindenden Bruchteil aller Frauen jemals zutreffen kann, belastet sie nicht. Sie sind abhängig, aber sie fühlen sich nicht abhängig.

Die anderen Frauen sind unabhängig, aber sie fühlen sich nicht unabhängig. Den Widerspruch zwischen ihren Gefühlen und ihren Werten empfinden sie als ständigen Vorwurf. Sie verachten sich für ihre Schwäche und ihre Unfähigkeit, ihren Überzeugungen auch in ihrer Lebensgestaltung gerecht zu werden. Miriam

Greenspan ist eine amerikanische Psychologin, die sich besonders oft mit dieser Problemstellung konfrontiert sieht. «Für viele Frauen», schreibt sie, «sind Selbstbewußtsein, Unabhängigkeit, emotionale Stärke bewundernswerte Eigenschaften. Sie wünschen sich diese Eigenschaften und schrecken zugleich davor zurück, sie selber zu besitzen. Wenn sie diese Eigenschaften hätten, glauben sie, dann würden sie sich nicht mehr weiblich fühlen, sondern männlich.» Sie illustriert es am Beispiel von Linda, einer ihrer Klientinnen. «Linda haßte ihre Gefühle der emotionalen Abhängigkeit, zugleich aber waren es diese Gefühle, die sie mit Weiblichkeit und Weiblichsein verband. Linda hatte in ihren Beziehungen zu Männern immer dieselben Konflikte. Die Männer nutzten sie aus, hörten ihr nicht zu, waren unehrlich zu ihr, respektierten ihre Gefühle und ihre Wünsche nicht. Linda beschwerte sich über diese Männer. Aber innerlich glaubte sie auch, daß sie diese schlechte Behandlung verdient hatte ...»

Wenn man auch intellektuell begriffen hat, daß man das Opfer einer «weiblichen Sozialisation» ist, dann heißt das noch lange nicht, daß man diese abstrakte Einsicht auf das eigene Persönlichkeitsbild anwenden kann. Was gehört wirklich zu dir, und was ist dir aufgezwungen worden? Welche Aspekte kannst du verändern, ohne dich selber zu verlieren?

«Wie die meisten Frauen glaubte Linda, daß sie eben noch nicht an den ‹richtigen› Mann gekommen war. Sie war immer an die ‹Falschen› geraten. Nun wollte sie in der Therapie erkennen lernen, wieso sie immer die ‹Falschen› aussuchte. Niemals fragte sie sich, warum die Welt offenbar so voll war von ‹falschen› Männern.»

Es dauerte eine Weile, bis Greenspan das erkannte, schreibt sie. Die Frauen kamen zu ihr und sagten, wobei sie souverän das feministische Vokabular benutzten: «Ich bin selbst-destruktiv. Ich suche mir immer Beziehungen aus, in denen dieses und jenes Muster sich wiederholt. Ich suche mir immer einen bestimmten Männertypus, der mich ausnutzt, der nicht beziehungsfähig ist.» Anfangs war Greenspan beeindruckt von der Klarheit, mit der diese Frauen ihre Lage und ihren eigenen Schuldanteil erkannten. Mit der Zeit aber fragte sie sich, ob sie es nicht mit einer neuen Variante der weiblichen Schuldzuschreibung zu tun hatte. Und es fiel ihr auf, daß niemand fragte, woher denn diese vielen beziehungsunfähigen Männer kommen, mit denen sich diese Frauen leider immer wieder einlassen.

Es ist meine Schuld. Ich bin für den Privatbereich verantwortlich. Mein Mann / Freund kann das nicht, ich muß es tun. Wenn es schiefgeht, ist es meine Schuld. Auf solche Aussagen reduzieren sich die Problemschilderungen sehr vieler Frauen, die sich selber als kritisch, aufgeklärt und «frauenbewegt» beschreiben würden.

5. Männer schaffen den Wiedereinstieg in die bürgerliche Gesellschaft viel leichter als die dazugehörigen Frauen.

Eine Reihe der Trennungsgeschichten, die uns erzählt wurden, spielten sich in der Alternativszene ab. Man lehnte gemeinsam die etablierte Ordnung ab. Man wollte keinen gutbürgerlichen Arbeitsplatz. Man verachtete die Universität. Man fand es nicht nötig zu heiraten, nur weil ein Kind unterwegs war. Mancher glitt gar ungewollt in den Sub ab. Man wurde arbeitslos. Man verdiente mit illegalen Geschäften sein Geld. Man wurde alkoholabhängig. Zehn Jahre danach, fünf Jahre danach, war die Frau noch immer eine Angehörige der Randgruppe und hielt häufig noch an den alten Idealen fest. Erstaunlich oft hatte der Mann aber in der bürgerlichen Ordnung Fuß gefaßt. Manchmal erlebte er dort regelrechte Triumphe.

Jochen und Birgit fanden den Gedanken lächerlich, daß sie wegen einer Schwangerschaft heiraten sollten. Die Ehe lehnten sie prinzipiell ab. Sie hatten das nicht nötig. Man kann ja auch so zusammenbleiben. Sie richteten sich in einer kleinen Wohnung ein. Jochen studierte fertig, weil er ein Stipendium nicht verlieren wollte und weil er später «Kohle anschaffen» wollte. Birgit blieb zu Hause und tippte Seminararbeiten, um Geld zu verdienen. Heute ist das Kind 15. Jochen ist längst über alle Berge. Er hat einen Posten in einer großen Firma, ist verheiratet, hat zwei Kinder und einen gutbezahlten, gutbürgerlichen Job. Birgit lebt als «alleinstehende Mutter» in derselben kleinen Wohnung. Sie hat nicht fertigstudiert. Ihre Freundinnen hatten ihr alle davon abgeraten, damals, als es noch gegangen wäre, als ihre Scheine noch gültig waren. «Ich versteh mich selbst nicht», sagt sie. «Wir haben alle miteinander diskutiert. Es drehte sich immer nur um die Frage, ob es moralisch und politisch richtig sei, diese Ausbildung zu machen. Kein

Mensch hat jemals zu mir gesagt: ‹Mach sie, dann verdienst du mal besser, wenn es sein muß.›»

Kirsten und Stefan arbeiteten beide im Krankenhaus, er als Arzt, sie als Heilgymnastin. Kirsten leitete ihre Abteilung, verdiente gut, galt als Spitzenkraft. Beide gaben ihre Anstellungen auf, um ins Ausland zu gehen. Sie arbeiteten in der Entwicklungshilfe, bekamen zwei Kinder. Im Entwicklungshilfeprojekt unterrichtete Kirsten Deutsch, Stefan arbeitete als Arzt. Nach zehn Jahren kamen sie zurück nach Deutschland. Kirsten blieb noch drei Jahre zu Hause bei den Kindern. Stefan übernahm die Privatpraxis seines Vaters, Kirsten half mit, inoffiziell. Vor einem Jahr zog Stefan aus. Er ist ein erfolgreicher Arzt und lebt jetzt mit einer vierundzwanzigjährigen Freundin zusammen; Kirsten arbeitet halbtags in einer subventionierten Klinik und kommt, wenn er nicht pünktlich das Kindergeld schickt, mit dem Geld nicht zurecht.

Anton und Miriam lebten mit vier Freunden in einer Wohngemeinschaft. Alle waren sich einig, daß man seine politischen Überzeugungen auch leben müsse. Das heißt: Konsumverzicht, Verweigerung. Man wollte später gemeinsam aufs Land ziehen. Anton studierte Betriebswirtschaft, Miriam arbeitete im Beratungszentrum der Uni. Sie lernte auch Weben und Färben mit Naturstoffen. Heute organisiert Anton nicht die geplante Werkstatt auf dem Land, sondern arbeitet im Betrieb seines Schwiegervaters als Manager. Miriam lebt in einer Frauenwohngemeinschaft und bringt sich mit Gelegenheitsarbeit über die Runden. «Ich will nicht sagen, daß Anton ganz zynisch schon damals seinen Aufstieg plante und mich belog. Aber ich glaube, daß die Idee einer Alternativfarm für ihn ein spielerischer Gedanke war, Teil seiner Jugend. Für mich war es Ernst. Und eines will ich noch sagen: Wir waren damals drei Frauen und drei Männer. Die anderen Frauen kenne ich noch heute gut, eine ist tatsächlich aufs Land gegangen, die andere wurde Sozialarbeiterin. Aber die Männer sind alle drei abgeschwommen, haben Karriere gemacht.»

In der Alternativszene bewahrheitet sich, was schon für die alte Ordnung galt: Der Mann ist, selbst noch als verlorener Sohn, eher in der Lage, den Wiedereinstieg in die etablierte Gesellschaft zu finden. Ihr feministisches Bewußtsein hilft den Frauen nicht über diesen männlichen Vorsprung hinweg und kann sogar noch hinderlich wirken. Die traditionelle Ehefrau scheute sich zumindest nicht, Unterhalt und Kindergeld zu verlangen. Die neue Frau hat Hemmungen dabei. «Eigentlich wollte er das Sommerhaus mehr als ich», sagen sie z. B. und erklären, warum sie das mühselig zusammengesparte Ferienhaus in den Bergen kampflos ihm überließen. «Ich kann ja für mich selber sorgen, ich brauch nicht viel», sagen Frauen, die nach gemeinsamer Vereinbarung ihre Karriere zurückstellten, die Ausbildung für ein Baby unterbrachen, den Job aufgaben, um in eine andere Stadt zu ziehen, ihre Wohnung hergaben, um in seine zu übersiedeln. Sie können dann meist auch für sich sorgen, irgendwie. Es reicht für einen weniger qualifizierten Posten, für eine kleine Wohnung, in einer schlechten Gegend, für den gebrauchten Käfer. Der Mann behält «seine» Wohnung, «sein» Auto, hat systematisch über Jahre seine Karriere aufgebaut und kann in der Regel immer noch eine jüngere Frau finden, mit der er entweder ein verjüngendes Bohemienleben führen oder mittels Ehe den Anschluß an die bürgerliche Mittelschicht finden kann.

Frauen kommen in diese Lage, weil sie:

- an den Fortbestand der Beziehung glauben und daher Abmachungen treffen, die «für die Ewigkeit» sind. «Ich bleibe zu Hause, stelle meine Arbeit zurück, erziehe die Kinder. Du arbeitest. Wir bleiben trotzdem gleichberechtigte Partner. Früher mag sich das ja zum Nachteil der traditionellen Frauen ausgewirkt haben, aber wir sind ja zwei aufgeklärte Menschen, und wir stehen über solchen Dingen. Wir können einander vertrauen.»
- bei Krisen immer daran glauben, daß es sich um Mißverständnisse, vorübergehende Pannen und glattzubügelnde Differenzen handelt. «Es geht ihm gerade schlecht, weil er beruflich unter Druck steht / keine würdige Arbeit findet / sich mit dem neuen Baby noch nicht zurechtfindet / mit seiner ehemaligen Frau so schlechte Erfahrungen gemacht hat etc., etc., etc. Sobald er erkennt, wie aufrichtig meine Gefühle für ihn sind, werden sich die Probleme lösen lassen.»
- bei einer unausweichlich gewordenen Trennung entwürdigende Kämpfe vermeiden und alles in Freundschaft regeln wollen. Ein häufiges Muster: Der Mann will die Trennung, hat

aber ein schlechtes Gewissen dabei. In dieser Stimmung bespricht er die Bedingungen. Die Frau, durcheinander, seelisch aufgerührt, aber reagierend auf sein offensichtlich aufrichtiges Bedauern, stellt keine unfairen Forderungen, sondern akzeptiert nur das, was sie wirklich braucht und was ihr gerechter Anteil ist. Der Mann zieht aus. Er spricht mit seinem Anwalt, seinen Freunden, seiner Geliebten. Sein Bedauern verblaßt mit Zeit und Abstand. Er findet, daß er zu großzügig gewesen ist. Wie kann er jetzt wieder raus aus der Vereinbarung? Ah, sehr gut, nichts ist schriftlich. Der Anwalt nimmt sich der Sache an. Eine Frau, die ihre gute Arbeit aufgab, um bei den Kindern zu sein, die sich jahrelang kränkte, weil ihr Mann mit «kleinen Kindern nichts anfangen konnte» und eigentlich «nur ihretwegen» das zweite Kind noch dazubekam, erhält vom Anwalt ein Schriftstück, in dem angekündigt wird, daß ihr Mann das Sorgerecht für die Kinder haben will. Sie ist perplex; wie ist das möglich? Ihr Anwalt kann es ihr erklären; damit will ihr Mann sie unter Druck setzen. Es ist eine Taktik, eine Spielkarte: Tausche Sorgerecht gegen geringeren Unterhalt. Tausche Sohn Mattias gegen Volvo. Die Frau kann es nicht glauben: 15 Jahre Illusion und Hoffnung sollen so enden? «Ich wollte nicht auch noch so kleinlich sein.» «Dann wollte wenigstens ich die Großzügige sein.» Diese Sätze sprechen Frauen angesichts dieser häßlichen männlichen Kalküle. Leider: Großzügigkeit kostet viel.

Also: Frauen, die Masochistinnen? Frauen, das edle und mißhandelte Geschlecht? Frauen, die selbsternannten Opfer?

Versuchen wir eine andere Deutung. Liane, Annelie und Leah machten einen intelligenten, ausgeglichenen, überlegten Eindruck. Vielleicht sind sie das auch alles. Liane, Annelie und Leah wollten ein Verhältnis auf der Basis von Gemeinsamkeit, Vertrauen und Gerechtigkeit. Das sind löbliche und vernünftige Ziele.

Vielleicht reagierten sie deswegen fassungslos auf das Verhalten und die Standpunkte ihrer jeweiligen Männer, weil das Verhalten und die Standpunkte dieser Männer tatsächlich widersinnig und unvernünftig waren. Vielleicht wollten sie nicht glauben, was geschehen war, weil das Geschehene wirklich unglaublich war.

Wie unglaublich ein solches Vorgehen ist, wird besonders deutlich, wenn diese Vorkommnisse aus dem Privatleben in den Berufsalltag übertragen werden. Nehmen Sie an, Sie sind Sekretärin. Nehmen Sie an, Sie bringen Ihrer Kollegin einen Brief zur Durchsicht, und in diesem Brief ist ein Tippfehler. Nehmen Sie an, Ihre Kollegin schlägt Sie deshalb unvermittelt ins Gesicht. Was machen Sie?

1. Sie denken sich, daß die Kollegin einen epileptischen Anfall hatte und dabei irrtümlich und zufällig mit dem Arm ausschlug (die Frau ist krank).

2. Sie denken sich, daß die Kollegin, obwohl sie bisher einen normalen Eindruck gemacht hat, in Wirklichkeit schwer gestört ist und nicht hierhergehört, sondern in eine Klinik (die Frau ist verrückt).

3. Sie denken sich, daß die Frau aus irgendwelchen, Ihnen noch nicht bekannten Gründen einen Haß auf Sie hat; vielleicht denkt sie, daß Sie ihr den Arbeitsplatz wegnehmen wollen oder daß Sie ein Verhältnis mit ihrem Mann haben (die Frau handelt unter einem schweren Irrtum).

Was tun Sie? Rufen Sie die Polizei? Den Chef? Einen Arzt? Was tun Sie, wenn die Kollegin sich kurz darauf wieder ruhig an ihren Schreibtisch setzt und so tut, als sei nichts gewesen? Sie sprechen sie aufgebracht auf den Vorfall hin an, und die Frau sagt nur: «Geht es Ihnen nicht gut, Frau Meier? Ich weiß nicht, wovon Sie sprechen.»

Trauen Sie sich nun immer noch, die Polizei / den Arzt / den Chef zu rufen?

Meinen Sie, daß irgend jemand Ihnen glauben wird?

Unser Beispiel bezog sich auf zwei gleichberechtigte Personen. Nehmen Sie nun an, Sie sind die neue Assistentin eines angesehenen, aber als angepaßt und langweilig geltenden Historikers. Der Mann ist kein wahnsinniges Genie, dem man solche Ausbrüche nachsehen würde. Wer wird Ihnen glauben, daß er Sie plötzlich unvermutet geschlagen hat? Warum wird die Anschuldigung für die Umwelt erst dann glaubwürdiger, wenn Sie zugleich beteuern, ein Verhältnis mit Ihrem Historiker zu haben? Das allgemeine Denken scheint also davon auszugehen, in Liebes- und sexuellen Beziehungen seien bereits Momente des Irrationalen und sogar Destruktiven enthalten.

Für viele Frauen kommt dieses Verhalten ihres Mannes so überraschend, wie ein Blitz aus heiterem Himmel. Das Verhalten des Mannes erscheint ihnen irrational. Sie können sich nicht erinnern, es durch irgend etwas provoziert zu haben. Es erscheint ihnen widersinnig. Was will er damit erreichen? Nur den Zusammenbruch der Liebesbeziehung, eine Konsequenz, die zu wünschen er heftig abstreitet. Es muß ein Mißverständnis sein. Er muß krank sein. Er muß unter einem plötzlichen Notdruck gestanden sein. Sie müssen ihn irgendwie ungewollt dazu provoziert haben.

Sie orientieren sich an der Zielvorstellung: mit dieser Person zusammenzuleben, damit für beide das Leben angenehmer und schöner wird. Dieses Ziel erfordert Vertrauen. Es erfordert die Eingliederung der eigenen Interessen in das gemeinsame Interesse. «Ich fang schon einmal damit an», denkt sich so manche Frau. «Ich kann es besser, es fällt mir leichter, er ist gerade zu sehr belastet mit anderen Dingen.» Viele Frauen sind eines Tages vollkommen paralysiert von den kaltblütigen Dingen, die ihr Liebster so fertigbringt. Die Dinge, die er ihnen an den Kopf wirft, verschlagen ihnen die Sprache. Die Lügen, die er ihnen erzählt, lassen sie an ihrem Gedächtnis und ihrem Verstand zweifeln. Die Ungerechtigkeiten, die er ihnen zumutet, lassen ihr Selbstwertgefühl zu Ruinen zerfallen: mit einer Person, für die man die geringste Achtung empfindet, kann man so doch nicht umgehen. Wenn er jetzt so ist, dann hat er mich nie geliebt. Dann habe ich zwei Wochen / sechs Monate / 14 Jahre in einer Selbsttäuschung gelebt.

Was Frauen sich alles gefallen ließen, was sie alles verziehen, verstanden, uminterpretierten, ist kaum vorstellbar. Man ist versucht, an ihrer Intelligenz zu zweifeln. Und doch handelten diese Frauen – moralisch, sozial, subjektiv gesehen – nicht falsch.

Die Protokolle zeigen: Es gibt keine Sicherheit. Man kann Dekaden mit einem Mann zusammenleben und viele Kinder mit ihm haben, und dennoch läßt er eines Tages über einen Anwalt all das zurückholen, was er längst verschenkt und versprochen hat. Solange die Gesellschaft so ist, wie sie eben noch ist, steht er dann – egal nach wieviel Jahren – weit besser da als seine ehemalige Partnerin. Er findet viel eher eine Person, mit der er einen «neuen Anfang» machen kann. Er hat seine Ausbildung und seinen Beruf nicht in dem Maße vernachlässigt, wie das bei Frauen üblich, gebilligt, unter Umständen sogar gefordert ist.

Aus den Erfahrungen der Frauen, mit denen wir sprachen, ergaben sich unbestreitbare Konsequenzen:

- Die eigene Ausbildung, den eigenen Beruf konsequent verfolgen. Man kann nie wissen, wie bitter man ihn noch brauchen wird.
- Nicht an Versprechen glauben, die in trauten Stunden ausgesprochen wurden. Was nicht auf dem Papier steht, verflüchtigt mit atemberaubender Geschwindigkeit aus dem Männergedächtnis.

Vertrauen, Innigkeit, Intimität, oh! was sind das für schöne Gefühle. Sie sollten verboten werden, strenger noch als Heroin. Wer mit ihnen Handel betreibt, gehört eingesperrt, viel länger als ein Rauschgifthändler. Die Gefühle vieler Frauen ihrem Mann gegenüber sind von mehreren Autoren einer Sucht gleichgestellt worden. Mit dieser Sichtweise verfallen wir natürlich wieder in das alte, verkehrte Muster: in die Pathologisierung der Frau. Doch: Die Bedürfnisse, die diese Frauen haben, sind real und berechtigt.

Warum haben Männer diese Bedürfnisse nicht? Irrtum. Auch sie haben diese Bedürfnisse. Das heißt vielmehr: Sie hätten sie, wenn sie jemals einen Mangel verspüren würden. Die Bedürfnisse der Männer nach Nähe, Fürsorge, Vertrauen werden gestillt, noch ehe sie überhaupt als solche empfunden werden können. Männer gehen, was ihre gefühlsmäßigen Bedürfnisse anbelangt, durchs Leben wie die Weihnachtsgänse, geschoppt, gestopft und satt.

Die Frauenbewegung hat darauf aufmerksam gemacht, daß sexuelle Bedürfnisse wechselseitig erfüllt werden sollten. Die Männer sind nicht von selber draufgekommen. *Ihre* Bedürfnisse wurden ja gedeckt. Ihnen fiel nicht ein, daß die Partnerin auch noch welche hatte, bzw. nicht auf, daß diese auf der Strecke blieben. Oder sie gerieten an Frauen, denen beigebracht worden war, die Erfüllung des eigenen Bedürfnisses vorzutäuschen. War's schön? Ja, Liebling.

Im sexuellen Bereich hat ein Denkprozeß eingesetzt. Die Frau trat hervor als Mensch mit Bedürfnissen. Die einseitige Befriedigung männlicher Bedürfnisse mag zwar hier und dort weiterhin stattfinden, hat aber wenigstens ihre Selbstverständlichkeit verloren. Warum? Weil Frauen ihre Bedürfnisse klarmachten. Manchen Männern genügte das schon. Sie fanden das einsichtig. Für jene, die es noch nicht einsichtig fanden, gab es noch andere Aufklärungsmittel. Die Frauen verweigerten sich der Teilnahme an einseitigen Zusammenkünften. Oder sie überlegten sich Alternativen. Kein Liebesverhältnis. Ein Liebesverhältnis mit einem Mann, der gerechter und einsichtiger war. Ein Liebesverhältnis mit einer Frau.

Im Bereich der Gefühle und Wünsche liefern Frauen immer noch frei Haus. «Nimm doch noch ein Stück, Schatzi. Hier, nimm doch bitte noch eine Portion.» Die gefühlskältesten Männer schaffen es, eine, zwei, drei Frauen mit der Fütterung ihres Gefühlsbedürfnisses zu betrauen. Sie geben nichts; sie sind Gefühlsparasiten, die sich von den Hoffnungen der anderen nähren. Sie verstehen nicht, was Hunger ist, weil sie immer nur gefüttert werden. Auf den Wunsch einer Partnerin nach mehr Gefühl reagieren sie irritiert und angewidert wie jemand, dem man nach einer ausgelassenen Freßorgie noch ein Stück Sahnetorte aufdrängen will.

Männer bekommen, ohne zu geben. Je weniger sie geben, desto mehr bekommen sie, weil die Frauen hoffen, mit ihrem Beispiel zur Gegenleistung zu animieren. Sie – die Frauen – wollen ein Verhältnis des gegenseitigen, großzügigen Gebens ohne Berechnung. Der Mann sieht keine Veranlassung dazu. Er hat ja alles, er braucht ja nichts; wozu soll er also etwas hergeben. Er versteht die Forderungen auch nicht; es ist ohnehin alles in bester Ordnung, wieso spricht diese Frau also von einem Mangel? Sie muß wohl verrückt sein / unrealistische Bedürfnisse haben. Er versteht das Gefühl des Mangels nicht, da er es nie erlebt hat; er lebt im Überfluß. Manchmal hat er eine gesunde Einsicht, eine gesunde Regung des Mitgefühls. Er weiß dann, daß er alles umsonst bekommt, daß er nichts oder zumindest nichts Gleichwertiges zurückgibt für das Empfangene. Aber die Frau, die er so ungerecht behandelt, liebt ihn noch immer. Sie verzeiht. Sie nimmt ihn wieder zurück. Er zeigt einen kleinen Anflug von Traurigsein – sie zerfließt. Daraus muß er schließen, daß die Frau andere Bedürfnisse hat. Wahrscheinlich gefällt es ihr, sich seine Probleme anzuhören, seine Meinung zu erfahren, seine schwachen Momente aufzufangen, seinen Geburtstag zu feiern, ihn in seinen Krankheiten zu pflegen. «Aber ich mach das doch gerne, Liebling.»

So dachten Männer früher auch über die Sexualität der Frauen: Die richtige, anständige Frau hat keine eigenen sexuellen Bedürfnisse. Es ist ihr ein inneres Bedürfnis, die Bedürfnisse des Mannes zu befriedigen. Um sie nicht übermäßig zu strapazieren, erledigt er es am besten so rasch und flott wie möglich. Was entstand daraus für Frauen? Jahrzehnte, Jahrhunderte des Frusts. Was taten die Frauen? Sie zogen sich verführerisch an, parfümierten sich und warteten darauf, daß die Männer die Unrichtigkeit ihrer asexuellen Prämisse erahnten. Taten sie das? Vielleicht einige; das Gros wartete darauf, bis die Frauenbewegung ihnen explizite und unmißverständliche Anweisungen erteilte: Hier ist die Klitoris. Da ist die Uhr: 20 Minuten bitte. Dann erst klappte es.

Viele Frauen finden es verletzend, daß sie auch ihre Bedürfnisse im Bereich der Gefühle in dieser Direktheit äußern sollen. Wenn er es nicht von selber erahnt, wenn er es nicht von sich aus will, dann ist es nichts wert, glauben sie. Wenn er mich wirklich versteht, wird er von sich aus wissen, was der heutige Tag mir bedeutet. Wenn er wirklich gleichberechtigt leben will, wird er sich nicht erst vor mir sagen lassen, was er im Haushalt tun soll. Wenn er mich wirklich liebt, wird er wissen, daß er jetzt nicht weggehen darf, obwohl ich ihm zugeredet habe, es zu tun. In Signalen, Andeutungen, Gesten sind Frauen geschulter als Männer. Außerdem ist es ein Studium. Zu diesem Studium sehen sich Männer durch nichts veranlaßt. «So hasse mich doch endlich», schrie Leahs Mann ihr zu, aus einem präzisen Wissen seiner Ungerechtigkeiten heraus. «Aber ich liebe dich», erwiderte Leah. Männer sehen keine Veranlassung, für Erhaltenes etwas zu geben. Sie sehen keine Veranlassung, Beziehungen auf Wechselseitigkeit zu begründen. Wozu? Sie bekommen alles, was sie brauchen, und noch mehr, aufgedrängt.

Viele Frauen, mit denen wir sprachen, hatten folgende Beobachtung gemacht: «Sobald ich nichts mehr von ihm wollte, kam er von sich aus.» «Je gleichgültiger er mir war, desto interessierter wurde er.» Diese Beobachtung stimmte die Frauen, mit denen wir sprachen, traurig. Zu sehr erinnerte es an die koketten Spiele der weiblichen Vergangenheit, als man Gleichgültigkeit vortäuschte, um seinen Preis am Heiratsmarkt zu steigern. Diese Frauen wollen nicht mehr spielen; sie wollen aufhören zu taktieren, zu täuschen, einen Stellungskrieg zu führen. Die Koketterie zwischen den Geschlechtern finden sie widerlich; sie wollen das Geträller: «Die Männer sind alle Verbrecher ...» und: «Ja, das Studium der Weiber ist schwer ...» den Operettensängern überlassen. Sie wollen das Spiel nicht mehr. Aber: Solange einer immer schon im vorhinein der Gewinner ist, wird er das Spiel nicht aufgeben.

Altes chinesisches Sprichwort: Zuerst die Regeln ändern, dann das Spiel.

Geld und Liebe

Die Kaufkraft des Mannes und der Warencharakter der Frau sollten endgültig ins Mittelalter der Geschlechtsbeziehungen verbannt werden – so forderte die Frauenbewegung. Rechte und Pflichten, endlich gerecht verteilt – so die Losung.
Was ist daraus geworden?

Die Kaufkraft des Mannes und die Käuflichkeit der Frau gehörten zum traditionellen Geschlechterbild wie die männlich-weiblichen Eigenschaften aktiv / passiv oder stark / schwach. Für viele Männer bedeutete die Frauenbewegung nur, daß sie für die Frau nicht mehr bezahlen mußten. Daß auch sie etwas dafür geben sollten, übersahen sie. Für sie stand nur fest, daß ab jetzt alles kostenlos war.

Früher trugen Männer die finanzielle Verantwortung und hatten (als Gegenleistung, wie es hieß) viele Vorteile: bevorzugt im Arbeitsleben als Familienernährer, geachtet zu Hause als wirtschaftliche Stütze der Familie, unangefochten in ihrer Autorität.

Heute haben sie ihre Verantwortung drastisch reduziert; die Vorteile haben sie behalten. «Wenn ihr dieselben Rechte wollt, müßt ihr auch dieselben Pflichten übernehmen», mahnte so mancher Kritiker der Frauenrechtlerinnen, und welche hätte ihm widersprochen? Aber es kam doch anders: Die Frauen erhielten zusätzliche Pflichten, ohne daß die gleichen Rechte und Chancen darauf folgten.

Daß auch Frauen in bezug auf Geld und Güter einen widersprüchlichen Standpunkt haben können, wollen wir dabei gar nicht bestreiten. Sie reagieren damit bloß adäquat auf eine sehr verworrene Situation.

Beziehungen zwischen Männern und Frauen sind heute gefangen in einer Spannung zwischen Abhängigkeit und Gleichberechtigung, die Konflikte unausweichlich macht.

Männer wollen nicht mehr generell für das seelische, körperliche und materielle Wohl von Frauen verantwortlich sein. Eine unabhängige Frau aber ist für sie bedrohlich, kränkend und ein Angriff auf ihr männliches Selbstgefühl. Sie sind es aus jahrtausendealter Erfahrung gewohnt, daß die Zuneigung, dic ihre Frau ihnen gegenüber verspürt, ein festes Fundament hat: die Angst, ohne den Mann verhungern und verelenden zu müssen.

Heute wollen Frauen einerseits nicht mehr auf Glück oder Verderben mit dem Schicksal eines Mannes verbunden sein, sondern suchen in unterschiedlichem Maße die Selbständigkeit. Andererseits sind Liebe und das Gefühl des Versorgtwerdens aber für viele nicht recht zu trennen.

Den Mann ärgern die Ansprüche von Frauen, die auf frühere Beziehungsformen schließen lassen. Wenn eine Frau es ablehnt, den Namen des Mannes zu tragen, seine Kinder zu bekommen und in seine Stadt zu übersiedeln, dann hat sie seiner Meinung nach auch nicht das Recht, sich plötzlich zu Weihnachten einen Pelzmantel zu wünschen – das ist Vorrecht der traditionellen Managergattin. Oder umgekehrt: Wenn eine Frau nicht arbeiten gehen will, sondern zu Hause bleibt, dann sollte sie nicht zu Hause die Regale mit feministischer Literatur füllen und den Familienernährer bei der Heimkehr als Patriarchen verunglimpfen.

Unabhängige Frauen überfällt oft der Zweifel, ob sie nicht irgendwie *zu* bequem und angenehm sind für die Männer. Vielleicht ist er nur bei ihnen, weil sie immer die Hälfte der Restaurant-Rechnung zahlen, ganz sicher nicht unvermutet schwanger werden und dann geheiratet werden wollen, weil sie auch sonst nichts kosten – kein Geld, keine Betreuung, kein Reihenhaus. Außerdem geistern in den Köpfen auch der unabhängigen Frauen alte Verhaltensgrundsätze umher, die sie, ob sie es hören wollen oder nicht, ob sie es als lächerlich durchschauen oder nicht, wegen des richtigen Umgangs mit Männern über eine lästige Flüsterstimme im Hinterkopf instruieren. Er soll nicht das Gefühl haben, daß er herumkommandiert wird. Die Frau soll nicht herrschsüchtig wirken. Aggressivität ist häßlich. Viele Männer beschwerten sich bei uns über die «Widersprüchlichkeiten» im Verhalten ihrer angeblich emanzipierten Freundinnen und Frauen.

Der Anwalt Samuel K. fühlte sich von der selbstbewußten Managerin Daniela sehr angezogen: «Sie hatte sehr emanzipierte Vorstellungen, das war neu für mich, denn in diesem Denken bin ich nicht aufgewachsen. Sie beharrte darauf, ihr eigenes Geld zu verdienen, weiterhin einige 100 Kilometer entfernt von mir zu leben, um ihre Arbeit und Karriere nicht zu gefährden. Und an

Kindern war sie überhaupt nicht interessiert. Kinder machen Frauen von Männern abhängig, erklärte sie. Zuerst habe ich diese Sichtweisen interessant gefunden, später auch einleuchtend. So vergingen zehn Jahre. Zahlen hat sie sich nie etwas lassen, aber von diesem Prinzip ist sie plötzlich abgerückt, plötzlich durfte ich doch zahlen, es konnte gar nicht genug sein. Da war zum Beispiel die Geschichte mit dem Pelzmantel. Sie kaufte sich einen Pelzmantel, den man ihr kurz darauf gestohlen hat. Ich habe ihr dann die Felle für einen neuen Pelzmantel gezahlt. Und ihre Reaktion darauf? Ich stand als Geizhals da, weil ich nicht gleich den ganzen Mantel spendiert hatte.»

Warum wollte Daniela, die es sich auf jeden Fall selber leisten konnte, daß Samuel ihr einen Pelzmantel kaufte? Und warum wollte Samuel, der es sich ebenfalls mühelos leisten konnte und sich auch als großzügig beschreibt, diesen Pelzmantel nicht bezahlen?

Geld. In der Geschichte der zwischengeschlechtlichen Beziehungen spielte Geld eine ganz zentrale Rolle, mindestens so ausschlaggebend wie die sexuelle Anziehung. Dabei gab es eine klare, unerschütterliche Arbeitsteilung: Der Mann bezahlte, die Frau nahm Geld entgegen. Der Mann versorgte die Frau, die Frau ließ sich versorgen. Die Fürsorge war Ausdruck seiner Liebe, aber auch Anspruch seiner Autorität. «Die Männer sind den Frauen übergeordnet, weil Gott die einen über die anderen stellte und weil die Männer für die Frauen sorgen», heißt es im Koran. Diese Versorgung der Frauen war den Frauen wichtig, selbstverständlich; sie war aber auch den Männern wichtig, die überall den Versuch der Frauen, Eigentum zu erwerben, Lohn zu erhalten, selbst nur ihren eigenen Besitz nach der Ehe weiterzuverwalten, mit gesetzlichen und anderen Mitteln vereitelten.

Die Sexualität der Frauen war eine Ware, die von der Frau an den Mann verkauft werden konnte. Es heißt oft in der feministischen Theorie, daß Frauen und ihre Körper und ihre Sexualität zu Waren degradiert wurden, zu Objekten gemacht wurden; das ist nur teilweise richtig. Wenn die Sexualität der Frau eine Ware war, dann über weite Strecken eine, die von der Frau selber verkauft oder besser, vermietet und verpachtet werden konnte. Der Mann war nicht ein Beteiligter an einem sexuellen Akt, sondern er war

Kunde, Käufer, Konsument. Männern war es genausowenig peinlich, für Sex zu bezahlen, wie es einem Restaurantbesucher peinlich ist, am Ende der Mahlzeit die Rechnung zu verlangen; der Frau war es genausowenig peinlich wie dem Kellner, das Geld des Gastes einzukassieren. Die Haltung, daß sie dem Mann «wenigstens» eine finanzielle Aufwendung wert sein sollte, ist bei Frauen erstaunlich tief verwurzelt.

Geld spielte in der traditionellen Beziehung zwischen den Geschlechtern eine vielseitige Rolle. Für die Männer war es die Garantie ihrer Herrschaft über die Frau; wer bezahlt, hat auch das letzte Wort. Zugleich versprach das eine gewisse emotionale Sicherheit: Die Frau, die auf ihn angewiesen war, würde nicht davonlaufen. Frauen waren darauf bedacht, den Mann in eine verbindliche Beziehung zu involvieren, denn nur damit war ihre finanzielle Absicherung gegeben. Die finanzielle Verpflichtung bot auch ihnen eine gewisse emotionale Sicherheit: Der Mann, den eine Trennung sehr teuer zu stehen käme, würde sich diesen Schritt sehr gut überlegen.

Frauen und Männer: In der Zweierbeziehung war Geld immer schon der dritte Partner im Bunde. Traditionelle Gesellschaften fanden das selbstverständlich: Eine Eheschließung ohne das Thema Geld gab es nicht. Entweder es gab eine Mitgift oder einen Brautpreis; entweder wurde die Ernährungs- und Versorgungsleistung des Mannes gegenüber der Frau von dem nun entlasteten ehemaligen Versorger vergütet, oder das Gut der weiblichen Sexualität und ihre Arbeitskraft wurden vom Pächter/Käufer bezahlt.

Im Lauf unserer Interviews warfen viele Männer den Frauen eine rückständige, altmodische und unerklärlich anachronistische Haltung zum Geld vor. Ein befreundeter Anwalt z. B. empörte sich über die Selbstverständlichkeit, mit der emanzipierte, gutverdienende und in jeder Hinsicht selbständige Frauen sich den gemeinsamen Abend insofern bezahlen ließen, als der Mann alle anfallenden Rechnungen zu begleichen hatte: Theaterkarten, Abendessen, Bar. Es ginge ihm gar nicht ums Geld, betonte er dabei. Nur komme er sich dumm vor; so, als ob seine Gesellschaft so unangenehm sei, daß dabei wenigstens ein kostenloses Abendessen herausschauen müsse.

Dann wiederum gibt es Männer, sonst aufgeklärt, Verfechter der Gleichberechtigung, denen es außerordentlich peinlich ist, wenn Frauen in ihrer Gesellschaft auch nur andeutungsweise nach der Geldbörse greifen. Auch unter unseren Interviewpartnern gab es nicht wenige, die sich im Anschluß an das Gespräch entsetzt zeigten, wenn wir unseren eigenen Kaffee bezahlen wollten, von ihrem ganz zu schweigen. Sogar der Hinweis, daß sie schließlich ein Interview gegeben und somit gearbeitet hätten, machte manchen den Gedanken, ihr Getränk von zwei Frauen bezahlen zu lassen, noch nicht erträglich.

Auch Frauen sind in diesem Punkt sehr unsicher. Das, was objektiv richtig erscheint, läßt sich nicht immer mit den Empfindungen vereinbaren. Beide Extreme sind anzutreffen – eine ausgeglichene Haltung zum Geld ist die Ausnahme.

Ludmilla kommt aus einer verarmten Großbürgerfamilie. Ihren Mann lernte sie kennen, als beide noch Studenten waren. Beide waren sehr engagiert in aktuellen politischen Fragen und ideologisch links, streckenweise sogar extrem links. Nach dem Studium tendierten sie eher zu einem gemäßigteren Liberalismus; Ludmilla arbeitete als Sozialtherapeutin in einer Behindertenanstalt, ihr Mann Claudius setzte sein Medizinstudium fort. Anschließend wollten beide in einer Gemeinschaftspraxis für sozial Schwächere arbeiten und ihre politischen Werte in ihrer Arbeit umsetzen. Claudius schloß sein Medizinstudium ab und spezialisierte sich als Internist. Während seines Studiums hatte er infolge seiner politischen Aktivitäten laufend Konflikte mit seiner sehr konservativ eingestellten Familie gehabt; nun bahnte sich eine Versöhnung an. Seine Eltern finanzierten seine Privatpraxis, die er im besten Stadtviertel eröffnete. Ludmilla war zunehmend eine lästige Erinnerung an sein früheres Selbst, denn sie machte diesen Wandlungsprozeß nicht mit. Sie weigerte sich, die Ärztegattin zu spielen, und machte ihm statt dessen laufend Vorwürfe über seine verratenen Ideale. Claudius vertrat den Standpunkt, daß diese Ideale unrealistisch waren; sie waren eben noch sehr jung gewesen. Nun aber war es Zeit, erwachsen zu werden, eigene Kinder zu haben und sich in die Gesellschaft einzufügen, statt «Revolution zu spielen». Nach zwei Jahren fast ständigen Streits beschlossen sie, sich zu trennen. Ludmilla, die das Studium ihres Mannes durch ihre Arbeit finanziert hatte, verzichtete auf jegliche finanziellen Forderungen, weil sie das als Feministin prinzipiell richtig fand. Claudius behielt auch die Wohnung und die Einrichtung, weil Ludmilla es furchtbar und entwürdigend fand, sich um «jede Schallplatte und jede Gabel zu streiten». Sie wollte nur, daß Claudius ihr – aus Freundschaft und weil es gerecht war – genug Geld gab, um die Vermittlungsgebühren und die notwendigsten Renovierungen einer eigenen kleinen Wohnung zu bezahlen. Claudius reagierte auf diesen Vorschlag mit einer Haltung, die Ludmilla niemals vorhergesehen hätte. Er meinte, er wolle ja gar nicht, daß sie sich trennten. Die Trennung sei einzig ihr Wunsch; er möchte lediglich, daß sie aufhöre, sich wie eine Studentin zu benehmen und ein verantwortungsvoller Mensch werde. Wenn sie bei ihm bliebe, wäre er selbstverständlich bereit, ihr jeden Komfort zu bieten. Wenn sie sich trennen wolle, dann sehe er aber nicht ein, warum er das auch noch finanzieren solle. «Mein Anwalt hat gemeint, daß wir da unheimlich viel ‹rausholen› könnten und daß es ungeschickt, um nicht zu sagen verrückt ist von mir, das nicht zu tun. Mir war schon seine ganze Ausdrucksweise unerträglich. Ich wollte nichts ‹herausholen›, ich wollte auch keine Unterstützung, ich wollte nur eine Wohnung. Claudius verdiente das vier- oder fünffache von mir, und ich hatte bei der Trennung wirklich alles vermieden, was ihm in irgendeiner Form Schwierigkeiten oder Unannehmlichkeiten bereitet hätte. Er konnte alles behalten, auch die Möbel, die wir damals von meinem Geld gekauft hatten. Ich hatte die Idealvorstellung, daß wir uns trennen, aber Freunde bleiben könnten. Diese Trennungen mit gegenseitigen Vorwürfen und Schmutzwäsche und Anwälten, das war mir unvorstellbar. Ich wollte überhaupt keinen Anwalt; ich fand, daß die ganze Angelegenheit nur uns betraf. Ich erfuhr dann über meinen Anwalt, daß Claudius und sein Anwalt schon einen ausgeklügelten Plan für die Verhandlung hatten. Falls ich doch irgendwelche Forderungen stellen sollte, hatten sie vor, alle möglichen alten und absurden gesetzlichen Möglichkeiten einzusetzen gegen mich. Zum Beispiel gibt es irgendsoeinen alten Paragraphen, ‹Verweigerung des Kinderwunsches› oder so ähnlich, den wollten sie dann einbringen und argumentieren, daß ich mich nicht wie eine richtige Ehefrau benommen hätte, weil ich kein Kind wollte. Ich konnte es gar nicht fassen, als ich das erfuhr. Als wir uns kennenlernten, war Claudius fast ein Anarchist, und auch heute noch ist er in seinen Meinungen sehr liberal. Daß er sich nicht genieren würde, einen so altertümlichen Eheparagraphen für sich zu nutzen, kann ich bis jetzt nicht begreifen.»

Ludmilla sah sich als Feministin, als selbständige Frau. Sie wollte auch keine der althergebrachten Privilegien beanspruchen und verzichtete sogar auf Dinge, die ihr zustanden. Claudius, der theoretisch dieselben Werte in bezug auf die Stellung der Frau in der Gesellschaft vertrat, hatte diese Hemmungen nicht. Wenn es vorteilhaft erschien, war er auch bereit, antiquiertes Patriarchentum hervorzukramen. Auf Geld und Gerechtigkeit hatte sie einen Anspruch, solange sie bei ihm blieb; ging sie aber weg, dann sollte sie diese Aufsässigkeit auch büßen.

Ludmillas Erstaunen teilen viele Frauen, vor allem solche, die nie geglaubt hätten, daß sie sich einmal mit dieser Art von Problemen würden auseinandersetzen müssen. Anwälte, Prozesse, Vermögensregelungen: lächerlich, hatten diese Frauen sich gedacht. Von einem Mann Geld zu nehmen, erschien ihnen als der Gipfel der Selbsterniedrigung. Eine Beziehung sollte eine Partnerschaft sein, und wenn der eine mehr hatte als der andere, dann sollte er freiwillig für einen gerechten Ausgleich sorgen ... usw. Der Schock, ihren gleichberechtigten Partner plötzlich so ganz anders zu erleben, war groß. Die Kränkung, die daraus resultierte, war nicht bloß den daraus erwachsenden Geldschwierigkeiten zuzuschreiben, sondern vor allem auch den verletzten Gefühlen.

Geld und Gefühle haben in zwischengeschlechtlichen Beziehungen viel miteinander zu tun. Das Geben von Geld bedeutet Zuneigung. Der Verlust von Geld ist eine Sanktion, mit der man die Frau / den Mann festhalten kann.

Isolde lernte als Austauschstudentin in der Schweiz einen Professor kennen; das gegenseitige Interesse blieb nicht auf die akademische Ebene beschränkt. Professor Theodor H. war 20 Jahre älter und kam aus wohlhabendem Haus; Isolde verliebte sich sehr, war sich ihrer Unwürdigkeit aber in jeder Hinsicht bewußt. Er war 40 Jahre alt, ein angesehener Literaturwissenschaftler; seine Familie gehörte zu den besten Kreisen Genfs. Sie war 20, kam aus einer sehr einfachen Familie und studierte noch. Theodor nahm sie mit nach Hause, stellte sie seinen Freunden vor, nahm sie zu Abendgesellschaften mit und machte ihr schließlich einen Heiratsantrag. Anfangs wohnten sie in der oberen Etage eines Hauses, das seinen Eltern gehörte; die Familie nahm Isolde etwas kühl auf, da sie als nicht standesgemäß galt. Isolde fühlte sich ein wenig wie das Au-pair-Mädchen des Hauses, bemühte sich aber, sich im Niveau anzugleichen. Sie besuchte Kirchenkonzerte, konvertierte sogar zum Katholizismus, lernte Fremdsprachen, führte einen perfekten Haushalt und bemühte sich, eine hervorragende Gastgeberin für die Freunde und Kollegen ihres Mannes zu sein. Isolde erkannte dennoch, daß sie als Ehefrau niemals voll akzeptiert werden würde. Als Mutter seiner Kinder aber würde sich das vielleicht ändern. Sie bekam nacheinander fünf Kinder, fand eigene Freunde aus seinen Kreisen, und objektiv sah es so aus, als ob ihre Eingliederung perfekt wäre. Im Denken Isoldes aber blieben die Barrieren bestehen. «Ich hatte einfach nicht das Gefühl, daß es auch mein Haus war, daß wir gemeinsam alles besaßen. Ich fühlte mich wie eine Haushälterin, und mit den Kindern änderte es sich nur insofern, als ich mich nun auch wie die Gouvernante des Hauses fühlte. Es fiel mir sehr schwer, für mich selber Geld auszugeben. Zum Beispiel konnte ich mir keine Romane kaufen. Theodor hatte einmal angeboten, mir Bücher aus der Bibliothek mitzubringen, und die las ich jahrelang; trockene Werke aus der französischen Literaturgeschichte. Alle unsere Freunde hatten Hausmädchen oder Au-pairs, aber ich hatte das Gefühl, alles allein machen zu müssen, um wenigstens damit meine Anwesenheit zu ‹verdienen›. Ich hatte gedacht, daß sich durch die Kinder etwas ändern würde, aber innerlich hatte ich dann bloß das Gefühl, daß ich die Treuhänderin war und gut für sie verwalten sollte, was eigentlich ihnen gehörte.» Nach zwölf Ehejahren fiel Isolde auf, daß Theodor immer häufiger zu Tagungen und Literaturwochen fuhr. Es kamen auch Briefe und Anrufe, die – so schien es Isolde – verdächtig waren und bei ihrem Mann ein seltsames Verhalten hervorriefen. Als eine Bekannte eines Tages zum Tee kam und Isolde diskret näherbrachte, daß ihr Mann ein Verhältnis mit einer jungen Studentin habe und man im Freundeskreis gefunden habe, daß sie es wissen müsse, fand Isolde ihre Ahnungen nur bestätigt. «Innerlich war ich eigentlich nicht überrascht.

Ich glaube, daß ich irgendwie damit gerechnet hatte, daß Theodor mich irgendwann einmal verlassen würde – entweder für eine standesgemäßere Partie oder für eine Frau, die wie ich damals mit ihrer Jugend den Statusunterschied aufwog.» Wäre es nur um sie gegangen, glaubt sie, dann hätte sie einfach abgewartet und gehofft, daß die Affäre wieder zu Ende ging. So aber konfrontierte sie ihren Mann mit ihrem Wissen. Er stritt es auch nicht ab, sondern meinte, daß er in eine Phase seines Lebens getreten sei, in der er «ein letztes Abenteuer» brauche. Die zivilisierte Form, legte er ihr dar, und diejenige, die in seinen Kreisen üblich sei, wäre eine tolerante Abgehobenheit ihrerseits gegenüber diesem «Zwischenfall». Sie sei ja schließlich seine Gattin und die Mutter seiner Kinder; eine Frau von Welt würde auch verstehen, daß zur Ehe solche Episoden gehören. Isolde war verunsichert. Diese Haltung war ihr zuwider; andererseits erkannte sie, daß ein großer Eklat, eine Trennung, auch nicht erstrebenswert wäre. «Ohne Theodor konnte ich meinen Kindern nie den Lebensstil bieten, den sie gewohnt waren. Sollte ich die Familie wirklich zerreißen wegen dieser Affäre? Und welche Konsequenzen würde das haben? Würden sie weiterhin in ihre teure Privatschule gehen können?» Die Konflikte mit ihrem Mann steigerten sich. Nicht immer konnte Isolde sich beherrschen; ihre Vorhaltungen führten dann zum Streit. Theodor weigerte sich, die Affäre abzubrechen, und verlangte auch, daß Isolde sich «gelassener» verhalten sollte, z. B. indem sie seine Geliebte zu Abendgesellschaften einlud. Wenn sie sich weigerte, legte er ihr die Folgen einer Trennung dar. Wenn sie wirklich darauf bestand, müßte das Haus verkauft werden. Sie müßte mit den Kindern in einer Wohnung zurechtkommen. Die Kinder müßten in öffentliche Schulen gehen und würden aus ihrem Freundeskreis herausgerissen. Die Alimente würden nicht sehr hoch ausfallen können, vielleicht müßte sie sich selber eine Arbeit suchen. Was aber könnte das sein, angesichts der schwierigen Arbeitsmarktsituation in der Schweiz und ihrer nicht gerade verwertbaren Ausbildung. All diese Überlegungen paralysierten Isolde.

Nach einem halben Jahr sagte Theodor, daß er ein neues Leben beginnen möchte und daher die Scheidung wünsche. «Wenn es nur um mich gegangen wäre», sagt Isolde, «hätte ich es wohl akzeptiert. Aber ich fühlte mich meinen Kindern gegenüber verpflichtet, ihre Rechte zu vertreten.» Isolde hatte nicht das Gefühl, eigene Interessen zu verteidigen; sonst hätte sie sich vielleicht zurückgezogen. Die Erbschaft ihrer Kinder aber war ihr einen Kampf wert. In einer völlig uncharakteristischen Energieanwandlung engagierte sie Anwälte, organisierte Zeugen, fotokopierte Briefe ihres Mannes an die Geliebte und der Geliebten an ihn. Als sie alle Beweise gesammelt hatte, trat sie ihrem Mann gegenüber. Nun war sie es, die eine pragmatische Rechnung vortrug. Wenn er sich scheiden ließe, würde sie ihn ruinieren. Vielleicht müsse sie ihren Lebensstandard reduzieren, aber bei weitem nicht so sehr wie er. Für sie und die fünf Kinder würde er zahlen, bis ihm selber kaum etwas bliebe. Nach einem ersten Tobsuchtsanfall zeigte Theodor sich einsichtig. Es fand sich eine «zivilisierte» Lösung: Die Ehe bliebe nach außen bestehen, aber jeder von ihnen könne seinen eigenen Weg gehen. Seine Freundinnen wären dem Familienhaushalt fernzuhalten. «Komischerweise fühle ich mich jetzt in dieser Beziehung sicherer als je zuvor», erklärt Isolde. «Irgendwie habe ich nie daran geglaubt, daß Theodors Gefühle für mich echt und bleibend sind. Daß er aus rationalen und materiellen Überlegungen in der Familie bleibt, erscheint mir zwar unbefriedigend, aber verläßlicher.»

Wo Geld kein Bindemittel mehr ist, kann es auch als Strafe eingesetzt werden. Der untreue oder abtrünnige Partner wird durch eine Verschlechterung seiner Lebensbedingungen bestraft. Diese Sanktion wird von beiden Parteien angewendet, von Männern und von Frauen.

Marina F. gab ihren Job als Statistikerin auf, als sie Ludwig heiratete. Er war Geschäftsmann und fand es lächerlich, daß sie wegen «2000 DM unnötig schuften sollte». Ludwig hatte einige dunkle Eigenschaften, die sich mit der Zeit bemerkbar machten. So z. B., daß er nicht, wie versprochen, Marinas «Interessen respektierte» und ihr «jeden Freiraum» zuerkannte. Marina wollte Medizin studieren, und theoretisch war Ludwig damit sehr einverstanden. In der Praxis aber boykottierte er ihren Plan in jeder Hinsicht. Kurz vor ihren Prüfungen lud er große Gesellschaften ein und verlangte, daß sie alles organisierte; mitten im Sezierkurs buchte er für sie einen Flug und bestand darauf, daß sie ihn auf einer Geschäftsreise begleitete. Ihre Hinweise, sie müsse sich auf eine Prüfung vorbereiten oder noch ein paar Skripten durchsehen, quittierte er mit spöttischen und abfälligen Anmerkungen. Käme sie sich denn nicht lächerlich vor, mit diesen jungen Leuten zusammen in der Klasse zu sitzen? Er rechnete ihr vor, wie alt sie wäre, wenn sie fertig sein würde, und meinte, daß er für dieses lächerliche Vorhaben, aus dem ohnehin nie etwas werden würde, nicht sein Eheleben aufzugeben gedenke. «Es klingt vielleicht kindisch, aber er konnte mich ganz fertigmachen auf diese Tour», erinnert sich Marina.

Ludwigs Wunsch, sich scheiden zu lassen, traf sie trotz aller Beziehungsprobleme unvorbereitet. Ein paar Nächte blieb er aus, dann kam er nach Hause und sagte, daß er sich scheiden ließe. Marina ging zu einem Anwalt, der sich genau nach dem Verlauf der Ehe erkundigte. Bei einem Punkt hakte er ein: Ludwig war gewalttätig gewesen. Es gab darüber auch ein ärztliches Attest, nur hatte Marina keine polizeiliche Anzeige erstattet. Dieser Zwischenfall, triumphierte der Anwalt, würde ihre Position nun dramatisch verbessern. Er telefonierte mit Ludwigs Anwalt, der sich angesichts dieser Trumpfkarte zu einer gütlichen Trennung bereit zeigte und seinen Klienten dazu überredete, eine großzügige Abfindung an seine ehemalige Frau zu zahlen.

«Wenn ich daran denke», meint Marina nun, fünf Jahre nach der Scheidung, «dann stört es mich immer noch, daß ich in dieser Weise zu Geld kam. Ich bekam nicht mehr, als mir in meinen eigenen Augen fairerweise zustand, denn schließlich hatte ich auf sein Drängen hin meinen Job aufgegeben, und es dauerte ziemlich lange, bis ich finanziell wieder selbständig war. Es hat Ludwig auch nicht geschadet, denn er konnte es sich leisten. Aber der Gedanke, daß ich Geld dafür bekam, daß er mich geprügelt hatte, ist eigentlich sehr kränkend. Die seelische Verletzung, die dieser Zwischenfall für mich bedeutet hatte, konnte nicht mit Geld ungeschehen gemacht werden. Ich sehe zwar nicht, wie ich anders hätte handeln können, denn ich habe dieses Geld auch wirklich gebraucht, und mein Anwalt meinte, daß die Gerichte immer weniger dazu neigen, den Frauen verlorene Arbeitsjahre zu vergüten. Aber ich geniere mich trotzdem. Ich fühle mich so, als ob ich zu diesen Frauen gehörte, die sich am Freitag abend verprügeln lassen und am Samstag nicht mehr böse sind, wenn der Mann ihnen reumütig einen Blumenstrauß bringt.»

Die betroffenen Männer haben da weniger Skrupel – sie sind der Meinung, daß geleistete Geldzahlungen sie freisprechen von Fehlverhalten.

Dazu fiel uns ein seltsames Dokument in die Hände. Der Verfasser war ein Salzburger Buchhalter, der sich selber als gerechten und umgänglichen Menschen empfand. Dann aber ging die Firma, für die er arbeitete, in Konkurs. Seine Schwiegereltern stellten ihn in der familieneigenen Firma ein, «als Überbrükkungsmöglichkeit», wie sie verständnisvoll meinten. Von da an verschlechterte sich sein seelischer Zustand. Wenn es zu einem Streit zwischen ihm und seiner Frau kam, warf er ihr jetzt immer vor, daß sie sich wichtig mache und aufspiele, weil sie wisse, daß er von ihren Eltern abhängig sei. Er konnte dabei so sehr in Rage geraten, daß er auch handgreiflich wurde. Danach erschrak er immer sehr und schwor, daß das nie wieder vorkommen würde. Lisa war in einer verzweifelten Lage. «Ich wollte es meinen Eltern nicht erzählen, denn sie hätten mich dann bestimmt unter Druck gesetzt, mich von ihm zu trennen. Dann hätte er geglaubt, daß ich ihn verlasse, weil er beruflich Probleme hat; außerdem hätten ihn meine Eltern dann natürlich entlassen, und das wollte ich ihm auch nicht antun. Beim erstenmal habe ich versucht, ihn zu verstehen. Wahrscheinlich war die Belastung für ihn wirklich sehr groß, obwohl die Situation für mich ja auch nicht gerade angenehm war. Beim vierten- oder fünftenmal fing ich an, die Hoffnung auf eine Änderung aufzugeben. Ich glaube, wenn er noch seinen alten Beruf gehabt hätte, hätte ich mich wirklich von ihm getrennt. Aber ich wollte einfach nicht so sein wie diese berechnenden Frauen, die beim ersten Rückschlag Ausschau nach einem erfolgreicheren Partner halten.»

Lisa wollte nicht die Art von Frau sein, die einen Mann in erster Linie als Brotverdiener betrachtet. Sie wollte ihm auch nicht materiell schaden. Vielleicht könnte sie sich, wenn es ihm später wieder besser ging, von ihm trennen. «Ich ließ mir nicht nur Dinge gefallen, die ich früher undenkbar gefunden hätte, ich bemerkte auch, daß ich mich besonders versöhnlich und unterordnungsbereit verhielt. Ich wollte ihm keinen Anlaß geben, mich als arrogant zu erleben, bloß weil meine Eltern uns in dieser Notsituation unterstützten. Ich schluckte viel hinunter, um sein Selbstgefühl aufzubauen.» Der einzige Trost in dieser unmöglichen Situation war die anscheinend wirklich aufrichtige Reue, die Martin nach jedem Gewaltausbruch zeigte. Er schien über sein Verhalten genauso entsetzt zu sein wie Lisa; er weinte, klagte sich selbst an und schwor, es nicht mehr zu tun. Er tat es dennoch immer wieder. Schließlich kam es soweit, daß Lisa einmal sogar ins Krankenhaus mußte. Sie sagte dem Arzt nicht den wahren Grund für ihre Verletzung, aber sie vertraute sich einem gemeinsamen Bekannten an. Dieser setzte sich mit Martin zusammen, um ihm ins Gewissen zu reden. Aus dieser Unterredung zwischen Männern entstammte das Dokument, das Lisa nun in ihrer Schmuckschatulle aufbewahrt, zusammen mit dem Taufschein der Tochter und den anderen Urkunden der Familie. In diesem Dokument verpflichtet sich Martin dazu, seiner Frau 70000 DM zu zahlen, falls er sie noch einmal schlagen sollte. Das Dokument ist mit Unterschrift und Datum versehen, und der Bekannte hat als Zeuge unterschrieben. Dieses Papier soll Martin als Abschreckung dienen; zugleich soll das Amtliche die Ernsthaftigkeit der Absicht unterstreichen. Lisa findet dieses Papier etwas irrational, denkt sich aber, daß es vielleicht irgendwie dem männlichen Denken entspricht, dem es schließlich entstammt. Sie hebt es auf, nicht, weil sie den Inhalt ernst nimmt, sondern weil es zugleich eine Art Geständnis ihres Mannes ist, daß er sie öfter geschlagen hat. Das könnte sie bei einer eventuellen Scheidung später brauchen, da sie sonst keine Beweise in Form von ärztlichen Attesten oder Polizeieinsätzen hat. Seit seiner Unterschrift hat ihr Mann sie wieder geschlagen, und er hat keine 70000 DM gezahlt, wie auch? Es hat ihm genauso leid getan wie vorher, und anschließend hat er sich selber Verletzungen zugefügt, indem er seinen Kopf gegen die Wand stieß. «Er hat mir auch schon angeboten, daß ich ihn auch schlagen darf und daß er sich dann nicht wehren wird», sagt Lisa zu diesem jüngsten Zwischenfall. Martin denkt allein in Kategorien von Geldstrafe und Körperstrafe.

Dieses Denken ist, wie Untersuchungen gezeigt haben, gewalttätigen Ehemänner eigen. Die Vorstellung, sich mit einer riesigen Parfumflasche für die Entgleisung des Vortages zu entschuldigen, ist absolut typisch für ihr Verhalten. Nimmt die Frau diese Entschuldigung an, dann betrachten sie den Vorfall als nicht geschehen. Nimmt die Frau sie nicht an, dann fühlen sie sich ungerecht behandelt. Schließlich haben sie eine Geste des Friedens gemacht; die Frau hat sie abgewiesen.

Der Universitätsprofessor *Egon H.* gilt in seinem Fach als ungewöhnlich aufgeschlossen und weltoffen. Gern vertritt er Ansichten, die seine Kollegen schockieren und provozieren. Zugleich wurde er damit zum Aushängeschild einer progressiven Forschung, und die Aufträge fließen ihm zu.

Vor 20 Jahren heiratete er Julia; damals waren sie beide noch Studenten, aber Julia gab ihr Studium gern auf, um zu Hause zu sein. Jahrelang war sie damit beschäftigt, drei Kinder aufzuziehen und die mit seiner Karriere steigenden hausfraulichen Erfordernisse zu erfüllen. Es gab nur einen wirklichen Streitpunkt zwischen ihnen: seine zahlreichen Verhältnisse. Egon gab sich gar nicht die Mühe, diese Affären geheimzuhalten, sondern beanspruchte sie als sein Recht. Das Konzept der Treue, erklärte er Julia, sei ein Relikt des kleinbürgerlichen Denkens. Warum sollte er zu anderen Menschen keine intimen Beziehungen mehr haben? Was schadeten ihr denn diese Beziehungen? Sie solle lieber an ihre eigene Entwicklung denken, die mit seinen Freundschaften nichts zu tun habe. Julia konnte diesen Standpunkt überhaupt nicht akzeptieren. Die Auseinandersetzungen eskalierten sich bis zur Gewalt. Julia vertraute seine Entgleisungen anschließend einer gemeinsamen Bekannten an, die die Geschichte auch weitererzählte. Dennoch: Daß Egon jemals ein gewalttätiger Ehemann sein könnte, hielten alle für vollkommen ausgeschlossen.

Egon selber meint heute dazu, daß solche Dinge vorkommen können und daß Julia «ihm nichts schuldig geblieben» ist, sondern sich auf eigene Art revanchiert hätte.

Trotzdem scheint er gewisse Schuldgefühle gehabt zu haben, denn bei der Scheidung verhielt er sich mehr als kulant. Freiwillig bot er an, seiner Frau ein Haus am Stadtrand zu kaufen, mit Garten und in einer noblen Gegend, damit seine Kinder in einer angenehmen Umgebung aufwüchsen. Die Beziehungen zwischen den geschiedenen Eheleuten wurden fortan von Geld bestimmt, wobei schwer zu sagen ist, wer den Anstoß dazu gab. Egon beschwert sich darüber, daß Julia seine Beziehung zu den Kindern mittels des Geldes steuere: Wenn er sie außerhalb der vorgeschriebenen Besuchszeiten sehen will, dann gibt ihm Julia diskret, aber unmißverständlich zu verstehen, daß er sich mit irgendeiner anstehenden Anschaffung – neue Fahrräder, ein Heimcomputer, ein Fernseher für das Kinderzimmer – das Recht dazu erkaufen könne. Ist das eine Methode für sie, Macht über ihn auszuüben? Ärgert es sie, daß er sein Geld für seine zahlreichen Freundinnen ausgibt, und will sie nur erreichen, daß wenigstens ein Teil davon seinen Kindern zugute kommt? Oder hat Egon selber diese Art der Beziehung gewählt, und ist sein (auffallend milder) Ärger darüber nur gespielt? Kann er damit demonstrieren, daß er nach wie vor der Familienvater und -ernährer ist?

Mit Katrin, einer jungen Assistentin an seinem Institut, hatte Egon schon während der Ehe ein Verhältnis. Nach der Scheidung nahm Katrin an, daß die Beziehung nun verbindlicher werden würde. Egon behauptet, ihr nie dementsprechende Hoffnungen gemacht zu haben. Katrin aber richtete ihre ganzen Lebenshoffnungen auf ihn und ließ alle Personen des gemeinsamen Kollegen- und Freundeskreises wissen, wie unglücklich sie über sein abweisendes Verhalten sei. Katrin verfiel in tiefe Depressionen. Bei gemeinsamen Einladungen heftete sie sich an seine Seite und funkelte haßerfüllt jede Frau an, die sich – egal in welcher Absicht – ihm näherte. Egon sagte manchmal, er habe das Gefühl zu ersticken. Dann aber beschlossen sie zu heiraten. Vielleicht würde die Beziehung entspannter, wenn Katrin sich nicht mehr unsicher fühlen mußte, sondern als seine Ehefrau das Gefühl hätte, in geordneten Verhältnissen zu leben.

Der erste Ehestreit drehte sich um die Frage, ob Katrin seinen Familiennamen annehmen sollte. Für Katrin war das eine Selbstverständlichkeit; Egon aber fühlte sich dadurch unbehaglich, «so, als ob eine Klette sich an mich heftete». Katrin wollte nach der Hochzeit ihre Arbeit aufgeben. Sie hatte eine kleine Stadtwohnung, die sie sofort kündigte. All diese Schritte vermittelten Egon das Gefühl, «eingekreist» zu sein. So rechtfertigt er seinen kurz nach der Heirat anfallenden Drang, die Freiheit zu suchen in anderen Beziehungen und auf Urlaubsreisen, die er ohne Katrin plante.

Nach eineinhalb Jahren setzte sich Egon aktiv für Katrins Zukunftsplanung ein. In Katrins Namen schickte er eine Bewerbung für eine Anstellung an der Universität einer anderen Stadt ein und telefonierte mit dem dortigen Institutsleiter, um ihre Aufnahme zu gewährleisten. In dieser Stadt erwarb er eine Wohnung für Katrin und sah sich nach einem Analytiker um. Katrin konfrontierte er mit einem perfekt vorbereiteten «neuen Leben»: sie hatte bereits einen Arbeitsplatz, eine Wohnung und einen Experten für ihren zu erwartenden Trennungsschmerz. Katrin reagierte mit überraschendem Elan; sie nahm sein Angebot wahr. «Ich war wirklich krankhaft abhängig von ihm», sagt sie heute, zwei Jahre danach. «Heute geht es mir gut. Das Ganze hat mir nicht geschadet. Aber ich will damit nicht sein Verhalten rechtfertigen. Was er getan hat, war und bleibt ungeheuerlich; er hat mich ins Exil geschickt und gemeint, daß er sich in dieser Weise von mir freikaufen kann.»

Die Muster sind so eingefahren, daß die betroffenen Männer und Frauen sich der Anachronismen in ihrem Verhalten oft gar nicht bewußt sind. Der Geiz des Mannes kränkt die Frau, seine Großzügigkeit hingegen entschuldigt sein Fehlverhalten und verpflichtet die Frau zu emotionalen Gegenleistungen. Der bezahlende Mann hat ein Recht darauf, daß die Frau ihm für die Dauer des von ihm finanzierten Abendessens interessiert zuhört; regelmäßige Einladungen können bei beiden das Gefühl erwecken, daß er schon in sie «investiert» hat und irgendwann eine (sexuelle) Gegenleistung erwarten kann. Dann läge es nahe, daß jeder für sich selber bezahlt, um die neue Gleichheit auch finanziell zum Ausdruck zu bringen. Aber dabei gibt es verschiedene Probleme. Denn die Beteiligten haben die Regeln des Umgangs recht genau verinnerlicht. Diese Regeln besagen meist, daß der Mann den Abend plant und die Frau eine nette und angenehme Gefährtin für ihn ist; d. h. sie besagen, daß er als Gastgeber der dominante Teil der abendlichen Interaktion ist. Den Zahlungsmodus zu ändern, ist noch das leichteste daran. In der Praxis kann es sich dann so gestalten, daß die Frau zwar gleichberechtigt zahlt, der Mann aber immer noch erwartet, daß sie sich wie eine Bezahlte verhält und die Frau es tut, weil sie es nicht schafft, aus dem Muster auszubrechen. Es ist verständlich, daß sich die Frau darüber ärgert; jetzt mußte sie dafür bezahlen, um in ein von ihr nicht gewähltes Lokal zu gehen und dort Konversation zur Unterhaltung des Mannes zu betreiben. Die wenigsten Männer wollen eine Partnerin, die sich völlig gleichberechtigt benimmt, ihre Meinung sagt, ihre Langeweile zeigt. Das Ritual des Verführens hat wenig Platz bei einer selbständigen und selbstbewußten Frau; es ist nur erfolgreich bei einer Frau, die die Spielregeln für dieses alte Ritual akzeptiert. Dazu kommt noch, daß Männer im Schnitt 40 % mehr verdienen als Frauen in der gleichen Position, abgesehen davon, daß Frauen selten in der gleichen beruflichen Position sind wie die Männer, mit denen sie ausgehen.

Die unterschiedliche Einstellung zu Geld erweckte auch die Aufmerksamkeit des Psychoanalytikers Theodor Reik, der darin einen weiteren Beleg für die grundsätzliche emotionale Verschiedenheit der Geschlechter sah. Im Absatz über «Geschenke» bemerkt er folgendes:

«Eine mir bekannte Dame beschwerte sich einmal darüber, daß ihr Mann ihr nie etwas schenke. Ich erinnerte sie daran, daß er ihr doch eine wertvolle Brosche, Ohrringe, ein Armband und ein Collier geschenkt hätte, wie ich wußte. Zu meinem Erstaunen wiederholte sie dann die Behauptung, daß ihr Mann ihr nie etwas schenke, und meinte, die Brosche gelte nicht, denn die habe sie sich ausdrücklich zum Geburtstag gewünscht, das Collier habe sie sich selber ausgesucht, und das Armband hätten sie gemeinsam anläßlich eines Hochzeitstages ausgewählt. Sie betrachtete diese Dinge nicht als Geschenke, da sie sich diese Objekte gewünscht hatte ... Ich glaube inzwischen, daß fast alle Frauen so denken. Ein Geschenk ist etwas, was man bekommt, ohne es verlangt oder sich gewünscht zu haben. Ein Geschenk ist etwas, was der Mann ihnen geben möchte, und nicht etwas, was sie selber haben wollen.»

Der Symbolwert von Geschenken und ihrem materiellen Wert ist laut Reik bei Männern und Frauen ein grundsätzlich anderer. Für Frauen ist ein Geschenk ein Symbol der Verbindlichkeit und Verpflichtung. Die Verweigerung von Geschenken ist demgegenüber eine Selbstverweigerung. Männer dagegen, meint er, verbinden keine tiefere Bedeutung mit Geschenken, die sie erhalten.

Reik stellte das im Jahr 1949 fest. Die Trennungs- und Beziehungsinterviews, die wir selber führten, sowie die verfügbaren Unterlagen zu Scheidungen und Trennungen deuten aber darauf hin, daß die Ökonomie der Geschlechterbeziehungen in wesentlichen Punkten unverändert geblieben ist. Als Konfliktgrund werden sehr häufig materielle Streitfragen genannt, die weniger einen objektiven als einen subjektiven Charakter haben. Viele Männer sehen in dem Wunsch ihrer sich sonst als emanzipiert darstellenden Partnerin, rituelle Symbole der männlichen Zuwendung und Versorgung zu erhalten, nur einen ärgerlichen Widerspruch. Geld ist ein Index für die Irritationen im Verhältnis zwischen Männern und Frauen.

Die Exhumierung des Märchenprinzen

Die Sehnsucht nach dem Ideal, oder: Es muß im Leben mehr als alles geben.

Er wurde zu früh zu Grabe getragen. Er war nur scheintot, dieser Märchenprinz, diese peinliche Phantasiefigur, um derentwillen Frauen ihren Verstand verloren. Nein: den sie suchten, weil sie ihren Verstand verlieren *wollten*, diesen Verstand, der ihnen bloß sagte, daß die Welt grau und das Leben vergänglich sei. Die Geschichte von Dornröschen nämlich, die sollte anders erzählt werden. Dornröschen will gar nicht wachgeküßt werden, ganz falsch war diese Darstellung. Dornröschen ist schon wach, allzu wach; der Prinz soll sie in Trance versetzen, in einen schönen Dämmerzustand, der sie die Welt und ihre harten Kanten vergessen läßt. Die Anziehungskraft des Märchenprinzen ist sein drogenartiges Versprechen; die Suche nach ihm ist wie eine Sucht. Gar nicht so verwunderlich also, daß gerade die vernünftigsten Frauen dieser Sucht verfallen. Ihre Bemühungen, die Entzugserscheinungen zu beschreiben, sehen wir uns in diesem Kapitel an.

Warum geht es den Männern nicht genauso? Vielleicht sehen sie die Welt anders. Vielleicht gefällt ihnen die Farbe grau. Vielleicht bevorzugen sie andere Drogen.

Wir wollten diesmal über Männer schreiben; es sollte ein Buch werden über den post-feministischen Mann, sein leuchtendes Porträt und eine Huldigung an unsere neuen Brüder.

Schwestern, die Verbrüderung findet nicht statt.

Ob Männer sie nicht wollen oder ob sie dazu nicht imstande sind, darüber sind wir uns noch immer nicht im klaren. Ziehen sie aus ihrer Verweigerung wirklich einen Vorteil? Auch das können wir für uns noch nicht beantworten. Sicherlich haben sie einen Machtvorteil. Sie steigen aus den hitzigsten Umschlingungen kühl und unberührt empor, wie ein eisiger Phönix aus der Glut. Insofern sind die Frauen die Naiven, die Ungeschickten, die

Verlierer. Aber objektiv gesehen sind die Frauen im Recht; ihr Anspruch ist der Anspruch der Gemeinschaft, der Sinnhaftigkeit, der Solidarität; ihr Weg ist der Weg aus der sinnlosen Einöde von unreflektiert vor sich hingelebten Jahren.

Aber auch das Patriarchat hat auf die Sinnfrage eine Antwort anzubieten. Unternehmen wir dazu einen kurzen Exkurs in die Metaphysik, denn da ist der grundlegendste kulturelle Unterschied zwischen Männern und Frauen zu finden. Der Mann des patriarchalischen Wertsystems entkam der Sinnlosigkeit, indem er sein mickriges Einzelleben glorifizierte, ihm Bestand gab. Ein Monument. Ein Sohn, der den vergänglichen Namen in die Zukunft forttrug. Ein eisernes Kreuz im Vertiko der Generationen. Ein Mordanschlag auf den Papst, um sich Unsterblichkeit durch die Medien zu sichern.

Sind Frauen besser dran, weil sie Leben geben können? Obwohl wir die häufig vorgetragene These, Männer würden aus Gebärneid zu Zerstörern, geradezu idiotisch fanden, konnten wir uns nicht darüber hinwegsetzen, daß in unseren Interviews mit Männern wirklich sehr oft dieser Neid artikuliert wurde. Unaufgefordert, ohne daß wir diese Frage auch nur gestreift hätten, die sich uns ja gar nicht stellte. Zerstören, weil man nicht erschaffen kann? Das kam uns zu primitiv und banal vor. Und doch erklärten viele Männer damit ihr eigenes Verhalten und das Verhalten ihrer Geschlechtsgenossen.

Frauen, die der Sinnlosigkeit eines Einzellebens entkommen wollen, wählen üblicherweise einen anderen Weg als den des unsterblichen Helden, des Dynastiengründers. Frauen suchen zu entkommen, indem sie ihre Subjektivität aufheben. Auch Männer haben diesen Weg gewählt, zum Beispiel vermittelt über die Religion; heute aber ist er ein klassisch weibliches Muster. Frauen wollen, wenn sie auf die Jagd gehen nach der Subjektivität des anderen (und damit ihren Partner in die Flucht treiben), die eigene Individualität aufheben; sie wollen ihr entkommen in dem Bewußtsein, daß die Individualität nur zur Sinnleere führen kann.

Die Beziehungskrisen sehr vieler Frauen sind metaphysischer Natur. Um sich das genauer zu vergegenwärtigen, genügt ein einziges Beispiel: Jane Lazarres Selbstanalyse ‹*Über die Liebe zu*

Männern›.* Die Schriftstellerin Lazarre macht sich Gedanken über ihre Bedürfnisse und über die Männer, von denen sie im Lauf ihres Lebens immer wieder glaubte, daß sie diese Bedürfnisse teilen könnten, und über die Enttäuschung darüber, daß der hoffnungsvoll gewählte Partner immer wieder aus ihrem Leben ging. Lazarre sucht einen Mann, der sie verstehen wird: sie sucht, diese Metapher kommt immer wieder bei ihr vor, einen Bruder. Einen Zwilling, ein männliches Ebenbild. Sie sucht einen Mann, der brüchige Stellen vorweist, Stellen, an denen ein Kontakt möglich ist:

«Er sucht die Unverwundbarkeit der Objektivität, fliehend, immer auf der Flucht vor einer Konfrontation der verwirrten Fäden seiner Prinzipien und seiner Bedürfnisse. Aber es ist genau seine Verwundbarkeit, die mich so anzieht, sein Mangel an schützenden Panzern, seine leicht zerbröckelnden Mauern, seine Traurigkeit. Diese Traurigkeit wird mich immer anziehen, dieses Gespenst der Verwundbarkeit in einem Mann, Spiegel meines eigenen Bedürfnisses – die zehn Jahre später wieder auftauchen wird als die Gefahr, als die sie sich immer wieder erwiesen hat.»

Worauf Jane hätte achten sollen, war, wie sich bald herausstellt, nicht seine Verwundbarkeit, sondern die Tatsache, daß er vor eben dieser Verwundbarkeit auf der Flucht ist; dementsprechend wird er auch vor Jane flüchten, die seine Verwundbarkeit erhalten will, während er sie überwinden möchte. Jane sieht zwar sehr deutlich, daß es immer schiefgeht, achtet aber nicht auf die Art und Weise, in der sie selber immer die Weichen zu diesem Scheitern stellt, und macht deshalb in ihrer Personenwahl immer denselben Fehler. Sie fühlt sich immer wieder angezogen von derselben Mischung: ein Mann, der intelligent und sensibel genug ist, um seelische Belange zu verstehen, der das aber eigentlich nicht will. Der sich *aus Angst* dagegen verwahrt, glaubt Jane immer wieder. Jane übersieht bewußt die Warnsignale, die sich immer rechtzeitig einstellen: sie übersieht die «kalten, blauen Augen ...» und die «leidenschaftslosen Beschreibungen», sie übersieht das Mißtrauen und alle anderen «deutlichen Warnungen vor zukünftigem Unglück». Es folgen eine Reihe abgebrochener Versuche, den richtigen Part-

* Rowohlt Taschenbuch Verlag, Reinbek b. Hamburg 1983

ner zu finden. Der längste Versuch führt zu einer Ehe und endet mit der Scheidung. Mit diesem Mann geht Jane nach der Trennung spazieren. Er hat sie enttäuscht, aber Jane möchte glauben, daß das an ihrer sexuellen und emotionalen Verbindung lag; vielleicht können sie als Geschiedene eine geschwisterliche platonische Beziehung aufbauen? Noch wärend sie diese Hoffnung nährt, weiß Jane, daß sie illusorisch ist. Sie erinnert sich an Brians Wesen nur allzu genau: an sein «starkes Trinken, seine unberechenbare Gewalt und die klassische Identifikation des weiblichen Körpers mit dem Teufel und seinen Verführungen ...» Trotzdem «habe ich ihn als den verlorenen Bruder entworfen».

An der Seite dieses prekären Entwurfs geht Jane also spazieren, und da begegnet ihr James. Sie kennt James von früher, sie erinnert sich, daß da ein Sensibilitätsquotient vorhanden schien. Sie nimmt eine Beziehung zu ihm auf. Jane beschreibt ihn als sensibel, empfindsam, intuitiv, fürsorglich. Sie beschließen, zusammenzuziehen. Nicht Jane, vielleicht aber der aufmerksamen Leserin ihres Buches mag auffallen, daß auch dieser Kandidat für eine Gefühlsbeziehung gewisse Zweifel aufkommen läßt. Jane glaubt, daß er ihrer Beziehung eine gewisse Verbindlichkeit zumißt. Vielleicht glaubt sie das, weil James es ihr gesagt hat? Weil sie schon jetzt ein gewisses Gefühl der Nähe, des Vertrauens zueinander empfinden? Nein, Jane glaubt, daß James ihre Beziehung ernst nimmt, weil er seinen Fernseher und sein Stereogerät bei ihr deponiert. Auf direktem Wege marschiert Jane in die Falle weiblichen Wunschdenkens: «Er hat Gefühle, sie sind auch tief, und er ist intuitiv sensibel für die Gefühle anderer. Aber er möchte nie darüber reden, und wenn man ihn fragt, tut er es widerstrebend, möglicherweise ärgerlich, nachdem er über zehn Jahre lang von mir dazu gedrängt worden ist.»

Woher weiß Jane, daß James tiefe Gefühle hat? Wenn er sie anders ausdrückte als verbal, würde ihr das vermutlich genügen – sie würde nicht pedantisch darauf bestehen, daß er sie gerade in einer bestimmten Weise ausdrückt. Wenn er wirklich so empfindsam ist, warum reagiert er dann aggressiv auf das Bedürfnis seiner Partnerin, der Mutter seiner beiden Kinder, sich ihm nahe zu fühlen? Es drängt sich eine Gegenthese auf: James hat überhaupt nicht die tiefen Gefühle, die Jane gern bei ihm vermutet.

Sie hat zehn Jahre Zeit, um das richtig zu begreifen, und sie begreift es dennoch nicht.

Vielleicht aber ist sie bloß zu anspruchsvoll? Vielleicht ist James liebevoll, empfindsam und gefühlvoll; vielleicht schafft er es bloß nicht, die innere Tiefe in eine Mitteilung umzuwandeln. Jane erzählt folgendes Erlebnis: James' Vater war gestorben. Seine Mutter wurde nur sehr schwer mit dem Verlust fertig. Eines Abends ruft sie an und spricht lange mit Jane. Sie erzählt ihr, wie einsam sie sich fühlt, daß sie kaum die Kraft hat, den Tag zu beginnen. Alles erinnert sie an ihren Mann – der Frühstückstisch erinnert sie an die vielen Tassen Kaffee, die sie dort tranken. Am allerschlimmsten für sie ist aber die Heizung. Der Heizungskörper rattert, wenn er Wärme gibt; früher war dieses Geräusch für sie wohlig, es gab ihr ein Gefühl der Geborgenheit, wenn sie im Winter neben ihrem Mann im Bett lag, es war der Inbegriff der Sicherheit und Wärme. Jetzt erträgt sie es kaum. Nachts liegt sie wach, und die klappernde Heizung erinnert sie daran, daß sie allein ist.

Jane ist über dieses Gespräch sehr verstört. Sie ist besorgt um die Schwiegermutter, aber darüber hinaus ist sie auch überwältigt von einem Gefühl der Identifikation. Das Detail mit dem Frühstück hat sie berührt; sie kann den Schmerz der älteren Frau teilen, weil sie sich vorstellen kann, auch an einem solchen Detail zu leiden, falls James vor ihr sterben sollte. Sie erzählt James lange und ausführlich von dem Gespräch mit seiner Mutter.

«Ich weine, weil meine Phantasie so wirklich ist und weil ich den Schmerz meiner Schwiegermutter so total verstehe, drehe mich um zu James, dringe in sein ewiges Schweigen ein und frage: ‹Was denkst du?› in der Hoffnung, ein einziges Mal eine Antwort aus irgendeiner verwundbaren Tiefe, irgendeiner nur unvollständig vollzogenen Absonderung zu bekommen.»

Und James? James muß sich selber und Jane eingestehen – Jane verwendet den Begriff des «Gestehens», weil es diesmal sogar James selber peinlich ist –, daß er gerade darüber nachgedacht hat, ob seine Lieblingsmannschaft einen bestimmten Spieler austauschen wird oder nicht.

Ein relativ eindeutiges, vielleicht sogar erschütterndes Erlebnis; aber Jane will noch immer nicht die Konsequenzen ziehen. Zwar sagt sie sich während dieser Zeit immer wieder ein Gedicht von Adrienne Rich auf, ein Gedicht über die vergebliche und gefährliche Suche der Frauen nach einem Bruder. Aber Jane will es nicht glauben. Sie will es nicht glauben, weil sie sich mit der Konsequenz nicht abfinden will. Lieber will sie glauben, daß sie etwas falsch verstanden hat, daß sie sich mißverständlich mitgeteilt hat, daß irgendein Mangel in ihr selber daran schuld ist. Dann kann er vielleicht noch korrigiert werden, dann besteht noch Hoffnung. Man kann eigentlich nicht behaupten, daß Jane im oben zitierten Beispiel unverhältnismäßig reagiert hat: jeder sensible Mensch wird sich in die Situation hineindenken können, eine geliebte Person zu verlieren und während der Zeit der Trauer mit dem ehemals gemeinsamen Alltag und all seinen Erinnerungen nicht fertigzuwerden. Aber Jane ist auch angesichts der rüden Reaktion von James immer noch bereit zur Selbstkritik: Vielleicht war es ihr «übertriebenes Einlassen auf andere und mein unbewußtes, allzuleichtes und unmerkliches Hineinrutschen in Phantasien über Ineinanderaufgehen».

Ineinanderaufgehen: die Zielvorstellung der Frauen. Sie versuchen dieses Ziel nicht nur bei Männern zu erreichen, sondern auch überall dort, wo Intimität besteht oder bestehen könnte, überall dort, wo biologische Grundbeziehungen bestehen, so z. B. auch bei ihren Kindern. Die klassische freudianische Horrormutter ist nichts anderes als die Frau, die mit ihrem Kind das verwirklichen will, was andere Frauen – oder dieselben, bevor sie ihren ersten Versuch abbrachen – mit ihren Liebespartnern anstreben: die volle Intimität. Sie wollen Zugang zu den Gedanken des Kindes. Sie wollen alles teilen, an allem teilhaben. Sie wünschen sich eine wechselseitige Beziehung, ein Ineinanderaufgehen als Fortsetzung des Einsseins, das vor der Geburt existierte. Dieses Bemühen muß scheitern, denn die Mutter versucht sich den Zugang zu erkämpfen gegen den Willen des Kindes, das nach Autonomie strebt. In der Beziehung zum Partner wollen Feministinnen beides verwirklichen: Autonomie und Nähe.

«Was denkst du?», die klassische Frauenfrage. «Nichts», die klassische Antwort der Männer. Vielleicht sagen sie die Wahrheit.

Warum wollen Frauen das nicht glauben? In unseren Interviews überlegten wir oft, gemeinsam mit den Frauen, die genauso ratlos vor ihrer Biographie standen wie wir, warum diese Frauen sich so viel gefallen ließen von Männern, und das im Namen einer Beziehung, an die sie kaum mehr glauben konnten. Was sie sich gefallen ließen, war schmerzhaft, erniedrigend und entwürdigend. Warum also ertrugen sie das alles, obwohl sie nach eingehender Selbstprüfung zu dem Schluß gekommen waren, keine Masochistinnen zu sein, und obwohl sie sonst einen überdurchschnittlich intelligenten und selbstbewußten Eindruck machten? Der Grund, so vermuten wir, liegt darin, daß die Alternative als noch entwürdigender und noch bedrohlicher für das Selbstgefühl erscheint. Der echte Verlust an Selbstachtung wäre in den Augen dieser Frauen, wenn sie sich das Scheitern ihrer Erwartungen eingestehen müßten. «Er lehnt das Angebot meiner tiefsten Gefühle ab», müßten sie sich dann sagen. «Er *will* keine Intimität *mit mir*» (d. h.: ich bin es nicht wert, die Anstrengung des vollkommenen gegenseitigen Austausches auf sich zu nehmen). Viele Frauen wollen statt dessen hartnäckig glauben, er habe es bloß nicht begriffen, er wisse nicht, was ihm entgeht, er habe ohnehin die gleichen Wünsche und Gefühle, könne sie aber nicht ausdrücken, sie selber konnten sich nicht verständlich machen.

«Was denkst du?» die klassische Frage der Frau an den Geliebten. Wenn sie keine Antwort bekommt, faßt sie es als eine existentielle Kränkung, als Ablehnung ihres innersten Wesens auf, als Beweis für ihre Wertlosigkeit. Vielleicht aber wehrt er sich gegen die Exploration seines Innenlebens, weil er weiß, daß keins da ist. Vielleicht ist unter der rauhen Schale nur eine weitere rauhe Schale, und darunter noch eine, usw., bis gar nichts mehr da ist: wie bei einer Zwiebel. Diese Möglichkeit fällt den weiblichen Sucherinnen nach der Seele des Mannes ein, aber sie weisen sie von sich: nicht, weil sie ihnen unglaubwürdig erscheint, sondern weil sie nicht wollen, daß es wahr ist. Wer sie aber erkennt und sich danach richtet, ist nicht mehr quälbar, ist frei und kann Beziehungen mit Männern auf der Ebene der Gleichheit haben. Frauen, die diesen Weg gegangen sind, «beschreiben ihr Leben ... als besser und stärker, aber farblos – bestimmt von einer grauen Mittelmäßigkeit, die unmöglich aufzulösen ist und trotzdem schützt, heilt und sogar nährt».

Romane sind Indikatoren für Strömungen der Zeit, sie nehmen sich häufig gerade unbewußter oder wenigstens uneingestandener Bedürfnisse an. Elisabeth Plessen beschreibt in ihrem Roman *‹Stella Polaris›** die Beziehung einer Schriftstellerin zu ihrem ebenfalls schreibenden Lebensgefährten. Sie folgt damit einem typischen Muster der jüngeren deutschen Romantradition: die Beziehung zwischen den Geschlechtern wird problematisiert, autobiographisch natürlich. Vorsichtig dosierte Vorstellungen von Eigenständigkeit und Sehnsucht nach Selbstverwirklichung durch Arbeit stehen im Widerstreit zur existenzausfüllenden Liebe zu einem Mann.

Luise, aus einem alten Adelsgeschlecht stammend, in den besten Internaten erzogen und von der Literaturkritik für ihre Arbeiten bereits gnädig bewertet, verbringt eines Winters einige Wochen mit Max, dem bekannten Drehbuchautor und Arzt, in seinem einsamen Haus auf einem Berg über dem italienischen Lucca.

«Bis sie Max traf, war der Hauptsinn ihres Lebens gewesen: Geld zu verdienen, um sich ihre Unabhängigkeit zu beweisen. Seit der Zeit mit ihm war der Wunsch danach geschrumpft. Sie arbeitete weniger. Geld ist sexy, sagte er, und sie verdiente momentan nicht viel. Er tat es, und sie ließ sich treiben. Auch das war keine Versicherung. Nicht, daß sie ihm wie ein Kind verfallen war, schreckte ihn, nur die Vorstellung der Verantwortung für sie, die ihm daraus erwüchse. Die Idee, Irritation der Routine ... Sollten sie es nicht ändern können, nicht mehr, waren sie zu eingefahren dafür?» (S. 49)

Die Liebe ist noch jung, dafür aber intensiv und krisengeschüttelt. Wird Luise die Symbiose schaffen zwischen Liebe und Arbeit, Kunst und Alltag? Was ist Maxens Beitrag zu Luises Identitätsfindung? Ken, ein geschätzter Freund Maxens und auf Weihnachtsbesuch in der Villa, fragt Luise direkt: «Warum macht es dir soviel aus, weniger zu arbeiten? Lebst, liebst du nicht gern?» Luise rekapituliert innerlich die Balance zwischen Liebe und Qual, Leiden und Eifersucht. «Er hat mein Leben umgekrempelt. Und ich glaube», gesteht sie Ken, «was Lieben war

* S. Fischer Verlag, Frankfurt a. M. 1984

für mich, es ist ja für jeden anders, wußte ich bisher nicht. Was das für eine Arbeit ist.» (S. 52)

Der Wunsch zusammenzuleben ging nicht von Max aus. Als sie aber aus ihrem geliebten Berlin nach München übersiedelte, um ihm nahe zu sein, erschien es ihr unlogisch, zwischen getrennten Wohnungen zu pendeln. «Aufdrängen» wollte sie sich aber nicht, so zog sie zu einer Freundin und verbrachte einen Teil der Zeit mit Max. Sie setzt ihre Konversation mit Ken fort:

«Max hat mir meinen Beruf abspenstig gemacht, oder nicht er – ich könnte mich ja wehren ...»

«Ich glaub dir kein Wort», sagt Ken.

«Hunger!» (Max von nebenan)

«Gleich!» schrie sie zurück. «Ich will, nein, um genau zu sein, ich wollte mit ihm das Unmögliche zum erstenmal: Leben, Lieben, Arbeiten sollten unvermindert, ohne daß eins auf Kosten des anderen käme, zusammengehen. Bislang zerfiel es.» (S. 55)

In die Diskussion um die neue Weiblichkeit fügt sich Maxens Appell an Luise nahtlos ein, sie solle endlich raus aus den ewigen Hosen, solle Kleider und Röcke, Make-up und Lippenstift tragen. «Du hast doch Pfiff und Raffinesse und Geschmack, oder geht sich ein bißchen anziehen und zu schminken nicht zusammen mit der Intellektuellen, als die du dich stilisierst, nur Zigaretten und Kaffee? 1968 ist lange vorbei, es war nur ein Wind, aber nimm mich nicht ernst ...» Luise hingegen nimmt die Aufforderung ernst und befolgt den Wunsch eines Mannes, der sich selbst beim Weihnachtsfest, zu dem die Freunde in eleganten Roben kamen, nicht von seinen zerbeulten Jeans trennte. Luise läßt sich passiv in der Beziehung treiben, schwankend zwischen Zufriedenheit und Selbstzweifel. «In Phasen vollkommener Zerstreutheit, die häufig kamen, wenn sie lange mit Max zusammen war, glaubte sie, sie hätte einen vorsprachlichen Zustand erreicht, da doch die Wörter ihre Lust gewesen waren. Was sollte sie tun, mit ihm anstellen?» (S. 59) Sie versucht, sich die Gespräche mit Max in Erinnerung zu rufen und klammert sich an seine Beschwichtigungen: «... daß du mich liebst, ist das nichts, daß du versuchst, dich mehr und mehr nach mir zu richten, ist das nichts, sei nicht so ehrgeizig ...» «Verwirr mich nicht noch mehr, als du mich bereits verwirrt hast», sagt sie zu Max. «Du weichst mein Hirn auf.» «Trotzdem machte sie weiter mit dem Verlernen, dem Verlaufen, Verlieren, Vergessen im Sog vielfältigster Neuentdeckungen auch ihrer selbst, einem Sog, dem sie nicht widerstand.» (S. 60)

Während Luise in ihrer Liebe aufging, sich selbst vergaß und gleichzeitig um ihre Selbstfindung bemüht war, lösten selbst kurze Trennungen von Max, der zeitweise gern ins Dorf hinunter flippern fuhr, bei Luise, die sich dann ins Schlafzimmer zurückzog, selbstquälerische Beziehungsanalysen aus. Während also diese, mit zahlreichen Rückblenden in die Kindheit ablaufenden, diffizilen Emotionen und Beziehungsprojektionen Luises Tage ausfüllten, führte Max ein vergleichsweise unbeschwertes Leben. Er füllt das Haus mit Gästen, zieht sich ins Arbeitszimmer zurück, wenn die Turbulenzen überhandnehmen, diskutiert seine neuen Drehbücher mit dem aus England angereisten Freund.

Max sagt, zu Ken gewandt:

«Sie genießt ihr Leben mit mir, ... aber sie genießt es mit schlechtem Gewissen, glaubt verzweifelt, sie gehöre ebenso verzweifelt zurück nach Berlin auf die Straße ... an den Stammtisch des kulturpolitischen Geschehens, so wie sie es jahrelang gewohnt war. So sitzt sie nun aber mit mir auf meinem Berg, liebeskrank, und läßt sich von mir korrumpieren, nachgerade gefangenhalten, genießt ihr Vergnügen, aber in der Welt hungern Millionen ... Stimmt's?» «Zum Teil», gestand sie zu. «Für mich allein hätte ich mir mein Leben anders vorgestellt.» (S. 62)

Luise sieht sich in einem Netz von Rollenangeboten verstrickt, die sie in ihrer Unvereinbarkeit vor sich aufreiht und die Bestandteil ihrer Gedankenspiele werden:

«Emanzipierte Frau. Andere Verkleidungen: Weibchen, Frau, die doch einmal auch irgendwann schließlich spätestens ein Kind von ihm haben wollte, Hausfrau, Intellektuelle, Demonstrantin, junge Elegante im langen weißen Satinkleid, die Schöne, Geliebte, Schriftstellerin ...»

Sie registriert sensibel jede minimale Einschränkung, die Max durch ihre Gegenwart und unterschiedlichen Stimmungslagen erlebt, und formuliert: «Ich bin eine Zumutung für deine Freiheit, für dich.» (S. 71)

Wenn sie mit Max nicht über ihre Empfindungen spricht, notiert sie sie auf losen Zetteln, gedacht für einen Roman, den sie irgendwann einmal schreiben wird, in einer noch unbestimmten Zukunft, wenn sie sich aus Maxens Bann lösen wird oder vielleicht ihre Sehnsucht nach der Symbiose von Liebe und Arbeit wird realisieren können. Noch ist es nicht so weit; auf einem dieser Zettel steht noch wenig Vielversprechendes zu lesen:

«Und manchmal denke ich doch, wenn er mich so gar nicht wahrnimmt, ich mich nur herumstehen fühle, schon einen halben Tag, ich bin die graue Frau mit dem kalten, strengen, reizbaren Gesicht, frigid, eine weibliche Mimose, an die er, die männliche Mimose, sich weniger nicht herantraut, als daß er sie mit Entzug nur provoziert.» (S. 82)

Max, der von Luises Dilemma weiß, der an früherer Stelle ihre Unproduktivität bekrittelte, mit einem erschrockenen Seitenblick auf die Verantwortung, die sich für ihn daraus ergab, thematisierte den Konflikt bei einem gemeinsamen Spaziergang.

Als sie nebeneinander gingen, sagte er:

«Hör doch auf, hör doch auf mit der Kunst.»

«Ich mach doch gar keine», sagte sie, «die einzige Kunst hier, die ich noch kann, ist, mit dir zu liegen und Haushaltszettel zu schreiben, mich schwer zu fühlen oder leer oder, soweit ich kann, mich auf dich zu konzentrieren, und wenn ich bei dir liege, empfinde ich großen Frieden und ein Glück, das mich belebt und mir Kraft gibt und auch nicht ersetzbar ist.» «Macht dir das zu schaffen?» «Ja», sagt sie, «und nein.» «Angst hast du», sagt er ... (S. 165)

Die Invasion der Berliner Freunde führt zu immer größeren Spannungen zwischen dem Paar. Max, der alle großzügig eingeladen hatte, auch seine ersten beiden Ehefrauen und eine Journalistin, die mit dem sich als verschlossen und schwierig präsentierenden Künstler ein Interview versucht, verliert die Lust an seiner «Großfamilie» und entschließt sich, die unangenehmeren Gäste hinauszuwerfen. Als letzte reist Emma, seine zweite Exfrau, ab, Luise bringt sie zum Flughafen. Sie gibt Luise einen gutgemeinten Rat. «Spielt doch andere Spiele», sagt Emma, «du spielst schlecht, diese zerstören dich, du gibst dich auf.» (S. 307) Es ist aber bereits zu spät, Luise war ihrem Impuls, einfach abzureisen, nicht gefolgt.

«Es war Max, der floh. Und wie er dann dastand zwischen zwei Bewegungen, den Koffer mit den Büchern in die Tür stellend, die zum Hof hinunterführte, und sich wieder aufrichtend mit brennenden, geröteten Augen, und sie sein ‹Wenn ich jetzt nicht auf der Stelle wegfahre, brenne ich das Haus ab und dich dazu› hörte, wußte sie, sie sah es, als sähe sie nichts anderes: Sein Gesichtsausdruck war der eines wundgeschlagenen, allein fliehenden Tieres, das keine, nicht die geringste Hilfe – die brächte ihn nur noch mehr ins Rasen – von seinen Artgenossen wünschte, das sich an das Vertrauen des Einzelgängers auf seinen Instinkt und seine Muskeln klammerte, und in der Pause, den Mantel aufzunehmen, nicht nur sie, jeden Baum, jeden Grashalm haßte, der ihn erinnern könnte, als wären auch sie seine Feinde, bis er auf der Straße war, Richtung Norden, sie das Haus im Rücken. Wie sollte es gehen? Sie starrte ihm nach.» (S. 309)

Die Geschichte hat ein modernes Happy-Ende. Nach rasender Fahrt über den Brenner greift er in München zum Telefonhörer und versichert Luise, daß noch Lebensmittel im Kühlschrank seien. Überdies hätten sie doch keinen Streit, und er würde wiederkommen, das könne einige Monate dauern, aber sie möge doch auf sein Haus schauen. Ihr ist es recht, sie fängt sich langsam auf, phantasiert einen Traum, in dem sie ihre Rache- und Ohnmachtsgefühle ein Ventil finden läßt:

«Allein, schon wieder? Wie die hohe Frau des Mittelalters, aus der Ferne winkend von der Zinne, und er, Parzival, jung und kühn und unerschrocken seines Weges ziehend. Und kam er wieder auf dem Gaul, hatte sich das ganze Traumgewebe von Gegaukel, Schloß, Gespinst, verliebten Augen in eine Zelle verwandelt. Er kam her und erschrak. In ihrer Mitte hockte ... das hatte er sich nicht erträumt, eine Kröte auf den Steinen im feuchten, fauligen Grund, das Wesen, die Frau, die er sich lieb, lieblich, tief erblassend und zusammenknickend, freundlich ergeben erdacht. Und er fand sich an die Wand gedrückt von ihr.» (S. 312)

Und als sich Luise an den Schreibtisch setzt, ist Max zum erstenmal nicht stärker als sie ... «Und so wie er jetzt, beflügelt von anderem, sie wieder vergaß, vergißt sie zum erstenmal ihn.»

Wir würden gern Maxens Version der Geschichte erzählen.

Aber wir kennen sie nicht. Wenn er gelitten hat, dann war sein Schmerz jedenfalls nicht Thema eines Entwicklungsromans, sondern fügte sich in die Kategorie «Alltagsstörungen» ein.

Im Sumpf der Gefühle

Wo Männer und Frauen mit sich und ihren Gefühlen allein sind, drohen die Gefahren des Dschungels. Wenn es gar um Trennung geht, siegt die Irrationalität.
Weshalb gehen Mann und Frau auseinander? Und, noch viel erstaunlicher: Weshalb bleiben sie so häufig zusammen, obwohl sie es nicht miteinander aushalten?

Man muß nicht nach Afrika fahren, um den Dschungel zu erleben. Wildnis gibt es auch in unserer Zivilisation; sie lauert überall dort, wo Männer, Frauen und Gefühle miteinander allein sind. Die Welt der Ordnung und der Gesetze hat hier keine Gültigkeit, hier herrscht Anarchie. Die Szenen echter Ehen stellen jeden Bergman-Film in den Schatten; Selbstmord- und Morddrohungen, die Geiselnahme von Haustieren, Verfolgungsjagden und Hausdurchsuchungen – das Spektrum der Konfliktaustragungsformen ist breit, und dem Einfallsreichtum Eifersüchtiger und Gekränkter sind keine Grenzen gesetzt. Für die Bewältigung der Ängste, die ein Verlassenwerden oder Zurückgestelltsein wekken, bietet das Umfeld wenig Hilfreiches, obwohl diese Situation zu den existentiell bedrohlichsten zählen kann. Und das im wörtlichen Sinn. Nicht unbedeutend ist die Zahl derer, die in dieser Extremsituation den Treulosen oder sich selbst ins Jenseits befördern wollen.

Szenen nach Mitternacht

Wenn bei meinem Bekannten Clemens spätabends noch der Telefonbeantworter eingeschaltet ist, auch noch um Mitternacht, auch noch um eins und auch noch um neun Uhr am nächsten Morgen, dann weiß ich, daß seine ehemalige Liebschaft Hanni X. wieder einmal «durchdreht». Clemens nennt Hanni nicht «meine Ex-Freundin», sondern «meine Krise». Wenn seine Krise in der Krise ist, dann greift sie zum Telefonhörer. Sie kündigt an, daß sie sich gerade umbringt, mit Tabletten und Alkohol. Sie droht, daß sie einen Brief zurücklassen wird, der für «viele Leute» endlich den verdienten Eklat bringen wird. Sie verlangt, daß Clemens jetzt sofort zu ihr kommt. Clemens tat das anfangs auch – die ersten sieben, acht Male. Jetzt schaltet Clemens den Telefonbeantworter ein und hofft, daß Hanni abermals nur blufft.

Hanni ist leitende Geschäftsfrau bei einer Firma, die in verschiedenen europäischen Ländern Niederlassungen hat. Auf ihre Umgebung wirkt sie eher reserviert, schroff, vielleicht sogar aggressiv. Ihr Tagesablauf sieht meist so aus, daß sie erst nach 19 Uhr heimkommt, sich mit Freunden trifft, essen geht, sich betrinkt und sich in einen Beziehungsstreit verwickelt, der sich in regelmäßigen Abständen in Extreme steigert. Dann läuft der jeweilige Freund davon oder sperrt sich im Badezimmer ein; es wird in der ganzen Stadt heftig herumtelefoniert, Drohungen und Unterstellungen und Vorwürfe kursieren, und schließlich läutet bei Clemens, um half drei, das Telefon.

So geht es seit einigen Jahren. Hanni hat immer dieselbe Art von Partner: einen etwas jüngeren, berufstätigen Mann, der von der gewandten und einflußreichen Managerin zutiefst beeindruckt ist und sich Sicherheit und Ruhe von dieser Frau verspricht. Hanni erwartet von ihren Partnern, daß sie volles Verständnis für die Belastungssituation haben, in der sie steht, und ihre eigenen, viel unbedeutenderen Probleme von ihr fernhalten.

Die Verhaltensweise von Hanni ist irrational. Ihre Beziehungen laufen immer nach dem gleichen Muster ab; lediglich die Personen, die mitspielen, wechseln. Auf lange krisenreiche Nächte folgt scheinbar nichts: keine Selbsterkenntnis, kein echtes Abreagieren, keine tiefgehenden Einsichten. Beim Streit geht es auch um keine konkreten Forderungen, die man durchsetzen könnte, indem man dem / der Partner / in eine alptraumhafte Nacht bereitet. Hanni macht sich selber, ihren jeweiligen Partner und ihren Freundeskreis fertig, ohne einen ersichtlichen Nutzen daraus zu ziehen.

Hier, und in unzähligen anderen Wohnungen, triumphieren spätabends die Emotionen. Es wird geweint, geschrien, gedroht; Tablettenschachteln werden herausgeholt, Abschiedsbriefe geschrieben, Tagebücher gefüllt mit Melancholie und Verzweiflung; Ehepartner werden aus der Wohnung gesperrt und trommeln fluchend an die Haustüren; dramatische Auszüge aus dem Ehebett und trotzige Nächte auf den Sofas werden gefolgt von schweigsamen Frühstücken; rotumrandete Augen werden mühsam für den Bürotag geschminkt. Oft ziehen sich diese Szenen über Jahre hin; sie werden in jeder neuen Beziehung neu inszeniert. «Manchmal höre ich, wie aus einer weiten Entfernung, meine eigene Stimme. Sie spricht dieselben Sätze, die ich, wie ich mir erst vor kurzem geschworen hatte, nie wieder aussprechen wollte», sagt Antonia Z. «Dann weiß ich: Dieser Abend ist verloren.» Oft, meinte Antonia beobachtet zu haben, geschah das gerade an Abenden, die besonders nett hätten werden können. Geburtstage. Laue Sommernächte. Das ist selbstdestruktiv. Irrational. Die entsetzlichen Szenen, von denen Freundinnen und Bekannte uns erzählten, ließen sich nur schwer, nur sehr schwer, mit den Personen vereinbaren, die darin die Hauptrollen spielten. Selbstsicher, kritisch, humorvoll, so kannten wir sie. Hysterisch, unzurechnungsfähig, panisch, so beschrieben sie sich in solchen Situationen. Und wo kam Mr. Hyde zum Vorschein? In der häuslichen Trausamkeit.

Woher kommt es, daß selbstbewußte, erfolgreiche, kritisch denkende Menschen sich verwandeln können in hysterische Ungeheuer, die randalierend durch die Wohnung ziehen? Liegt es in ihnen selbst, und braucht es nur den richtigen Moment, um zum Ausbruch zu kommen? Oder liegt es an der speziellen Beziehung zwischen Mann und Frau, daß zwei an sich reizende Menschen in bestimmten Situationen aufeinander reagieren wie chemische Substanzen, die bei der kleinsten Berührung in die Luft gehen? Oder ist, wie Populärpsychologen uns schon lange weismachen wollen, die Zweierbeziehung in ihrer Substanz so krank, daß sie auch die friedfertigsten Menschen bald in tobende Wahnsinnige verwandelt? Oder ist es das Patriarchat, das die Beziehungen zwischen Männern und Frauen durch seine hierarchischen Grundstrukturen und sein tendenziell gewalttätiges Denken vergiftet?

Ein Mensch, der eine Beziehung zu einem anderen Menschen eingeht, trägt eine Summe innerer und äußerer Belastungen mit sich herum: unverarbeitete Kindheitserlebnisse, Erkenntnisse des existentiellen Leerraums, in dem moderne Menschen sich bewegen müssen, emotionale Aufstauungen, die in der «durchrationalisierten» Gesellschaft der modernen Industrieländer nirgends ein Ventil finden, objektive Sorgen und Probleme um Beruf, Geld, Gesundheit und zuletzt noch die Widersprüchlichkeiten einer individuellen Persönlichkeit. Das alles lädt sich «nach Dienstschluß» nicht bei einer kompetenten Fachperson ab oder im Kreis einer Gemeinschaft, die darauf vorbereitet ist, der menschlichen Persönlichkeit und ihren Irrationalitäten Rechnung zu tragen, sondern wird konfrontiert mit einer oder mehreren gleichermaßen psychisch balancierenden Individuen. Derjenige, der nach Hause kommt, hofft, daß seine Probleme nun gelöst, seine Bedürfnisse erfüllt und das Leben einen Sinn erhalten wird. Dort aber sitzt bereits jemand, der seinerseits genau das von dem Heimkehrenden erwartet.

Zu Hause kommt nun das Raubtier, das den ganzen Tag lang die erlernten Dressuren der Selbstverleugnung in den Manegen der Büros und Schulen vorführte, zum Vorschein. Das Leben wird in Frage gestellt. Wozu das alles? Warum nicht ausbrechen? Soll das vielleicht alles sein? Diese Fragen, die andernorts zu stellen einem längst ausgetrieben wurden, werden in den privaten Beziehungen laut, einerseits, weil der Druck zu groß wird und sie dringend herausmüssen, andererseits, weil man gelernt hat, daß Selbstbeherrschung hier nicht unbedingt erforderlich ist.

«Unsere Emotionen und die Formen ihres Ausdrucks spiegeln die Gesellschaft wider, in der wir leben. In unserer Kultur werden Emotionen privatisiert ... Emotionen gelten als individuell, subjektiv und einzigartig. Daß diese Emotionen aber wesentlich von der Gesellschaft gesteuert und sogar erzeugt werden, wird geleugnet.»*

Wie man Emotionen beherrscht (indem man sie unterdrückt), das lernen wir bereits im Kindergarten. Was man aber tun kann, wenn sie sich nicht länger unterdrücken lassen, das lernt man nirgends. Die einzelnen Personen sind somit auf die Vorkindergartenzeit verwiesen, wenn sie nach Ausdrucksformen für ihre Gefühle suchen: und genau diesem Alter entsprechen die Artikulations- und Auslebeformen der meisten Menschen. Gekränkte, boshafte, gierige, jähzornige Kinder kommen zum Vorschein. Oder sie kommen aus einem dunklen Bereich der Phantasie, die sich als äußerst kreativ erweist in diesem, dem einzigen Bereich, in dem die kreativen Innovationen der Einzelperson noch nicht durch einen langjährigen Erziehungsprozeß erstickt wurde.

Ein altes sexistisches Sprichwort wird in der feministischen Gewaltliteratur häufig zitiert. Es existieren verschiedene Fassungen, aber die Grundaussage ist ungefähr die: Wenn eine Frau nicht in regelmäßigen Abständen von ihrem Mann geprügelt wird, dann glaubt sie, daß er sie nicht mehr liebt. Eines ist wahr: Viele Menschen fürchten nichts so sehr wie die Gleichgültigkeit. Gleichgültige Menschen, der Überzeugung sind viele, liefern sich keine Szenen.

Es ist bekannt, daß manche, extrem vernachlässigte Kinder in ihrer Verzweiflung eine sichere Methode entdecken, um die Zuwendung ihrer Eltern auf sich zu lenken: Sie verhalten sich so auffällig, daß man sie einfach nicht mehr ignorieren kann. Die Aufmerksamkeit, die ihnen dann zuteil wird, ist zwar negativ und besteht aus Strafen, Schlagen, Beschimpfen, zum Kindertherapeuten zwingen, usf., je nach Gesinnung und Möglichkeiten ihrer

* Luise Eichenbaum, Susie Orbach, ‹*Ganz Frau und wirklich frei*›. Econ Verlag, Düsseldorf und Wien 1984

Eltern, aber wenigstens wird ihre Existenz damit in irgendeiner Form anerkannt. In manchen Beziehungen sind heftige Szenen insofern beruhigend für die Betroffenen, weil sie zeigen, daß noch Gefühle vorhanden sind. Gefühle des Hasses, der Verachtung und des Zorns vielleicht, aber immerhin Gefühle. Insofern spielen diese Ausbrüche in der jeweiligen Beziehungsdynamik durchaus eine Rolle.

Dabei kommen die irrationalen Elemente, die überfrachteten Inhalte, vor allem dann zum Vorschein, wenn die Beziehung auseinanderbricht. Derjenige, der sich die Trennung wünscht, projiziert seine Lebenserwartungen auf die sonnigen, seligen Zeiten danach. Derjenige, gegen dessen Willen sie durchgezogen wird, erinnert sich an die früheren sonnigen, seligen Zeiten oder daran, wie schön alles hätte sein können, wenn der Partner nicht immer alles zerstört hätte.

In der populären Literatur wird Trennung als gravierendes soziales Problem unserer Zeit gehandelt. Das ist vor allem in Amerika der Fall, wo Scheidung und Trennung auch im Bewußtsein der Menschen fester Bestandteil des Familienlebens sind. Die Literatur, die verspricht, diesen Aspekt der zwischenmenschlichen Beziehungen zu regeln und den Betroffenen zu helfen, ist interessant, weil es eigentlich der einzige konzentrierte soziale Versuch ist, die Anarchie des Gefühlslebens einer Ordnung zu unterziehen, ohne die Betroffenen individuell zu behandeln. Unglücklich und verzweifelt zu sein nach einer Scheidung oder Trennung oder festzustecken in einer Beziehung, aus der man sich einfach nicht zu lösen vermag, gelten nach dieser Sichtweise nicht als individuelle Probleme. Es ist nicht die Person, die eine Therapie braucht, die krank oder aus dem Gleichgewicht geraten ist und deshalb spezielle Hilfe erhalten sollte. Vielmehr ist es ein Schicksalsschlag, der einen trifft, weil man im 20. Jahrhundert lebt: ärger als eine Grippe, nicht so schlimm wie AIDS.

In Europa überwiegt noch der individualtherapeutische Zugang. Oder der politische: In Svende Merians *‹Tod des Märchenprinzen›** ist der Mann deshalb ein Frauenfeind, weil die Freundin unter der Beziehung, die ihre Erwartungen nicht erfüllt, und

* Rowohlt Taschenbuch Verlag, Reinbek bei Hamburg 1983

später unter der Trennung, leidet. Im Sumpf der Gefühle aber kann jeder untergehen: Mann, Frau, Bi, Homo und Hetero. In der Populärliteratur wird der Schicksalsschlag der Trennung als Befreiung und auch als Krankheit dargestellt.

Scheiden tut weh

Eine Beziehung geht zu Ende, es kommt zu einer Trennung.

Ein alltägliches Ereignis. Um so erstaunlicher ist, daß Trennung für viele weit mehr bedeutet als ein Schlußstrich unter eine Beziehung, die fehllief. Sie wird betrachtet als eine Lösung an sich, als ein Akt, der dem Leben eine neue Wende geben muß.

Die Erwartungen, die viele Leute an eine Trennung stellen, sind genauso übersteigert und irrational wie die Erwartungen, die sie vorher mit ihrer Ehe verknüpft hatten.

Die Trennung wird all das bringen, was die Liebesbeziehung zu bringen versäumt hat: Selbsterkenntnis, Erfüllung, Anerkennung, Zufriedenheit, Ausgewogenheit, Reife.

Ist man erst frei von dieser Beziehung, die sich als so trügerisch herausstellte, ist man nur erst diesen unerträglichen Menschen los, der so gar nicht das hielt, was man sich von ihm versprach, dann wird die eigene Kreativität zur Entfaltung gelangen, dann wird man sich und seine Fähigkeiten verwirklichen können, dann wird man sein seelisches Gleichgewicht wiederfinden.

Nach dieser Sichtweise ist die Trennung nicht ein Übergang zu einem neuen Lebensabschnitt, sondern fast schon ein Ziel an sich. Man hat sich «endlich getrennt». Man «arbeitet auf eine Trennung hin». Man hat die «Trennung geschafft». Trennung, das klingt wie eine bedeutende Errungenschaft, wie ein Studienabschluß, wie die Flucht aus einer schrecklichen Gefangenschaft.

Trennung ist aber auch so etwas wie Krankheit und Tod. Man braucht eine lange Zeit, um über sie hinwegzukommen, auch wenn die Beziehung, der sie ein Ende setzt, höchst unerfreulich war.

Es gilt als völlig verständlich, daß Menschen in einer Trennungsphase irrational handeln. Nachdem sie Jahre und Jahrzehnte zusammen waren und einen langen Lebensabschnitt miteinander teilten, schlagen jetzt alle Gefühle in Haß um; der erstrebenswerte Zustand, der, auf den man hinarbeitet, ist das Gefühl der Gleichgültigkeit. Bis das erreicht ist, tut man sich an, was nur geht.

«Eine Scheidung ist der Tod der Ehe: der Ehemann und die Frau sind gemeinsam mit den Kindern die Trauernden, die Rechtsanwälte sind die Bestatter, das Gericht ist der Friedhof, wo der Sarg versiegelt und die tote Ehe begraben wird.»*

Die Literatur, die die Scheidung in ein sonniges Licht rückt, ist in der Euphorie ihrer Schilderungen nicht ganz glaubwürdig. Sie klingt immer ein wenig so, als ob die Verfasser sich vor allem auch selber überzeugen möchten.

Die Literatur, in der die Scheidung als schrecklicher Schicksalsschlag gehandelt wird, arbeitet mit weitaus dramatischeren Mitteln: «Die Scheidung ist wie ein Tod», heißt es da z. B.** «Sie ist der Tod einer Beziehung. Sie ist der Tod deiner Träume. Du bist wieder am Nullpunkt.»

Mit einem Vertreter dieser Gattung Literatur wollen wir uns näher beschäftigen, mit Abigail Traffords Buch *‹Crazy Time – Surviving Divorce›*.***

Schon die Inhaltsübersicht läßt Schlimmes ahnen: Teil 1: Die Krise. Teil 2: Der Wahnsinn, mit den Untergliederungen: «Am Rande des Abgrunds», «Schock», «Wut», «Depression». Am Schluß noch eine abschreckende Perspektive: «Zweite Ehe, Zweite Scheidung».

«Die meisten Menschen (die von einer Scheidung betroffen sind) verlieren wenigstens vorübergehend den Verstand. Sie gehen wahllos Liebesverhältnisse ein, oder sie trinken. Sie schließen sich von anderen Menschen ab und gehen nicht ans Telefon. Sie werden krank oder haben einen Autounfall. Regelmäßig liest man in der Zeitung über jene, die ihre ehemaligen Lebensgefährten erschießen. Andere denken an Selbstmord.» (S. 2)

Sicher ist eine Trennung traumatisch. Die Person zweifelt an sich selbst. Es gibt viele objektive und subjektive Probleme. Eine

* Esther Oshiver Fisher, *‹A Guide to Divorce Counseling›*, The Family Coordinator, Vol. 22, No 1, 1973, S. 55

** Sharon Baker, *Los Angeles Divorce Hot Line*

*** New York1982

Scheidung ist kränkend, verletzend, ein Bruch mit dem bisherigen Leben. Aber ist dieses Ereignis so entsetzlich, daß es vertretbar ist, wie Abigail Trafford das tut, die Opfer einer Scheidung psychologisch mit den Opfern der Nazis in den deutschen KZs zu vergleichen? Auch wenn es wahr ist, daß Eifersucht, Kränkung und Verzweiflung im Zuge einer Trennung so stark sein können, daß es zu einem Mord kommen kann.

Alle extremen Reaktionen wie Selbstmordversuche, tiefe Depression, Gewalt gegen den ehemaligen Partner, Mordversuche sind irrational in dem Sinn, daß sie die Situation der betroffenen Person nicht verbessern und daß sie objektiv in keinem Verhältnis stehen zu dem Gewicht des Problems. Die Relation ist verschoben, die Lösung ist keine. «Wenn du mich verläßt», sagt der wütende oder verzweifelte Ehemann zu seiner Frau, «dann bring ich dich um.» Was verspricht er sich von dieser Drohung? Daß sie Angst bekommt und bei ihm bleibt? Er fürchtet ja nicht nur den Verlust seiner Frau, sondern den Verlust ihrer Gefühle für ihn. Er fürchtet, daß sie ihn nicht mehr liebt. Die Drohung, sie umzubringen, ist aber kaum dazu angetan, ihre ehemals zärtliche Zuneigung zu neuem Leben zu erwecken.

Fassen wir zusammen: Hysterische Reaktionen auf eine Trennung sind irrational, da nicht zweckfördernd. Sie entsprechen aber den wirklichen Empfindungen sehr vieler Menschen, die davon betroffen sind. In den letzten Jahrzehnten ist es sehr viel leichter geworden, eine Trennung objektiv zu erreichen. Die Bindungen zwischen den Menschen haben sich gelockert; es ist heute einfacher, eine Person, mit der man nicht mehr zusammen sein möchte, zu verlassen. Eine Großmutter, die man nicht haben will, kommt ins Altersheim. Ein Kind, das man nicht haben will, wird abgetrieben. Von einer Ehefrau, die man nicht mehr haben will, läßt man sich scheiden. Diese Erleichterungen werden im Namen und im Sinne der größeren allgemeinen Freiheit durchgesetzt. Dabei bleiben zwei Probleme: erstens bleiben in all jenen Fällen, in denen nicht zwei gleichberechtigte und gleichstarke Parteien auseinandergehen, die Schwächeren auf der Strecke. Oma kann sich nicht wehren und sitzt in einem trostlosen Altersheim. Hausfrau Müller wird abgeschüttelt, damit Herr Direktor Müller sich eine 22jährige Blondine zulegen kann. Wir tun zwar alle so, als ob die Entscheidung auch im Interesse der abgeschobenen Person läge, aber im Grunde wissen wir, daß es unsere eigenen Interessen sind, die hier durchgesetzt werden um den Preis, daß der andere unglücklich wird.

Selbst in den Fällen, in denen die Trennung einen Zustand beendet, dem man nicht nachtrauern muß, hinken die subjektiven Bewältigungsformen den objektiven hinterher. Die Gesetze regeln die Trennung des Besitzes, aber nicht die Entwirrung der Gefühle.

Wenn man sich die individuellen Geschichten vor Augen hält, dann filtern sich daraus eine Reihe von Gründen, die die Trennung so traumatisch erscheinen lassen:

- Es ist eine tiefe persönliche Kränkung, daß diese Person nicht mehr mit einem leben möchte.
- Es ist ein erschreckender Gedanke, daß man nach Jahren des Zusammenlebens jetzt allein sein soll.
- Der Partner hat sich sehr gemein und ungerecht benommen, und es ist ein unerträglicher Gedanke, daß es ihm nun gutgehen soll, während man selber leidet.
- Jahrelang hat man die eigenen Vorstellungen und Wünsche zurechtgebogen, um sie der vermeintlichen gemeinsamen Zukunft anzupassen. Nun steht man mit dem verbogenen und zurechtgestutzten Selbst da, und die Zukunft tut sich dunkel und ungewiß vor einem auf.

Das Fundament der Trennungsängste ist weder im Sexismus zu suchen noch in der Psychologie, sondern in der Relation zwischen Person und Existenz. Es ist ein existentielles, um nicht zu sagen ein kosmisches Problem. «Das tiefe Schweigen dieser unendlichen Weiten macht mir angst», sagt Pascal. Angesichts dieses tiefen Schweigens kann die nörgelnde Stimme einer Ehefrau, das Grölen eines bulligen Ehemannes wie Musik in den Ohren klingen. Das aber erkennt man meist erst, wenn es still um einen wird und das Schweigen der kosmischen Weite droht. Klirrendes Geschirr, knallende Türen, heulende Kinder, fluchende Lebensgefährten, betrunken röhrende Ehemänner, das alles sind Laute, die der Mensch vergleichsweise besser verkraftet als dieses lastende Schweigen, Laute, nach denen er sich sehnen kann.

Dieser bewußten oder unbewußten Einsicht entspringt die von Therapeuten und Feministinnen häufig beklagte Neigung vieler Menschen, eine sehr schlechte Ehe immer noch besser ertragen zu können als eine Trennung.

Die Frage, warum Beziehungskonflikte sich so rasch ins hysterische Extrem steigern können, ist angesichts dessen nicht mehr so schwer zu beantworten. Wer würde nicht hysterisch werden, wenn er am Rande des kosmischen Nichts steht? Meist können wir den Gedanken verdrängen, indem wir uns in die Routine des Alltags flüchten. Wenn es halbwegs funktioniert, dann gefährdet der Absprung des zur Routine sehr notwendigen Partners das gesamte Gebäude der Ablenkungs- und Beschäftigungstherapie. Funktioniert es nicht, dann könnte es mit einem anderen Partner vielleicht eher klappen.

«Neurotische Eheinteraktionen», schreiben in diesem Zusammenhang Susan Gettleman und Janet Markowitz, «sind kein abstrakter Begriff der Sozialwissenschaftler oder der Fernsehdramen. Für Tausende ... beschreibt dieser Begriff ihren Lebensalltag und den aussichtslosen Emotionskrieg, den sie gegeneinander führen. Dieser Emotionskrieg kann die Menschen dazu treiben, zu trinken, zu spielen, drogenabhängig zu werden, Verhältnisse einzugehen, gewalttätig zu sein, depressiv zu werden, Selbstmord zu versuchen. Unter den häufigsten Reaktionen gibt es nur zwei, die wir als halbwegs vernünftig beschreiben könnten: die Scheidung und die Untreue.»* Letztere aber fungiert oft nicht als Schritt der Befreiung aus den emotionalen Abhängigkeiten der Ehe, sondern als zusätzliches Quäl- und Kampfmittel. Auch eine Partnertherapie läßt sich in die neurotischen Strukturen einbauen, statt sie aufzulösen. «Manchen Paaren gelingt es, durch die Therapie ihre Beziehung zu verbessern. Andere aber lassen in der Therapie gerade genug Zorn und Wut ab, um die Beziehung wieder ein paar Jahre ertragen zu können.» (S. 42) Man bleibt zusammen aus Gründen, die den Betroffenen selber selten wirklich klar sind, aber auf eine Art psychische Verknüpfung hinauslaufen. «Wir kennen viele Familien», schreiben Gettleman und Markowitz weiter, «in denen alle Mitglieder sich offenkundig verachten,

* ‹*The Courage to Divorce*›, New York 1974, S. 41

die aber in einem Zustand des Kalten Krieges zusammenleben. Zu den häufigsten Gründen dafür zählen Schuldgefühle, Lethargie, Angst vor einer Veränderung, emotionale Unsicherheit, die Hoffnung (besser: die Phantasie), daß die Lage sich bessern wird, ein Gefühl der Verpflichtung gegenüber den Kindern, moralische und religiöse Überzeugungen gegen die Scheidung und die Angst, finanziell allein nicht durchzukommen.»

Die Autorinnen wollen mit ihrem – sehr engagiert und plastisch geschriebenen – Buch die Betroffenen solch neurotischer Interaktionen motivieren, aus der Verstrickung in diese psychische Abhängigkeit auszubrechen und sich zu trennen. Wenn man «Trennung» so versteht, wie die Autorinnen es wünschen, dann mag das eine reale Lösung sein. Trennung im üblichen Sinn aber bedeutet für die meisten, das wurde uns an Hand unserer Trennungsstudie immer klarer, nicht nur die Befreiung aus den beengenden Verknüpfungen, sondern auch die traumatische Situation des Verlassen- und Betrogenwerdens. Ein Partner (oder beide) ist jetzt allein und grübelt darüber nach, wie ihm der andere das antun konnte. Er involviert auch die Kinder in diese Überlegung. Er zahlt das Kindergeld und die Alimente nicht, um das Gefühl zu behalten, daß die Familie von ihm abhängig ist – jetzt nur mehr im negativen Sinn. Er steht vor der Tür und will seine Schallplatten abholen – und doch nur nicht den Kontakt zu seinem alten Leben verlieren. Er haßt und bedroht den neuen Partner der Ehemaligen, dem er die Schuld für den Bruch gibt.

Das sind die dramatischeren Fälle. Oft gelingt es wirklich, sich mit einem Gefühl der Erleichterung vom Partner zu lösen. Es war schrecklich; endlich ist es vorbei. Oft sind es die Bekannten und Freunde, denen es zuerst auffällt: der Nachfolger stellt leider kaum eine Verbesserung dar. Ist es nur, wie manche Experten auf diesem Gebiet meinen, weil die darauffolgende Beziehung zu hastig und unüberlegt eingegangen wird? Oder ist es eher so, daß die Probleme von Anfang an da waren und nichts mit der Beziehung zu tun hatten? Daß die Probleme die Beziehung neurotisch machten und nicht umgekehrt die Beziehung die Probleme aufwarf? Ist also der wahre Grund für die Trennung noch gar nicht erkannt? Verschiedene Varianten sind denkbar:

1. Die Partner fanden infolge ihrer schon bestehenden neuroti-

schen Bedürfnisse zusammen. Leider aber war diese Konstellation nur geeignet, diese Bedürfnisse fortzusetzen, und nicht, sie zu erfüllen. Das heißt, man suchte sich nicht jeweils einen Therapeuten als Partner, sondern einen Mitspieler im neurotischen Drama.

2. Die Partner hätten gut zusammengepaßt, aber die neurotischen Bedrüfnisse machten die Beziehung kaputt.

3. Die Partnerschaft war in Ordnung, aber einer (oder beide) der Beteiligten kam bei der Suche nach Erklärungen für ihre/seine Unzufriedenheit mit dem Leben allgemein auf die Idee, die Schuld dafür dem Partner und der Beziehung zuzuschreiben.

4. Die Partner paßten zusammen in einer bestimmten Phase ihrer persönlichen Entwicklung. Für ihren individuellen Wachstumsprozeß aber ist es notwendig, daß sie sich jetzt voneinander lösen.

Jede Variante geht von einem anderen Menschenbild aus und hat eigene Konsequenzen. *Im ersten Fall* liegt die Trennung nahe, bringt aber keine Lösung. Die Menschen müssen sich verändern. Es ist nicht auszuschließen, daß sie dann, nunmehr unter völlig neuen Vorzeichen, ihre Beziehung neu aufnehmen könnten. Dagegen spricht allerdings, daß in ihrem Zusammenleben schon zuviel passiert sein kann; Dinge, die sie sich nur sehr schwer verzeihen können.

Bei der *zweiten Variante* ist es ähnlich. Die weiteren Beziehungen werden das Muster fortsetzen; sie werden entweder aus denselben irrigen Motivationen geschlossen, oder sie werden an ihnen kaputtgehen.

Bei der *dritten Variante* wird die Trennung wahrscheinlich kaum eine Verbesserung, eher eine Verschlechterung bringen. Dem Betroffenen geht es genauso schlecht wie vorher, abgesehen von einer kurzen Phase der hektischen Aktivität in Zusammenhang mit Vorbereitung und Durchführung der Trennung. Während dieser Phase der Aktivität ist er so beschäftigt und psychisch so ausgelastet, daß es ihr oder ihm vorübergehend gelingt, die anderen Probleme zu vergessen. Das Gefühl der Sinnlosigkeit wird kurzfristig auf den Partner zurückgeführt, der als Verschulder dieses Gefühls gilt. Später kehrt die Sinnlosigkeit wieder zurück, und der Partner ist auch weg.

Die *vierte Variante* entspricht sehr dem Bildungs- und dem Veränderungskult unserer Zeit. Sie kann die Situation richtig deuten. Jedoch ist sie mit Vorsicht und Skepsis zu betrachten. Zu oft dient sie als bequemer Vorwand seitens des Stärkeren in der Beziehung, den Schwächeren abzuschütteln, nachdem man all dessen Möglichkeiten, dienstbar zu sein, konsumiert hat. «Meine Frau hat leider mit meiner Entwicklung nicht standhalten können», sagt dann der Mann, um dessentwillen sie ihr Studium aufgegeben, ihren Beruf verlassen hat. Ist sie besser dran ohne diesen Menschen, der sie nur für seine Bequemlichkeit und sein persönliches Vorankommen benutzte? Theoretisch vielleicht ja. Es ist jedoch erstaunlich, wie schwer sich diese Theorie in der Praxis realisieren läßt, wenn man mit getretenem Selbstwertgefühl, zwei Kindern, unabgeschlossener Ausbildung und ohne Job allein dasitzt, während der Gemahl mit einer Jüngeren (entwicklungsfähigeren) davonfährt.

Gina W. arbeitete als Betreuerin in einem Kindergarten für geistig behinderte Kinder. Sie und ihr Mann hatten sich kennengelernt, als beide noch studierten. Reinhardt schätzte ihr soziales Engagement; Gina wußte von Anfang an, daß er später im Betrieb seines Vaters als Kaufmann mitarbeiten würde. Nach einigen Jahren bezogen Gina und Reinhardt eine Wohnung, die seinen Eltern gehörte. In ihrer alten Wohnung war es unmöglich gewesen, Leute einzuladen; das aber wurde für Reinhardt geschäftlich zunehmend unumgänglich. Reinhardt wollte eine Putzfrau engagieren und das Essen für die Einladungen vom Feinkosthändler liefern lassen. Gina war es unmöglich, eine andere Frau für sich putzen zu lassen, und den Feinkosthändler fand sie affektiert. Sie putzte und kochte selber, nicht ohne sich heftig zu beschweren. Reinhardt fühlte sich verpflichtet, ihr zu helfen, aber nicht ohne ständig vorzurechnen, wieviel seine Arbeitskraft eigentlich wert sei und wieviel daher die Aufräumaktion in Wirklichkeit kostete. «Zeit hat auch einen Wert», murrte er unaufhaltsam. Gina lehnte es ab, teure Kleider zu kaufen, sah aber ein, daß sie in ihrer Kindergärtnerinnengarderobe nicht als Kaufmannsgattin auftreten konnte. «Ich führe ein Doppelleben», schimpfte sie und rechnete Reinhardt vor, daß sie, die nicht unnötiges Geld für Kleidung ausgeben wollte und «solche Frauen» haßte, die immer nur an Mode dachten, im Endeffekt für die Ausstattung dieses Doppellebens mehr Geld ausgab als Frauen, die nur die Gattinnenrolle spielten. Der Kindergarten, in dem Gina arbeitete, war 40 Minuten von der Wohnung entfernt. Um halb sieben mußte sie das Haus verlassen; auch das förderte ihre Neigungen nicht, Gastgeberin zu spielen. Reinhardt begann, ihre Arbeit schlechtzumachen. Vor Freunden sprach er von ihrem «Sozial-Tick». Schließlich gab Gina den Posten auf und nahm statt dessen eine Stelle in einer Kindertherapiestation an. Sie mußte erst um zehn im Büro sein und konnte dort selbständige Untersuchungen durchführen. «Seine herablassende Einstellung zu meiner Arbeit im Kindergarten ärgert mich noch heute», sagt Gina, «aber, ehrlich gesagt, war ich nicht traurig, diese Arbeit aufzugeben. Der neue Posten stellte eine deutliche Verbesserung dar. Ich war mir auch bewußt, daß ich meine Schuldgefühle wegen der Aufgabe dieser praktischen Arbeit zugunsten einer bequemeren theoretischen Arbeit Reinhardt in die Schuhe schob.»

Trotzdem hörten die Konflikte nicht auf, sondern verschlimmerten sich. Reinhardt wollte Kinder. In den ersten Ehejahren konnte man diesen Streitpunkt vor sich herschieben, da man noch Zeit hatte. Jetzt nahte der Moment der Entscheidung. Gina wurde schwanger und hatte eine Abtreibung, ohne Reinhardt etwas davon zu sagen. Er erfuhr davon und war wütend. Man einigte sich darauf, ohne Kinder zu leben, aber Reinhardt war innerlich mit dieser Entscheidung nicht zufrieden. Es war Gina, die schließlich die Trennung wollte. Die Diskussionen zogen sich über viele Monate. «Du wertest alles ab, was mir wichtig ist», sagte Gina. «Du bist keine Jugendliche mehr», sagte Reinhardt. «Du kannst deinen Interessen nachgehen, ich habe nichts dagegen. Der Haushalt muß gewissen Standards entsprechen. Ich will nicht, daß du diese Arbeit verrichtest, und schon gar nicht will ich mich selber drum kümmern. Wir engagieren eine Haushälterin. Damit sind auch deine Kapazitäten für wichtigere Dinge freigesetzt. Wir bekommen ein Kind, das ist ein Kompromiß, denn ich wollte immer eine große Familie mit mehreren Kindern. Ich erwarte nicht von dir, daß du zu Hause bleibst bei dem Kind, sondern wir können jemanden dafür anstellen. Daß ich kein Sozialarbeiter bin, wußtest du von Anfang an.»

«Du willst eine Person aus mir machen, die ich nicht bin», sagte Gina. Innerlich war sie nicht ganz sicher, ob er nicht recht hatte. Die neue Arbeit gefiel ihr viel besser als die alte, es war ein schrecklicher Gedanke, daß sie das ihr Leben lang hätte tun müssen. Vielleicht hatte Reinhardt auch in den anderen Punkten recht? Schließlich hätte sie den Sprung in die Kindertherapiestation nie gewagt ohne die Sicherheit, die sein gutes Einkommen ihr gab. Sie wußte, daß, wenn die Arbeit ihr nicht gefiele oder das experimentelle Programm nicht verlängert wurde, sie auch eine Weile zu Hause sein könnte, bis eine andere Möglichkeit sich auftat. «Sein Einkommen, das ich immer demonstrativ verachtete, gab mir zugleich auch einen Rückhalt und ein Gefühl der Freiheit», sagt Gina. «Ihr soziales Engagement, über das ich mich immer lustig machte, imponierte mir schon, und ich war eigentlich auch stolz, meinen Geschäftsfreunden davon zu erzählen. Gina war viel interessanter als die Ehefrauen, die meine Kollegen zum Teil hatten.»

Beide störte, daß der andere sie verändern wollte. Paradoxerweise aber fühlten sie sich auch beide vom Partner weit mehr akzeptiert als von anderen Leuten. «Als ich Gina kennenlernte, war ich Student. Die Leute, die mich heute kennenlernen, lernen den erfolgreichen Unternehmer kennen. Ich kann nie mehr mit derselben Unbefangenheit in eine Beziehung hineingehen. Liebt sie mich oder liebt sie das Leben, das ich ihr bieten kann, das muß ich mich bei allen neuen Bekanntschaften fragen.»

«Dadurch, daß wir noch einen Teil unserer Jugend miteinander verbrachten, fühlen wir uns irgendwie verbunden. Auch in meiner Wut auf ihn fühle ich mich ihm nahe, so pervers es klingen mag», sagt Gina.

Reinhardts Eltern, Freunde und Reinhardt selbst hängen, wenn sie die Trennung erklären sollen, der vierten Erklärung an. Die Partner haben sich auseinandergelebt, Reinhardt hat sich verändert, und Gina ist gleichgeblieben.

Gina und ihre Freundinnen neigen eher zur ersten Erklärung: eine innere Unsicherheit hatte sie dazu veranlaßt, Reinhardt zu heiraten. Er verkörpert ihre «bürgerlichen» Anteile. Wenn sie gegen ihn kämpft, kämpft sie gegen die Tendenzen in sich selbst, die sie ablehnt.

Insgeheim allerdings fürchtet Gina manchmal, daß die Erklärung drei noch zutreffender ist. Hat sie sich auf unrealistische Standpunkte versteift, die sie in wenigen Jahren bereuen wird? Gibt es wirklich Dinge, die sie tun wollte und an denen Reinhardt sie hinderte? Woran hinderte er sie denn? War es nicht vielmehr so, daß sie seinen Druck als willkommenen Vorwand nahm, um Dinge zu tun, die sie tun wollte, aber an denen ihr soziales Gewissen sie sonst gehindert hätte?

Das wichtigste Hindernis auf dem Weg zu einer Entscheidung, zu einer klaren und endgültigen Trennung, ist meist weder der Widerstand des Partners noch ein objektiver Zwang, sondern die eigene Unschlüssigkeit. Es gibt gar nicht wenige Beziehungen, in denen die Möglichkeit einer Trennung über Jahre hindurch diskutiert wird, in denen die Trennungsdiskussionen schon Bestandteil der Beziehung sind. Und ein Grund dafür ist, daß den Betroffenen nicht vollkommen unbewußt bleibt, welchen Anteil sie selber an den auftretenden Problemen haben.

Renate war Postbeamtin in einer Kleinstadt und träumte davon, nach Hamburg zu ziehen. Ihr Freund Anton, Lieferant einer Getränkefirma, hielt nicht viel davon. Als sie den Plan faßte, tatsächlich in die Stadt zu gehen, versuchte er sie davon abzubringen und machte ihr einen Heiratsantrag. Renate sagte ihm, daß sie nie eine zufriedene Gattin sein könnte, solange sie das Gefühl hätte, das Leben vorbeirauschen zu lassen. Sie müsse unbedingt in der Stadt ihr Glück versuchen.

In Hamburg nahm sich Renate eine kleine Wohnung und fand wieder Arbeit bei der Post. Lieber wollte sie in einer Boutique arbeiten, und in ihrer Freizeit las sie Stellenanzeigen und spazierte durch die Straßen. Zweimal fand sie Stellen als Verkäuferin in einer Boutique, überlegte es sich aber in letzter Minute immer anders, weil sie sich davor fürchtete, die Sicherheit der Postanstellung aufzugeben.

Eines Abends, in einem Lokal, lernte Renate Holger kennen. Holger arbeitete in einem Verlag, ist sehr belesen und hat viele künstlerische Interessen. Er lud sie ins Theater ein, in Konzerte. Renate war begeistert und sehr beeindruckt von ihm. Zugleich fühlte sie sich verunsichert. Bald würde ihm auffallen, wie ungebildet und unkultiviert sie in Wirklichkeit war. Renate wußte nicht, wo sie anfangen sollte mit ihrem selbstauferlegten Verbesserungsprogramm. Sie konnte ihm doch nicht sagen, daß sie nicht einmal Abitur hat. Sie spielte mit dem Gedanken, das nachzuholen, und informierte sich über die Bedingungen, schreckte aber dann vor dem Aufwand zurück. Holger fand ihr Unwissen in kulturellen Belangen rührend und animierte sie zu verschiedenen Fortbildungskursen. Er wollte sie heiraten. Renate war unsicher. Was würde passieren, wenn sie seinen Ansprüchen nicht würde gerecht werden können? Wollte sie sich überhaupt in diesem Ausmaß verändern? Würde sie sich jemals seinen Freunden und ihm gegenüber ebenbürtig fühlen, oder wäre die Ehe wie eine Art permanenter Schule für sie? Mit Anton konnte sie so sein, wie sie wirklich war. Im Gegenteil: Anton bewunderte sie und fand, daß sie eigentlich viel zu gut, zu schön und zu anspruchsvoll war für ihn. Andererseits bot ihr Holger genau das, weswegen sie nach Hamburg gekommen war: das Großstadtleben. Renate entschied sich für Anton. Euphorisch über ihre Rückkehr, bemühte dieser sich sehr, seiner ambitionierten Gattin gerecht zu werden. Zwar zog er nicht in eine Großstadt, aber doch zumindest an den Stadtrand. Dort fing er an, ein Zweifamilienhaus zu bauen; die eine Hälfte, meinte er, könnten sie vermieten und daraus ein zusätzliches Einkommen beziehen. Als das Haus halb fertig war, ging die Getränkefirma in Konkurs. Anton fand bald wieder Arbeit, aber mit einem geringeren Einkommen. Der Bau ruhte, die Familie – inzwischen gab es zwei Kinder – blieb in der kleinen Mietwohnung. Renate kann den Moment, in dem die Kleinere in die erste Klasse kommt, kaum erwarten. Dann nämlich will sie wieder arbeiten gehen. Vier Monate vor Schulbeginn stellt sich heraus, daß Renate wieder schwanger ist. Die schon lange andauernde Ehekrise verschärft sich. «Mit Anton kann man nicht einmal streiten, selbst dazu ist er zu lethargisch», klagt Renate. «Wenn ich versuche herauszufinden, was ich falsch mache und warum Renate so unzufrieden ist, dann sagt sie Sachen wie ‹Du hast keine Interessen›. Was heißt das?» meint ratlos Anton.

Auch das wirft Renate ihm vor: daß er ein guter Mensch, ein aufopfernder Vater, ein Muster an Geduld sei, aber langweilig, entsetzlich langweilig. Aber kann man jemandem deshalb böse sein?

Renate hat große Pläne, sie will ein ganz anderes Leben führen. Sobald sich aber eine leise Möglichkeit dazu auftut, schreckt sie davor zurück. Sie wählte Anton statt Holger, wobei auch die umgekehrte Wahl nicht unbedingt glücklicher gewesen wäre, da auch Holger nur Mittel zu einem Ziel war, das zu erreichen sie sich allein nicht zutraute. Den Moment, wieder in das Berufsleben einzusteigen, «versäumte» Renate durch eine ungeplante Schwangerschaft. Auch vor den Konsequenzen einer Trennung fürchtet sich Renate; außerdem weiß sie, wie sie selber sagt, daß sie selber diejenige war, die immer den leichteren Weg wählte und nachher anderen vorwarf, sie von ihren Vorhaben abgebracht zu haben.

Fisch ohne Fahrrad: Ein Trennungsknigge

Die in letzter Zeit zahlreich erschienenen Trennungsratgeber gehen davon aus, daß eine Trennung sich auf Männer und Frauen sehr verschieden auswirkt. Frauen, davon wird ausgegangen, werden vor allem emotionale und finanzielle Probleme haben. Frauen ab 35 müssen sich damit abfinden, daß sie vielleicht keine neue Ehe werden eingehen können, da in ihrer Altersgruppe die verfügbaren Männer eher jüngere Frauen wählen. Sie müssen lernen, mit Einschränkungen zu leben, bis sie sich selbständig machen können, z. B. durch den Abschluß einer neuen Ausbildung und den Wiedereinstieg in das Arbeitsleben. Vor allem müssen sie ihre gefühlsmäßigen Schwierigkeiten in den Griff bekommen: die Einsamkeit, die Ressentiments, die Reaktionen der Umwelt.

Männer, davon geht die Literatur aus, haben eher *Organisationsprobleme*; ohne Frau tun sie sich schwer mit der Bewältigung ihrer Alltagsbedürfnisse. Und sie haben materielle Probleme, weil die Zahlung von Alimenten und Kindergeld ihre Mittel strapaziert. Wenn sie emotional leiden, dann drehen sie meist völlig durch, bedrohen ihre Ex-Frau mit Mord, heiraten ein Mädchen im Alter ihrer jüngsten Tochter, bestechen die Kinder mit kostbaren Geschenken, um sie von der Mutter wegzulocken, usf. Eine gemäßigte Traurigkeit, ein mittelgradiges Leiden, traut die Literatur den Männern nicht zu. Sie stehen entweder gelassen, aber hilflos vor einem Berg Wäsche, oder sie lauern mit der Pistole vor dem Haustor ihrer Ehemaligen und planen ein Blutbad.

Hilfe bei der Bewältigung der Alltagsprobleme verspricht das faszinierende Werk von William Gordon und Steven Prive, das *‹Überlebenshandbuch für erneut alleinstehende Männer›*.* Faszinie-

* *‹The Second Time Single Man's Survival Handbook›*, Praeger 1978

rend ist es deshalb, weil es in einer erschöpfenden Abhandlung alle Probleme bearbeitet, die nach Ansicht der Autoren auf den geschiedenen oder getrennten Mann zukommen könnten, ausnahmslos Probleme der Alltagsorganisation. Männer sind nach der Trennung unglücklich, weil plötzlich alles so unbequem ist und weil sie sich um Dinge kümmern müssen, die vorher jemand anderes für sie erledigte. Einer der Autoren beschreibt sich selber, als Frischgeschiedenen, um den Ausgangspunkt seiner Aufklärungsarbeit festzuhalten: In der Früh wachte er auf, und es gab kein sauberes Hemd in der ganzen Wohnung. Er rannte hinunter in die Wäscherei, um seine Hemden abzuholen, und vergaß dabei, daß das Teewasser auf dem Herd stand. Als er zurückkam, war die Küche voller Rauch. Er griff nach einem Topflappen und warf dabei eine Schachtel Waschpulver um. «Warum mußte meine Frau mich verlassen», rief er verzweifelt. In dem Buch findet sich nirgends auch nur der leiseste Hinweis darauf, daß ein Mann aus irgendeinem anderen Grund über die Trennung unglücklich sein könnte, als dem, daß er keine gebügelten Hemden mehr vorfindet. Nur Sachprobleme sind zu meistern. Wie findet man ein neues Domizil? Wie richtet man es ein? Wie hält man es sauber? Ein breites Kapitel ist dieser Frage gewidmet, und wer es liest, glaubt ein Handbuch für fünfjährige Waisenkinder vor sich zu haben. Man sollte täglich das Bett machen. Einmal in der Woche sollte man es frisch überziehen. Den Küchenabfall sollte man regelmäßig hinuntertragen, da sonst der Abfallkorb durchfaulen könnte. Man muß die folgenden Gegenstände besitzen: Schwämme, Besen, Kübel, Gummihandschuhe, Waschpulver (usf.: 25 Dinge werden aufgezählt). Zahlreiche Hinweise verraten jedoch, daß es sich bei dem ganzen Haushaltskram lediglich um Ablenkungsmanöver handelt. Es ist offensichtlich immer noch männlicher, sich der völligen häuslichen Ignoranz zu verschreiben und in Haushaltsdetails zu versinken, als sich irgendwelche emotionalen Probleme einzugestehen. Verräterische Passagen weisen auf diese versteckte Absicht:

«Glaube nicht, daß du all deine Probleme auf einmal lösen mußt. Du wirst sehen, daß die Lösung einiger kleiner Probleme – z. B. die Beseitigung eines Wäscheberges – ein emotionaler Gewinn sein kann, der von den größeren Problemen ablenkt.» (S. 17)

Streckenweise liest sich das Buch nicht nur wie eine Karikatur der Männer – hilflose Figuren, die buchstäblich nicht einmal das Wasser abdrehen können –, sondern auch wie eine Karikatur auf die traditionelle Frauenzeitschrift.

Im Kapitel über die Verschönerung des Männerhaushalts z. B. erfährt der ratlose Mann zuallererst, daß er sich die Maße des Bettes einprägen soll, bevor er Bettlaken kauft. Dann wird ihm mitgeteilt, daß es neben weißer Bettwäsche nun auch bunte und gemusterte Bettwäsche gibt und daß diese freundlicher und heiterer wirken kann als weiße. Dann lernt er, wie er aus Leintüchern auch Vorhänge machen kann. Und zuletzt wird ihm geraten, mit einer Heftmaschine Leintücher an den Wänden zu befestigen, weil das schneller geht als malen oder tapezieren. Wenn das Männerbild stimmt, das die Autoren da zeichnen, dann kann man sich den Erfolg dieses Experiments unschwer vorstellen.

Ratgeber für Frauen gehen eher auf *emotionale* Verwirrungen ein. Einige Bücher warnen davor, aus dem Schmerz heraus spontan zu handeln und überstürzte Entscheidungen zu treffen. So kann es z. B. sein, daß sie vor der Trennung in letzter Minute zurückschrecken oder in der ersten Einsamkeit zum Partner zurückkehren. Napolitane und Pellegrino raten der Zögernden, sich sieben eindringliche Fragen zu stellen:

«1. Warum möchten Sie zurückgehen? Versuchen Sie absolut ehrlich zu sein. Geht es dabei um Geld? Um Sicherheit? Oder haben Sie im Moment gerade keine andere Beziehung? Oder haben sich Ihre Phantasien und Erwartungen an das Leben als Single nicht erfüllt? Lieben Sie Ihren Mann wirklich, und haben Sie nun das Gefühl, mit ihm leben zu können?

Einsamkeit, Geldschwierigkeiten, Erziehungsprobleme sind keine stichhaltigen Gründe für das Funktionieren einer Ehe. Später würden Sie Ihren Schritt bereuen, Ihren Mann sogar ablehnen und wünschen, Sie hätten sich selbst mehr Zeit gegeben, um sich an die neue Lebensform zu gewöhnen.

2. Warum denkt er an eine Wiederbelebung Ihrer Beziehung? Ist er bereit, sich auf die Beziehung einzulassen, und möchte er gern mit Ihnen wieder zusammenleben, weil er Sie liebt? Wird er sich ändern? Ist er nur entschlossen, Sie zurückzugewinnen, weil

Sie bestimmte seiner Bedürfnisse erfüllen? Oder läßt ihn sein verletzter Stolz so reagieren?

3. Hat er sich tatsächlich verändert? Dabei kann es sich häufig um eine Wunschvorstellung handeln. Sie möchten nur zu gern glauben, daß er sich geändert hat, und schließlich glauben Sie es auch. Plötzlich verwandelt sich der langweilige Charles, der all seine Wochenenden vor dem Fernseher zugebracht hat, in einen aufregenden, lustigen Gefährten. Bei dieser Wahrnehmung ist Vorsicht angebracht.»

Beatrice, 50 Jahre alt, war euphorisch, als sie sich von ihrem Mann trennte. «Er hat mich in all den Jahren nur niedergemacht», sagt sie. «Er war langweilig, lethargisch und immer depressiv.» Sie war von ihrer neugewonnenen Freiheit begeistert. Als sie die Scheidungspapiere erhielt, erlebte sie plötzlich ganz andere Gefühle. «Ich wollte gerade mit Freunden in eine Single-Bar gehen und öffnete noch schnell die Post. Ich sah diese Papiere und begann zu weinen. Ich konnte nicht mehr aufhören.» Zwei negative Ereignisse kumulierten zu diesem Zeitpunkt. Beatrice hatte ihren Job verloren, und eines der Kinder riß von zu Hause aus. Sie interpretierte den Ausbruch des Buben dahingehend, daß er die Eltern dazu bringen wollte, sich wieder zu versöhnen. Sie traf sich wieder mit ihrem Geschiedenen, und er hofierte sie wie in ihren Anfangszeiten. Bald erzählte sie allen Freunden, daß sie zu Jerome zurückging, daß sie verrückt nach ihm sei und daß Sex mit ihm fantastisch sei. Das hielt zwei Monate an. Sie trennten sich wieder, und diesmal ließen sie sich auch scheiden. «Wir schienen geradlinig in unsere alten Verhaltensweisen hineinzuschlittern», sagte sie. «Ich dachte, wir hätten uns geändert, aber das war nicht der Fall.»

Was ist geschehen? Beatrice ging zu Jerome zurück, als sie sich besonders schwach und unsicher fühlte. Sie hatte ein starkes Verlangen nach einer intakten Familie. Nachdem sie genug Distanz von ihrem Ehemann gehabt hat, gerade genug, um ihre Phantasie in die Richtung zu lenken, daß er sich verändert haben könnte, erschien ihr seine Werbung um sie sehr überzeugend.

«4. Haben Sie sich verändert? Sie müssen sich ernsthaft fragen, ob sich Ihre Erwartungen an Ihren Mann und an die Ehe verändert haben. Sie mögen zwar das Gefühl haben, daß Sie viel durchgemacht haben und dabei viel gelernt haben und daß die Beziehung jetzt funktionieren könnte. Dabei könnte es sich allerdings um ein Gedankenspiel handeln und nicht um eine emotionale Realität.

5. Was störte Sie an Ihrem Ehemann? Versuchen Sie sich zu erinnern. Ist es seine mangelnde Zuwendung? Seine Unfähigkeit, mit Ihnen zu kommunizieren? Seine Einstellung gegenüber den Kindern? Hat er zuviel oder zuwenig gearbeitet? Hat er Sie geschlagen? War er ein Spieler? Ist er mit anderen Frauen ausgegangen? Eine Reihe dieser Verhaltensweisen sind nicht leicht zu ändern, außer der Mann geht in Therapie oder hat eine sehr starke Motivation.

6. Warum haben Sie sich getrennt? Es ist wichtig, sich mit den Ursachen der Trennung auseinanderzusetzen, da dieselben Probleme mit Sicherheit wieder auftauchen werden.

7. Versöhnen Sie sich, weil Sie gewinnen wollen? Vielleicht möchten Sie beweisen, daß Sie ihn zurückhaben können, damit Sie sich nicht zurückgewiesen fühlen: Wenn Sie erkennen, daß die Chancen für eine gelungene Versöhnung schlecht stehen, sollten Sie eine Zeitlang in der «Denkphase» verweilen. Sie sind vielleicht gerade in einer Stimmung, in der Sie sich nach der Sicherheit der Ehe sehnen, aber wer weiß, in zwei Wochen freuen Sie sich sogar über Ihre Unabhängigkeit. Diese Sehnsucht nach der Ehe hat wahrscheinlich weniger zu tun mit Ihren Gefühlen für Ihren Ex, als mit Ihrem Bedürfnis nach Sicherheit und Geborgenheit ...*

Falls Sie sich nun zu einem Versöhnungsversuch entschließen sollten, tun Sie es diskret. Teilen Sie nicht aller Welt mit, daß Sie zurückgehen. Vielleicht sollten Sie daran denken, sich vorerst heimlich zu treffen. Meist entsteht diese Haltung, allen beweisen zu wollen, daß ‹wir trotz alledem nicht solche Versager sind›. Aber wenn es nicht klappt, und Sie haben aber allen verkündet, diesmal werde es funktionieren, dann fühlen Sie sich ganz schön gedemütigt.»

* Catherine Napolitane, Victoria Pellegrino ‹*Living and Loving after Divorce*›, Rawson Associates Publ., New York 1977, S. 32–38

Die Desorientierung, der Kummer, die anarchischen Gefühle, das alles soll erträglicher werden, indem man begreift, daß es allen in dieser Situation so geht, daß es in der Situation liegt und nicht an einem selber, wenn alles niederbricht. Der Ehetherapeut Mel Krantzler offeriert daher auch Anweisungen für den Umgang mit dem Ehemaligen. Es gilt, Emotionen einzudämmen. Auch hierfür gibt er Anweisungen:

«1. Bleiben Sie bei der Sache. Leichter gesagt als getan, aber Sie verfügen über die Mittel, um es zu erreichen. Fragen Sie sich immer: Ist dieses Zusammentreffen wirklich klug, oder wäre es nicht besser, die Sache per Telefon oder über die Anwälte zu erledigen ... Seien Sie sich bewußt, daß gekünstelte Konversation und Sprechpausen bei solchen Zusammentreffen unvermeidlich sind. Versuche, sie durch lockere Unterhaltung zu übertünchen, können sofort entgleiten; lassen Sie lieber die Finger davon.

‹Vorgestern sah ich diesen neuen italienischen Film›, sagt z. B. der Mann, um irgend etwas zu sagen. ‹Hoffentlich hast du dich gut amüsiert›, alteriert sich sofort die Frau. ‹Wenn du die Alimente rechtzeitig schicken würdest, könnte ich mir vielleicht auch hin und wieder einen Babysitter leisten und ins Kino gehen.› ‹Ich sehe, du hast das Nörgeln noch nicht verlernt›, sagt er, und sofort sind sie wieder im vertrauten Kreislauf ihrer alten Ehestreitereien ... Natürlich können Sie nicht jede Zufallsbemerkung kontrollieren, seien Sie sich aber bewußt, daß die Emotionen dicht unter der Oberfläche lauern. Selbst ein unverfängliches ‹Wie geht's?› kann zur Explosion führen. ‹Danke, gut› wird wahrscheinlich nicht zutreffen, und mit einem ‹Mir geht es elend, vielen Dank› werden Sie auch nicht viel anfangen können. Je mehr Sie die Interaktionen reduzieren, desto eher können Sie auf festem Boden bleiben und den Fallen der Emotionalität entgehen.

2. Achten Sie auf ambivalente Signale. Es ist normal, dem Partner und der Trennung gegenüber gemischte Gefühle zu haben. Vermeiden Sie es aber, sich allzusehr auf diese Ambivalenz einzulassen, und seien Sie sich der Motivationen des mißverständlichen Verhaltens bewußt.

Eine Frau beschwerte sich darüber, daß ihr Mann während der Ehe nie auf sein Aussehen geachtet hatte. Zu den Treffen nach der Scheidung aber kam er stets in Anzug und Krawatte und umgeben von einer duftenden Wolke von After Shave. ‹Ich wußte nicht, wie das zu verstehen war›, sagte sie. ‹Wollte er mir zeigen, daß er sich geändert hatte und es noch einmal mit mir versuchen wollte, oder wollte er mir eher bedeuten: ‹Tut es dir nicht leid, daß du mich verloren hast?›

3. Meiden Sie jede Kritik. In der geladenen Atmosphäre einer Trennung ist es sehr leicht, wieder in die heftigen Streitphasen der Beziehung zurückzufallen. Dabei muß es gar nicht um die Ehe gehen, selbst ein harmloser Kommentar genügt schon.

4. Respektieren Sie Ihre eigene Unabhängigkeit und die Ihres ehemaligen Partners. Neugier auf das weitere Leben Ihres Partners ist normal, aber Sie sollten versuchen, sie in Grenzen zu halten. Sonst bleiben Sie ewig der Vergangenheit verhaftet. Eine Frau bemerkte, daß ihr geschiedener Mann jedesmal, wenn er die Kinder abholen kam, unter irgendeinem Vorwand in die Küche ging, um dort neben dem Telefon einen Blick in ihren Terminkalender zu werfen. ‹Ich ertappte mich dabei, daß ich vor seinem Besuch immer die Aschenbecher ausleerte, damit er nicht merkte, wenn Besuch dagewesen war. Eine Freundin machte mich darauf aufmerksam, daß ich mich damit wie eine schuldbewußte Ehefrau benahm. Seine Mißbilligung brauchte mich nicht mehr zu interessieren.›

Eine andere Frau beklagte sich darüber, daß ihr geschiedener Mann ihr immer und überall über den Weg lief. Sie begegnete ihm im Supermarkt, in der Bank, auf der Straße. Bei genauerer Überprüfung stellte sich heraus, daß es sie selber war, die diese seltsamen Zufälle inszenierte. Unbewußt plante sie ihren Tagesablauf in Harmonie mit seinem, den sie schließlich sehr gut kannte. Nachdem sie sich innerlich dazu aufgerafft hatte, die Trennung wirklich zu akzeptieren, hörten auch diese ‹zufälligen Begegnungen› auf.

5. Seien Sie selbstkritisch, was Ihre freundschaftlichen Regungen gegenüber dem Ex-Partner betrifft.

Nach meiner Erfahrung betreibt fast jeder, der sich mit seinen guten, freundschaftlichen Kontakten zum Ex-Partner brüstet, ein kompliziertes Spiel der Selbsttäuschung. Manchmal behaupten auch beide Partner, nun sehr gute Freunde zu sein. Der Freundeskreis bewundert diese zivilisierte und aufgeschlossene Haltung.

Meist aber verbirgt sich dahinter nur eine sehr starke Verdrängungsleistung, und die heftigen Konflikte, die das Paar auseinandertrieben, kommen nicht zur Oberfläche.

Wieder andere hängen sich auch nach der Trennung aneinander, weil sie fürchten, niemand anderen zu finden; der vertraute Feind ist besser als die Einsamkeit.

Die Künstlichkeit solcher ‹Freundschaften› illustriert das Beispiel einer Frau, deren Mann im Zuge der Scheidung eine Bedingung gestellt hatte: Er wollte weiterhin den Weihnachtsabend gemeinsam feiern. ‹Das erste Jahr war schrecklich. Er saß wie immer am Tischende, aber die Stimmung war schrecklich. Es war eine Lüge. Ich brachte es nicht fertig, mich ihm gegenüberzusetzen und so zu tun, als ob wir noch verheiratet wären, also blieb ich unter irgendwelchen Vorwänden fast den ganzen Abend in der Küche. Im darauffolgenden Jahr richtete ich ein Buffet her, und wir saßen alle verstreut im Wohnzimmer. Am liebsten wäre es mir, wenn wir dieses Theaterspiel überhaupt bleibenließen.› Ein wirkliche Freundschaft erfordert eine Gelassenheit, die in den ersten Monaten nach einer Trennung sehr selten vorhanden ist.»*

Auffallend an diesen Anweisungen ist ihre Ähnlichkeit zu «Benimm-Regeln» traditioneller Art. Regeln dieser Art werden dann aufgestellt, wenn es um einen bedrohlichen Bereich des menschlichen Alltags geht. Üblicherweise beziehen sich diese Regeln auf den Umgang mit Fremden oder auf Situationen, in denen man sich auf unvertrautes Terrain wagt oder Machtunterschiede eine Rolle spielen. Z. B.: Wie stellt man Unbekannte einander vor? Welches Verhalten verlangt die Höflichkeit? Darf ich das Du anbieten, oder muß ich warten, bis die andere Person das tut? Den Regeln ist normalerweise eines gemeinsam: Sie regeln die Beziehungen von Fremden oder aber von Personen, die eine größere Intimität erreichen wollen.

Die Regeln und Anweisungen, um die es in diesen Büchern geht, haben aber genau die umgekehrte Intention. Sie beabsichtigen eine Reduzierung von Intimität. Offensichtlich sind beide Si-

* Mel Krantzler, *‹Kreative Scheidung›*, Rowohlt Taschenbuch Verlag, Reinbek bei Hamburg 1977

tuationen gefährlich: Situationen, in denen ein bislang fremder Mensch näherkommt, und Situationen, in denen ein bislang vertrauter Mensch wieder fremd wird. So banal die Anleitungen klingen, sie scheinen echte Bedürfnisse anzusprechen.

Schlußwort: Stop! der Beziehungsdiskussion

Dieses Buch ist eine Monographie über eine Zeiterscheinung, über den von der Frauenbewegung berührten Mann. Der Zweck ist nicht rein deskriptiv, sondern hat schon eine praktische Intention. Diejenigen unter euch, die meinen, sie hätten einen Neuen Mann zu Hause, sollen hier die Gelegenheit bekommen, ihre Zuversicht zu überprüfen. Daraus könnt ihr lernen, daß es zwar nette Menschen und somit auch hin und wieder nette Männer gibt, daß aber z. B. die Männergruppe nicht der geeignete Ort ist, einen solchen hervorzubringen. Ob er das Potential hat, einen Sinn für Gleichheit und Gerechtigkeit zu entwickeln, merkt ihr an anderen Indizien als daran, ob er Chesler, Schwarzer und Pilgrim gelesen hat.

Für die meisten Männer hatte die Frauenbewegung bestenfalls den Charakter einer kurzweiligen Zerstreuung. Endlich mal was Neues! Daß ihnen Chesler, Brownmiller und Schwarzer gefielen, zeigt wohl schon, wie ernst sie das Ganze nahmen. Hätten sie es ernstgenommen, hätten sie nämlich bestürzt sein müssen über die Art, in der sie von Frauen gesehen wurden. Bestürzt war keiner. Ausdrücke wie «fasziniert», «interessiert» und «überrascht» fielen, aber nicht Worte wie «erschrocken», «bedrückt» oder gar «betroffen». Die Bücher lasen sie wie Krimis, die zufällig in dem Wohnviertel spielten, in dem man lebt. Schau, das ist der Friseursalon von gegenüber! Ha, unser Trödler! Deshalb fürchtet man sich nicht – den Mörder gibt's ja nur im Fernsehen. In den Büchern erkannte man sich und einige gewohnte Verhaltensweisen, einige vertraute Streitpunkte mit der Freundin, einige Beschwerden bekannter Frauen. Das war originell, vermittelte das Gefühl, dicht dran zu sein am Zeitgeschehen. Jedoch kein Grund zur Beunruhigung.

Selbst diejenigen Männer, die sich auf Sozialexperimente in Geschlechterfragen einließen, fanden in der Regel auf Wunsch mühelos den Weg zurück. Für verlorene Söhne hatte das Patriarchat schon immer etwas übrig. Die kleinen Schäflein, die vom rechten Weg abgekommen sind, sind dem Herrn die liebsten.

Aus den Gesprächen mit Männern und den Aufzeichnungen der Beziehungserfahrungen von Männern und Frauen zeichnete sich für uns immer drängender, immer deutlicher eine Schlußfolgerung ab: Stop! der Beziehungsdiskussion. Schluß! mit den Konfliktexegesen. Es ist genug.

Viele Frauen und einige, jedoch viel weniger, Männer gehen in ihrem Privatleben von dieser These aus: der These, daß Sprechen bzw. Reflektieren und intensives Nachdenken Klarheit verschafft und daß diese Klarheit wiederum der erste Schritt ist zur Veränderung.

Das sind zwei gewagte Annahmen, die schon viele Frauen und einige, jedoch viel weniger, Männer ins Unglück gestürzt haben. So kann man ganz allgemein sagen, daß Männer ab einem bestimmten Punkt in ihrem Leben aufhören, Tagebücher zu schreiben und verzweifelt spätnachts über die Wirklichkeit und das Glück nachzudenken. Das wurde ihnen immer als sehr negativ angelastet, als Beweis für ihre innere Verrohung. Die Sensibilität der Frauen wurde dagegen gelobpreist, ein Wort, das wir übrigens bewußt dem Kult der leidenden Jungfrau Maria entlehnen. Gelobpreist wurde die Sensibilität, die Leidensfähigkeit, die schonungslose Offenheit, die selbstzerfleischende Selbstkritik der Frauen. Sie war auch ein Kassenschlager, Männer lasen gern über die Empfindungen der Frauen im Bett, beim Orgasmus, während der Schwangerschaft, während der Geburt, beim Verlassenwerden, beim Seitensprung etc. War es nun Befreiung oder bloß Klischee, wenn Frauen ihre gesteigerte Empfindsamkeit noch voller auslebten; war es Aufklärungs- und Bewußtseinsarbeit oder Voyeurismus, wenn sich auch Männer im Publikum einfanden, um das mitzuerleben?

Die Angst davor, so zu sein oder zu werden wie die Männer – nämlich gefühllos, unsensibel und gleichgültig –, ließ die Frauen so bleiben, wie sie immer schon waren: unglücklich, unzufrieden und selbstkritisch. Der «dritte Weg» zwischen der traurigen Guten und der harten vermännlichten Frau wies sich nicht. Doch das wurde klar: daß es sinnlos ist, noch weiter über Beziehungen zu reden. Allein das Wort macht einen schon ganz krank. «Wir müssen über unsere Beziehung reden» – welcher Frau wird nicht insgeheim schon ganz schlecht, wenn sie sich diesen Satz aussprechen hört. Das ist eine gute und gesunde Empfindung, auf die sie hören sollte. Eine Beziehung ist, Männer wissen das, und nicht immer haben sie unrecht, eine Einrichtung zur Verschönerung des Lebens, Erleichterung des Alltags, Verteilung der Bürden auf mehrere Personen, womit sie theoretisch leichter werden. Diese Definition könnte ein ganz guter Ausgangspunkt für die neue Betrachtung ihres Lebens durch Frauen sein. Sie könnten es sich dann vielleicht abgewöhnen, «die Beziehung» als zusätzlichen Arbeitsplatz der Emotionen oder als Umerziehungs- und Läuterungsinstanz für sich selber und einen unwilligen Partner zu sehen.

Reduzierung der Arbeitszeit im Beziehungsbereich!
Die 30-Stunden-Woche auch nach Dienstschluß!
Bügelfreie Wäsche!
Beschränkung der Beziehungsdiskussion auf das Minimum!
Denn das Leben ist hart genug.

Cheryl Benard/Edit Schlaffer

Die ganz gewöhnliche Gewalt in der Ehe
Texte zu einer Soziologie von Macht und Liebe
frauen aktuell Band 4358

Der Mann auf der Straße
Über das merkwürdige Verhalten von Männern in ganz alltäglichen Situationen
sachbuch Band 7305

Liebesgeschichten aus dem Patriarchat
Von der übermäßigen Bereitschaft der Frauen, sich mit dem Vorhandenen zu arrangieren
sachbuch Band 7843

Die Grenzen des Geschlechts
Anleitungen zum Sturz des Internationalen Patriarchats
sachbuch Band 7775

Rowohlt

Marilyn French

Frauen
Roman
Deutsch von Barbara Duden, Monika Schmid
und Gesine Strempel

rororo Band 4954

Das blutende Herz
Roman
Deutsch von Cornelia Holfelder-von der Tann
und Gesine Strempel

445 Seiten. Gebunden und als rororo Band 5279

Jenseits der Macht
Frauen, Männer und Moral
Deutsch von Cornelia Holfelder-von der Tann

992 Seiten. Gebunden

Claire Bretécher

Die Frustrierten
Band 1–5

Je 64 Seiten Comics. Kartoniert

Die eilige Heilige
52 Seiten vierfarbige Comics. Kartoniert

Die Mütter
62 Seiten Comics. Kartoniert

Monika, das Wunschkind
72 Seiten Comics. Kartoniert

Alle deutschen Texte
von Rita Lutrand
und Wolfgang Mönninghoff

Rowohlt